KB266441

이기는 제안을 위한

설득의 알고리즘

| 제안의 설득력을 극대화 하는 최초의 감정설계 프레임워크 |

이기는 제안을 위한

설득의 알고리즘

EDIS - The algorithm of persuasion

최용수 저

이기는 제안의 핵심은 내용이 아니라
제안을 하는 타이밍이다.

상대의 감정을 설계하고
결정적 순간을 지배하라.

EDIS, Emotional Design Framework

— EDIS: Emotional Driven Impact Structure—

좋은땅

고객을 사로잡는 감정 기반 설득 전략

사람은 이해가 아니라 '느낌'으로 움직인다.

나는 지난 30여 년간, 수많은 제안의 현장을 누벼 왔다.

누군가에게 그것은 단지 '일'이었을지 모르지만, 나에게 그 모든 순간은 사람의 마음이 움직이는 과정을 해독하는 실험실이었다.

기업의 운명이 걸린 수주 경쟁, 수십 명의 평가위원 앞에서 단 한 번의 발표로 승부를 내야 하는 자리, 단 몇 분 안에 누군가의 판단을 바꿔야 하는 순간 ─ 그곳은 언제나 논리의 전장이자, 감정의 무대였다.

나는 오랫동안 고민했다.

"왜 어떤 제안은 통하고, 어떤 제안은 아무리 논리적이어도 외면받을까?"

처음엔 논리의 문제라고 생각했다. 더 정교한 분석, 더 완벽한 문장, 더 탄탄한 근거를 세우면 설득은 자연스럽게 따라올 것이라 믿었다.

하지만 현실은 달랐다.

정보는 완벽했지만, 사람의 마음은 움직이지 않았다.

그때 비로소 깨달았다.

사람은 '이해'로 움직이지 않는다.

이기는 제안을 위한 설득의 알고리즘

그들은 언제나 '느낌'으로 반응하고, 감정으로 결정한다.

'좋다', '싫다', '믿음이 간다', '왠지 아니다'—

이 짧은 감정의 진폭이 모든 판단의 출발점이었다.

그 이후 나는 '감정을 이해하고 설계하는 일'에 집중했다.

수많은 제안서를 다시 뜯어보고, 발표의 장면을 다시 분석했다.

그리고 발견했다.

모든 설득의 순간에는 감정의 일정한 흐름과 구조가 존재한다는 것을.

그 흐름은 다섯 단계로 구분해 볼 수 있다.

마음을 여는 **Shock,**

함께 느끼는 **Empathy,**

시선과 의미가 바뀌는 **Tuning,**

감정이 행동으로 이어지는 **Resolution,**

그리고 여운으로 남는 **Echo.**

이 다섯 단계의 감정 곡선을 따라 사람이 어떻게 '이해'가 아니라 '느낌' 으로 움직이는지를 구조화했다.

그 결과 탄생한 것이 바로, **EDIS 감정설계 프레임워크(EDIS: Emotional Design Framework)**다.

EDIS는 단순한 제안서 작성법이나 발표 기법이 아니다.

그것은 감정을 설계하고, 공감을 구조화하며, 사람의 마음이 움직이는 리듬을 디자인하는 새로운 언어다.

이 프레임워크를 현장에서 적용했을 때, 놀라운 변화가 일어났다.

딱딱하던 문서가 생동감을 얻고, 무심하던 평가위원의 표정이 바뀌었으며, 무대 위 발표자가 한 문장을 던질 때, 청중의 눈빛이 달라졌다.

그것은 기술의 결과가 아니라 감정의 구조가 작동한 결과였다.

감정이 설계를 지배하고, 공감이 논리를 이겼던 바로 그 순간—

나는 확신했다.

"기획은 정보의 나열이 아니라, 감정의 설계다."

이 책은 그 깨달음의 기록이며, 두 개의 여정으로 나누어졌다.

지금의 **"이기는 제안을 위한 설득의 알고리즘"**은 감정의 법칙 편이다.

2026년 1월에 미국에서 출간한 영문판 『EDIS, The Algorithm of Persuasion』의 한글판이다.

우리나라 환경에 맞게 약간의 수정과 보완이 있었다.

그래서 누구나 일상과 업무 속에서 쉽게 활용할 수 있도록 설득과 공감의 기본 원리를 다뤘다.

실제 상대를 설득하기 위해 제안하고, 고객에게 제안서를 제출하고, 프레젠테이션을 하고, 영상을 만드는 그러한 경우에 감정이 어떻게 판단을 만들고, 왜 논리보다 느낌이 먼저 작동하는지를 직관적으로 보여 준다.

나는 지금 출판하는 **『이기는 제안을 위한 설득의 알고리즘』**과 그 후속 시리즈들이 논리와 데이터의 언어에 익숙한 사람들에게 다시 감정의 언어를 되찾게 해 주길 바란다.

설득은 상대를 꺾는 기술이 아니다.

그의 마음속으로 들어가는 **공감의 여정**이다.

공감은 감정의 언어로 쓰이고, 그 언어를 읽을 줄 아는 사람이 결국 사람을 움직인다.

이제 기획은 정보가 아니라 **감정의 구조**로 설계되어야 한다.

제안은 논리의 싸움이 아니라, **공감의 예술**이 되어야 한다.

그것이 내가 지난 30여 년간 현장에서 깨달은 진리이며, 책들을 통해 독자들과 나누고 싶은 이야기다.

2026년 3월

새로운 기획의 패러다임을 세상에 내놓으며

EDIS 감정설계 프레임워크 창안자,

『이기는 제안을 위한 설득의 알고리즘』 저자 최용수

| 차 례 |

EDIS 감정설계 프레임워크의 목적과 의의

EDIS — 독자적 감정 설계 프레임워크: 감정 구조가 결정·설득·하이-스테이크 커뮤니케이션[1]을 어떻게 형성하는가?

EDIS(Emotional Driven Impact Structure)는 설득, 제안, 커뮤니케이션의 전체 과정을 동적인 감정 흐름에 기반해 구조화한 최초의 프레임워크이다. 이는 전통적인 논리 중심의 제안과 프레젠테이션 방식이 가진 한계를 보완하며, 상대를 '이해'의 단계에서 '진정한 수용'의 단계로 이끄는 감정 기반 구조 설계 모델로서 실무적·학문적 가치를 모두 갖추었다.

일반적인 제안서와 프레젠테이션은 대개 논리적 일관성과 정보의 명료성이라는 관점에서 해석된다. 그러나 실제 의사결정은 논리보다 감정적 측면에 훨씬 더 강하게 영향을 받는다.

사람은 설명을 이해할 때는 논리를 사용하지만, 선택을 내릴 때는 감정을 기준으로 결정한다.

따라서 의미 있는 설득은 정보를 나열하는 행위가 아니라, 감정의 흐름을 설계하고 그 위에 논리를 얹는 과정이다. EDIS는 바로 이 관점에서 출발한다.

1. 감정과 논리의 통합적 구조 설계

EDIS는 제안과 설득을 단순한 정보의 배열이 아닌 '감정-논리 통합 구조'로 본다. 이 프레임워크는 설득 과정을 다음 다섯 단계로 구분한다.

---

1) 하이-스테이크 커뮤니케이션(High-Stakes Communication): B2B나 B2G처럼 대규모 사업의 경우 설득과 제안의 중요성이 매우 크기 때문에 치밀한 전략적 접근이 필요하다.

 이기는 제안을 위한 설득의 알고리즘

- Shock — 주목을 형성하는 감정적 자극
- Empathy — 공감을 통한 정서적 연결
- Tuning Point — 감정에서 논리로 전환하는 조율의 순간
- Resolution — 감정의 안정과 의미의 완성
- Echo — 감정의 반복과 기억의 정착

이 구조는 단순한 순서가 아니라, 감정이 논리로 전환되고 다시 감정으로 마무리되는 순환형 설득 구조다. 즉, 감정이 제안을 여는 문이자 닫는 문이 된다. 이를 통해 제안자는 청중의 인지적 이해뿐 아니라 정서적 수용까지 유도할 수 있다.

The Five Stages of EDIS Emotional Persuasion

단계	감정구조의 역할
Shock	주의를 끌어내는 감정적 자극
Empathy	공감을 통한 감정적 연결 (관계적 지속)
Tuning Point	감정과 논리를 연결하는 의미 정렬 (인지적 정렬)
Resolution	감정적 안정과 논리적 확신의 형성 (감정의 고착화)
Echo	반복, 여운, 감정 각인 (기억 유지)

2. 실무적 의의(현장에서 검증된 모델)

EDIS는 이론적으로 보일 수 있지만, 그 기반은 실제 비즈니스·공공부문·조직 커뮤니케이션 환경에서 철저히 검증된 실무 경험 위에 서 있다. 특히 정부 입찰, B2B 제안, 투자·IR 프레젠테이션, 브랜드 프레젠테이션, 내부 의사결정 보고, 기술·제품 도입 경쟁 제안 등과 같은 하이-스테이크(High-Stakes) 환경에 최적화되어 있다. 이러한 환경에서 단순히 사실과 근거를 나열하는 방식은 경쟁 제안 속에 쉽게 묻히거나 금방 잊힌다.

EDIS는 이 문제를 해결하기 위해 감정의 리듬을 구조적으로 설계하고, 주의 → 공감 → 신뢰 → 수용으로 이어지는 명확한 심리적 경로를 구축한다.

각 단계의 실무적 적용은 다음과 같다.

- Shock: "왜 이 제안인가, 왜 지금인가?"를 감정적으로 각인시키는 단계
- Empathy: 상대의 문제·관점·우려를 공유하여 신뢰를 형성하는 단계
- Tuning Point: 공감을 자연스럽게 해결을 향한 논리적 방향으로 전환시키는 단계
- Resolution: 감정적 안정과 명확한 의미 제시를 통해 확신을 제공하는 단계
- Echo: 제안이 끝난 뒤에도 남아 있는 감정적 잔향을 만드는 단계

이 구조는 제안서, 프레젠테이션, 영상 스토리보드, 브랜드 메시지 등 모든 설득 매체에 일관되게 적용할 수 있는 보편적 설계 언어로 기능한다.

3. EDIS가 제공하는 설득 효과

EDIS는 설득의 패러다임을 **이해 → 수용, 정보 → 감정**의 구조로 전환한다. 그 효과는 다음의 세 가지 핵심 결과로 요약할 수 있다.

1) 메시지 집중도 향상

커뮤니케이션이 감정의 리듬을 따를 때, 상대의 주의는 분산되지 않는다. 각 단계의 감정 흐름에 따라 **깊이 있게 몰입하도록 안내**된다.

2) 자연스러운 신뢰 형성

Empathy 단계를 구조적으로 포함함으로써, 설득은 강요가 아닌 **관점의 공유에 기반한 비강제적 과정**이 된다. 상대는 압박이 아니라 **이해받고 있다는 감정**을 통해 신뢰를 쌓는다.

3) 장기적 기억 유지

논리는 시간이 지나면 희미해지지만, **감정은 오래 남는다.**

Echo 단계는 제안이나 프레젠테이션이 끝난 후에도 메시지가 계속 공명(Resonate)하도록 만든다.

궁극적으로 EDIS는 단순한 논리적 효율성을 넘어, 지속되는 감정적 잔존효과를 함께 달성한다. 이는 의미 있는 설득에 필수적인 조합이다.

EDIS는 단순한 글쓰기 기술이나 발표 스킬을 넘어, 아주 중요한 순간에서의 설득을 위한 **감정 기반 커뮤니케이션 시스템**이다.

4. 결론: 설득의 새로운 표준

EDIS는 감정이 논리의 대체물이 아니라, **논리를 작동시키는 전제**임을 전제로 한다. 이는 제안, 발표, 홍보, 교육 등 모든 설득형 커뮤니케이션에서 적용할 수 있는 **표준적 감정 설계 프레임워크**다.

궁극적으로 EDIS는 "이해시키는 설득"이 아니라 "느끼게 하는 설득"을 구현한다. 논리가 아니라 감정이, 설명이 아니라 설계가, 전달이 아니라 경험이 설득의 중심이 되는 시대에서 EDIS는 그 변화의 방향을 명확히 제시한다.

요컨대 EDIS는 제안 기법이 아니다. EDIS는 **감정으로 설계된 논리 구조**, 즉 설득의 구조 자체를 재정의하는 새로운 언어이다. 감정이 의사결정을 점점 더 지배하는 시대에, EDIS는 "설명을 중심으로 한 설득"에서 "느껴지는 설득"으로의 전환을 제시한다.

공식적인 EDIS 프레임워크 다이어그램

1. EDIS 고도 구조 모델: EDIS 개념의 핵심 아키텍처

EDIS는 "감정 → 논리 → 감정"으로 이어지는 순환적 설득 구조, 즉 **EDIS Emotional Loop(감정 순환 구조)** 위에 구축되어 있다. 이는 프레임워크를 가장 단순화한 **최상위 구조 형태**를 나타낸다.

요약하면, EDIS는 **감정으로 시작해 논리를 거쳐 다시 감정으로 닫히는** 감정 기반 순환 구조를 형성하며, 이 구조는 **어떻게 주의가 포착되고, 의미가 해석되며, 최종적으로 의사결정이 이루어지는가**를 지배하는 감정 설계 아키텍처이다.

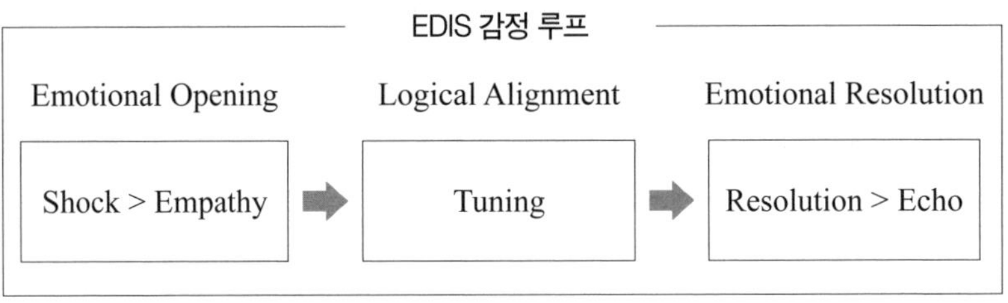

1) 감정적 오프닝(Shock · Empathy):
설득을 시작하게 만드는 최초의 방아쇠.

- 설득의 첫 번째 문이 열리는 순간
- 주의를 끌어당기는 Shock와, 이해를 공유하는 Empathy가 결합되어 **상대가 마음을 열고 메시지를 받아들일 준비를 하는 단계**

이 감정적 오프닝이 없으면, 논리는 자리 잡을 수 없으며 의사결정 과정에 영향을 미칠 수 없다

 이기는 제안을 위한 설득의 알고리즘

2) 논리적 정렬(Tuning Point):

감정과 논리가 만나는 순간.

- 공감을 통해 생성된 감정적 에너지가 **논리, 해결 방향, 근거, 가치 제시**로 전환되는 지점
- 감정에서 논리로 넘어가는 **결정적 다리를 구축하는 단계**
- 전체 설득 과정에서 가장 중요한 전환점

3) 감정적 완성(Resolution · Echo):

결정은 논리가 아니라 감정에서 마무리된다.

- 결정이 논리로 끝나는 것이 아니라 **감정으로 완성된다는 사실**을 반영한 단계
- 논리적 이해를 다시 **감정적 확신, 기대, 안심, 그리고 남는 잔향**으로 전환

Resolution은 감정적 안정과 의미를 확립하고, **Echo**는 메시지가 끝난 뒤에도 이어지는 **기억, 여운, 지속되는 인상**을 만들어 낸다.

2. EDIS 심층 구조 5단계 모델

완전한 EDIS 모델은 Shock → Empathy → Tuning → Resolution → Echo의 다섯 단계를 **감정 곡선, 심리적 전환 지점, 인지 기능, 각 단계의 설계 원리**를 포함한 보다 깊은 구조적 프레임워크로 확장한다.

이러한 의미에서 EDIS는 감정의 강도 변화를 도식화하고, 핵심 심리 전환점을 규명하며, 의사결정 과정 전반에서 **감정과 인지가 어떻게 상호 작용하는지**를 설계함으로써 **설득의 리듬을 구조적으로 디자인하는 시스템**이다.

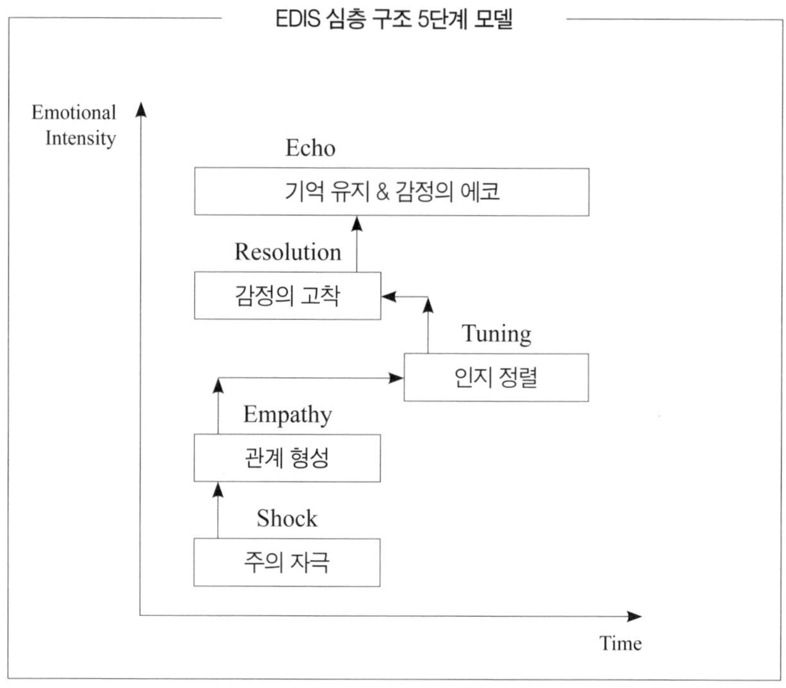

1) Shock — 감정의 급상승(Emotional Trigger)

◆ 개념

Shock 단계는 감정 곡선이 처음으로 급격히 상승하는 지점이다. 주의를 붙잡고 "이 이야기는 들을 가치가 있다."는 신호를 보내는 **감정적 자극의 순간**이다.

◆ **역할**

- 새로운 인식을 열어주는 강한 감정적 충동을 생성
- 상대의 주의를 고정시키고 이후 공감과 논리 전개의 기반을 마련
- "이건 나와 관련 있다."는 내부 동기를 형성

Shock 단계의 효과는 이후 전개되는 전체 설득 흐름의 **강도와 안정성**을 결정한다.

2) Empathy — 감정의 공명(Emotional Resonance)

◆ **개념**

Empathy는 Shock를 통해 열린 감정적 오프닝을 확장한다. 상대의 관점에 들어가 그들의 문제, 우려, 맥락을 **보고·느끼고·이해하는** 단계이다.

◆ **역할**

- "당신의 문제를 이해합니다."라는 메시지를 통해 **관계적 신뢰 형성**
- 설득의 기반을 상대의 감정과 내러티브 위에 구축
- 강요가 아닌 **자연스럽고 비강제적인 수용**을 가능하게 함

Empathy는 상대가 논리를 받아들이고 처리할 **심리적 준비 상태**를 만든다.

3) Tuning Point — 감정에서 논리로 이어지는 교량(Cognitive Alignment)

◆ **개념**

Tuning Point는 감정 곡선이 공감 단계에서 **문제 해결 논리로 전환되는 순간**이다. EDIS 전체 구조에서 가장 핵심적인 전환점이다.

◆ **역할**

- 감정 기반 공감을 해결을 향한 **논리적 방향**으로 매끄럽게 연결
- 감정이 논리를 **밀어주고 지탱하는 구조**를 형성
- 이 단계에서 핵심 메시지, 전략 방향, 해결 방안이 제시됨

즉, Tuning Point는 설득의 중심축이며, **공감이 이후의 논리를 들어 올리고 이끄는 순간**이다.

4) Resolution — 감정적 안정과 의미의 완성(Emotional Solidification)

◆ **개념**

Resolution은 논리적 설득이 상대를 **감정적 안정 상태로** 이끄는 단계이다. "이 선택이 옳다."는 **내적 확신**이 형성되는 구간이다.

◆ **역할**

- 해결책의 가치 · 효과 · 미래에 대한 **긍정적 감정**을 구축
- "이해된 논리"를 "수용된 의미"로 전환
- 선택 이후 펼쳐질 미래에 대한 감정을 안정시키고 명확하게 정리

   이기는 제안을 위한 설득의 알고리즘

결국 Resolution은 **결정에 대한 심리적 안전지대**를 만들어 선택이 확실하고, 안전하며, 정당하다고 느끼게 한다.

5) Echo — 감정의 잔향과 기억의 고정
(Emotional Afterglow & Memory Retention)

◆ 개념

Echo는 감정적 잔상이 남아 지속되는 최종 단계이다. 이 단계에서는 논리적 이해가 아니라 감정적 잔류감이 결정을 유지한다.

◆ 역할

- 이야기가 끝난 후에도 메시지가 상대의 기억 속에서 계속 작동하도록 함
- 하나의 마지막 감정 이미지나 강한 문장으로 **결정의 고정**을 돕는다
- 프레젠테이션, 제안서, 영상, 내러티브 중심 커뮤니케이션에서 가장 강한 임팩트를 제공

논리는 시간이 지나면 흐려지지만, Echo 단계에서 생성된 **감정적 인상은 오래 남는다.**

바로 이 감정의 기억이 설득의 순간이 지난 이후에도 결정을 유지시키고, 상대의 행동을 계속해서 이끌어 주는 힘이 된다.

3. EDIS 커뮤니케이션 적용 흐름 모델

EDIS는 제안서, 프레젠테이션, 영상, 보고서 등 **모든 설득 매체에 직접**

적용될 수 있다. 이는 문서, 시각 매체, 구두 커뮤니케이션 전반에 일관되게 활용할 수 있는 보편적 감정 설계 시스템으로 기능한다.

실무적으로 이는 모든 하이-스테이크 커뮤니케이션이 동일한 **감정 흐름과 설계 논리**를 따를 수 있음을 의미하며, 이를 통해 설득자는 주의를 끌고, 공감을 형성하고, 의미를 정렬하고, 확신을 만들고, 지속되는 감정적 인상을 남기는 메시지를 구조적으로 설계할 수 있다.

EDIS 커뮤니케이션 모델

1. Shock Phase
   - 문제 재구성/위험 인식/긴박성 부여
   - 왜 지금인가? 감정 각인

2. Empathy Phase
   - 상대의 관점과 우려
   - 상황에 대한 서술
   - 문제에 대한 공감적 이해를 통해 감정적 신뢰 형성
3. Tuning(Point)
   - 감정에서 논리로의 전환
   - 해결 방향, 접근 방식, 핵심 가치 제시
   - 공감이 자연스럽게 논리를 떠받치는 구조

4. Resolution Phase
   - 결정 이후 펼쳐질 미래를 생생하게 그려내고 감정적으로 확신시키기
   - 해결안의 의미, 영향, 가치 명확화

5. Echo
   - 감정의 여운, 기억, 지속적 인상을 설계하기
   - 마지막 문장·이미지·스토리가 만들어내는 감정적 에코

[적용 범위]

제안서 문단 구조화, 프레젠테이션 스크립트 설계, 영상 스토리보드 구축
브랜드 메시지 개발, 조직 커뮤니케이션 구조화

이기는 제안을 위한 설득의 알고리즘

1) Shock 단계 — 감정 각인:

상대의 감정적 문을 여는 단계.

◆ 목적

이 메시지가 **왜 지금 중요한가**를 감정적으로 각인시켜, 상대의 주의를 여는 첫 불꽃을 만드는 것.

◆ 메커니즘

- 상황을 재정의하는 **문제 제기**
- 손실 회피 또는 잠재적 위험 · 결과 강조
- 기존 가정을 전복하는 **맥락 전환**
- 강렬한 한 문장 훅(hook) 또는 시각적 자극

◆ 실무 사례

- 제안서 1페이지의 이슈 프레이밍(Issue-Framing)
- 프레젠테이션 오프닝 슬라이드의 Shock 메시지
- 영상 콘텐츠의 대비적 · 파괴적 오프닝 장면

2) Empathy 단계 — 감정 정렬:

논리를 받아들일 심리적 준비를 만드는 단계.

◆ 목적

상대의 눈높이에 서서 그들의 문제, 불편, 니즈를 **같이 느끼는 것**을 통해 논리 수용에 필요한 감정적 정렬을 구축하는 것.

◆ 메커니즘

- 상대의 관점을 있는 그대로 묘사
- 그들의 실제 상황을 보여주는 장면 제시
- 문제 인식의 공유
- "당신의 상황을 이해합니다."라는 감정 공명 형성

◆ 실무 사례

- 제안서의 "현황 및 문제 인식" 페이지
- 평가자의 우려를 명시적으로 언급하는 프레젠테이션 구간
- 브랜드·기업 영상의 공감 기반 내러티브 시퀀스

3) Tuning Point 단계 — 감정에서 논리로의 전환:
설득 과정의 핵심 브리지.

◆ 목적

공감을 통해 생성된 감정적 에너지를 **논리·방향성·전략적 해결책**으로 전환하여, 전체 설득 흐름을 지탱하는 핵심 전환점을 만드는 것.

◆ 메커니즘

- 해결책의 전체적인 방향 제시
- 핵심 전략 및 가치 제안 설명

이기는 제안을 위한 설득의 알고리즘

- Empathy → Logic으로 이어지는 매끄러운 전환 구조 생성

◆ 실무 사례

- 제안서의 "전략 방향 및 접근 방법" 페이지
- 프레젠테이션의 전환 슬라이드(예: WHY → HOW)
- 해결책 설명 직전에 넣는 연결 문장

4) Resolution 단계 ─ 의미 완성과 감정적 안정:

논리가 의미가 되고, 의미가 감정적 확신이 되는 단계.

◆ 목적

"이 해결책이 옳은 선택이다."라는 **감정적 확신**을 제공하는 것.

◆ 메커니즘

- 선택 이후의 긍정적 미래 제시
- 기대 효과, 가치, 임팩트 명확화
- 감정적 안정감과 심리적 안심 제공

◆ 실무 사례

- 제안서의 "기대효과·가치" 페이지
- 프레젠테이션 후반의 미래 상태 시각화
- 영상 콘텐츠의 완성된 솔루션·실제 적용 장면 시퀀스

5) Echo 단계 — 감정의 잔향 및 기억 고정:

설득이 끝난 후에도 메시지가 살아 있도록 하는 마지막 설계.

◆ 목적

커뮤니케이션이 끝난 뒤에도 메시지가 상대의 기억 속에서 지속되도록 하는 것.

◆ 메커니즘

- 감정적 여운을 남기는 단 한 문장
- 상징적이거나 기억에 남는 이미지
- 핵심 메시지의 반복을 통한 잔향(Echo) 형성
- 최종 인상을 고정하는 감정적 클로징

◆ 실무 사례

- 제안서의 마지막 Key Message 페이지
- 프레젠테이션의 최종 클로징 문장
- 영상 콘텐츠의 마지막 장면 또는 내레이션

이기는 제안을 위한 설득의 알고리즘

Chapter 1

EDIS,
감정설계 프레임워크

█ 기획의 패러다임이 바뀐다

감정은 논리를 이긴다. 현대의 기획과 설득은 더 이상 '논리의 완결성'만으로 성공하지 않는다. 인간의 판단은 인지적 분석보다 정서적 반응에 의해 훨씬 더 강하게 영향을 받는다. 즉, 사람은 정보를 '이해'가 아니라 '느낌'으로 처리하고 판단한다. 회의실에서 아무리 근거와 데이터를 제시해도, 실제 결정의 순간은 단 한 문장의 감정적 직관으로 요약된다.

"왠지 이게 맞을 것 같다." 또는 "왠지 불안하다."

이때의 '**왠지**'는 비합리적 감정이 아니라, 뇌의 무의식적 정보처리 결과로 나타나는 정서적 판단이다.

하버드대 제럴드 잘트먼(Gerald Zaltman) 교수는 실험을 통해 "인간이 내리는 의사결정의 약 95%는 감정적 요인에 의해 좌우된다."고 주장했다. 인간의 뇌는 논리적 판단을 담당하는 전전두엽보다 감정적 평가를 담당하는 변연계가 먼저 반응하도록 구조화되어 있다. 따라서 대부분의 경우, 사람들은 논리를 듣는 것이 아니라 자신의 감정이 맞는지, 즉 '느낌의 정합성'을 검증하기 위해 논리를 활용한다.

느낌이 긍정적이면 논리는 이를 정당화하는 도구가 되지만, 부정적이면 아무리 타당한 근거라도 거부된다. 이 과정에서 감정은 판단의 '시작점'이자 '필터'로 작용한다. 이러한 사실은 기획자의 역할을 근본적으로 변화시킨다. 과거의 기획자는 데이터를 분석하고 근거를 제시하는 '논리의 전달자'였다면, 오늘날의 기획자는 감정을 설계하고 리듬을 조율하는 '감정의 디자이너'가 되어야 한다. 즉, 메시지를 단순히 전달하는 것이 아

　　　　　　　　　　　이기는 제안을 위한 설득의 알고리즘

니라, 상대의 감정 흐름을 예측하고 그 흐름에 맞추어 정보의 구조를 설계해야 한다는 뜻이다.

좋은 제안서, 좋은 발표, 그리고 좋은 콘텐츠는 공통적으로 감정의 흐름을 체계적으로 설계한다. 그 흐름은 단순한 스토리텔링이 아니라, 인간의 정서 반응 곡선을 기반으로 한 구조적 설계이다. 이때 대표적인 감정 설계의 틀로 **EDIS 5단계 감정 알고리즘**이 있다.

EDIS는 Shock(충격) → Empathy(공감) → Tuning(조율) → Resolution(해결) → Echo(잔향)의 다섯 단계로 구성된다. 이는 단순한 순서가 아니라, 인간의 감정이 정보를 받아들이고 의미를 부여하며 최종 결정을 내리는 과정을 모델링한 것이다.

이 다섯 단계는 설득과 이해의 차이를 구분하는 핵심이다. 논리는 '이해'를 요구하지만, 감정은 '수용'을 이끈다. 따라서 설득이란 논리를 증명하는 행위가 아니라, 감정을 통제 가능한 흐름으로 구조화하는 행위다.

기획자는 데이터의 배열이 아니라 감정의 여정을 설계해야 하며, 성공적인 기획은 결국 감정 곡선 위에서 논리가 작동하도록 설계된 **구조적 시스템**이라고 할 수 있다.

결국, 기획의 패러다임은 "정보 중심"에서 "감정 중심"으로 이동하고 있다. 감정을 설계하지 못하는 기획은 논리적으로 아무리 완벽해도 설득력을 얻지 못한다.

앞으로의 시대에 기획자는 데이터 분석가가 아니라 **감정 엔지니어**로서, 인간의 정서 구조를 이해하고 이를 기획의 언어로 번역할 수 있어야 한다. 이것이 바로 '감정이 논리를 이긴다'는 명제의 본질이며, 현대적 기획 패러다임의 핵심 변화이다.

감정이 행동을 이끄는 세 가지 메커니즘

EDIS 프레임워크는 감정을 단순한 정서적 흐름이 아니라 **행동을 유발하는 구조적 시스템**으로 본다. 감정은 일시적인 반응이 아니라, 인지와 판단, 행동을 잇는 심리적 경로이다. 즉, 감정은 '생각의 결과'가 아니라 '행동의 원인'이며, 그 작동 원리는 세 가지 핵심 메커니즘 — **주목(Attention), 신뢰(Trust), 행동(Action)** — 으로 설명할 수 있다. 이 세 가지는 설득을 움직이는 연료이자 엔진이다. 감정이 없으면 사람은 움직이지 않으며, 논리는 단지 그 움직임을 정당화할 뿐이다.

주목(Attention): 감정의 문을 여는 시작점

모든 설득은 '주목'에서 출발한다. 인간의 뇌는 논리보다 감각 자극에 훨씬 빠르게 반응한다.

따라서 **Shock 단계**는 단순히 놀라움을 주기 위한 장치가 아니라, 감정의 문을 여는 트리거(Trigger)다. 이때 제시되는 한 문장, 한 장의 이미지, 또는 한 가지 상징적 메시지가 상대에게 "이건 내 이야기일지도 몰라"라는 감정적 연결을 만들어 낸다. 그 순간 뇌는 정보를 '이성적으로 처리할지, 그냥 흘려보낼지'를 결정한다. 즉, Shock는 단순한 주목이 아니라, 수용 의사결정의 관문(Gate)이다.

좋은 오프닝은 정보를 설명하지 않는다. 그 대신 감정을 일으켜 '듣고 싶은 상태'를 만든다. 이는 마케팅에서 말하는 Attention Economy(주목의 경제)와 동일한 원리로, 감정은 인지보다 먼저 작동하며 이후의 모든 설득 과정의 기반을 형성한다.

이기는 제안을 위한 설득의 알고리즘

신뢰(Trust): 감정적 동일시를 통한 설득의 기반

두 번째 메커니즘은 신뢰다. 신뢰는 논리적 확신이 아니라, 감정적 동일시를 통해 형성된다. 공감(Empathy)은 그 시작점이다. 공감이 생기면 상대의 말이 설득의 대상이 아니라 '함께 고민하는 대화'로 전환된다. 즉, 신뢰는 "이 사람은 내 입장에서 말하고 있구나"라는 감정의 확신에서 출발한다. 사람은 논리보다 진심에 먼저 반응한다.

예를 들어 "비용 절감이 가능합니다."는 사실의 전달에 불과하지만, "매달 반복되는 피로감을 줄일 수 있습니다."는 감정의 공명을 일으킨다. 후자의 표현은 상대의 경험을 인정하고, 감정적 맥락 속에서 문제를 정의한다. 이 차이가 바로 **신뢰의 문을 여는 순간**이며, 설득은 이 지점에서 비로소 '관계'로 전환된다. 따라서 제안서·기획서·프레젠테이션 모두 공감을 중심에 둔 구조로 설계되어야 한다. 논리적 설명 이전에 '이해받고 있다'는 감정이 형성되어야 이후의 정보가 받아들여진다.

행동(Action): 감정이 임계점에 도달할 때

세 번째 메커니즘은 행동이다. 행동은 논리적 결심이 아니라, 감정이 축적되어 임계점에 도달할 때 일어난다. 사회심리학자 로버트 치알디니(Robert Cialdini)는 『설득의 심리학』에서 "사람은 자신이 느낀 감정을 행동으로 정당화한다."고 했다. 즉, 행동은 논리의 결과가 아니라 감정의 결과다.

감정이 일정 수준 이상으로 쌓이고, 공감이 신뢰로 바뀌면, 그 순간 사람은 '해야 한다'가 아니라 '하고 싶다'로 전환된다. 이때의 변화가 바로 행동의 임계점이며, 이는 설득의 최종 단계인 **Resolution → Echo** 과정에서 나타난다.

행동은 감정의 총합이다. Shock 단계의 주목이 호기심을 열고, Empathy 단계의 공감이 신뢰를 만들며, 그 신뢰가 확신으로 바뀔 때 행동이 발생한다. 따라서 설득은 감정이 누적되어 폭발하는 구조이며, 성공적인 설득은 이 세 가지 감정 메커니즘을 의도적으로 설계한 결과물이다.

감정은 단순히 메시지의 분위기를 결정하는 장식적 요소가 아니라, **인지 → 판단 → 행동**을 연결하는 핵심 작동원리이다. 기획자, 마케터, 제안자는 데이터를 나열하기 전에 상대의 감정이 어디에서 열리고, 어디에서 닫히는지를 이해해야 한다.

주목-신뢰-행동의 세 메커니즘은 곧 EDIS의 Shock-Empathy-Resolution 단계와 대응하며, 이 감정의 설계 흐름을 정확히 파악하는 것이 '감정이 행동을 이끈다'는 명제를 실천적으로 구현하는 첫걸음이다.

설득의 실패는 논리 부족이 아니라 감정 결핍 때문이다

대부분의 제안서와 발표가 실패하는 이유는 논리의 불충분함이 아니라 **감정의 단절** 때문이다. 많은 기획자와 발표자는 설득의 실패를 "논리적 구조가 부족해서" 혹은 "데이터가 약해서"라고 해석하지만, 실제로는 **감정의 회로가 작동하지 않았기 때문이다.**

논리는 이해를 가능하게 하지만, 감정이 결여된 논리는 인간의 행동을 유도하지 못한다. 사람은 '이해한 상태'에서 멈추지 않는다. 이해가 행동

이기는 제안을 위한 설득의 알고리즘

으로 이어지려면, 그 이해가 **감정적 확신**으로 변환되어야 한다.

즉, 설득의 본질은 '정보의 전달'이 아니라 '감정의 전이'다. 정보는 상대의 인지 체계에 저장되지만, 감정은 행동의 동기를 만든다. 이때 감정이란 단순한 감정 표현이 아니라, **인지와 행동을 매개하는 심리적 에너지로** 이해해야 한다. 감정이 결핍된 메시지는 논리적으로 타당할지라도 상대의 마음속에서 '움직임'을 일으키지 못한다. 그 결과, 메시지는 전달되지만 설득은 일어나지 않는다.

이러한 현상은 기획서나 제안서의 실제 구조에서 자주 나타난다. 많은 제안은 **사실의 나열과 근거의 설명으로만 구성**되어 있다. 시작은 차갑고, 제시된 솔루션은 기능 중심이며, 마무리에는 여운이 없다. 그 안에는 감정적 리듬이 부재하고, 상대의 공감이 형성되지 않는다. 결과적으로 이러한 제안서는 **이해는 되지만 믿음은 생기지 않는 문서**, 즉 '논리적으로는 옳으나 감정적으로는 공감되지 않는 구조'로 남는다.

설득이 실패하는 근본 원인은 '논리의 빈약함'이 아니라 **감정적 결핍의 누적**이다. 논리는 사람의 생각을 움직이지만, 감정은 사람의 의지를 움직인다. 설득이란 단순히 올바른 말을 하는 것이 아니라, 그 말이 남기는 감정적 잔여를 설계하는 과정이다. 즉, 기획자의 질문은 "무엇을 말할 것인가?"에서 멈추지 않고, "이 말이 어떤 감정을 남길 것인가?"로 확장되어야 한다. 이 관점이 전환되는 순간, 설득의 초점은 '정보 전달자'에서 '감정 설계자'로 옮겨진다.

감정이 포함된 논리는 상대와의 정서적 연결을 형성한다. 그 연결은 설득의 지속력을 결정한다. 반대로 감정이 결여된 논리는 공중에 떠 있는 구조물과 같다. 형태는 존재하지만, 어디에도 닿지 않는다. 이러한 논리는 평가 위원에게도, 고객에게도 '이해'는 남기지만 '선택'으로 이어지지 않는다.

따라서 현대의 기획자는 데이터를 배열하는 사람이 아니라, 논리와 감정의 회로를 동시에 설계하는 사람이어야 한다. 논리는 설득의 뼈대를 만들고, 감정은 그 구조를 살아 있게 만든다. 둘 중 하나라도 결여되면, 설득은 완성되지 않는다. 감정이 빠진 논리는 정확하지만, 생명력이 없다. 반대로 감정만 있고 논리가 없는 설득은 일시적이지만 지속되지 않는다.

결국, 설득의 성공은 **감정과 논리의 결합률**에 의해 결정된다. 논리가 감정을 보완하고, 감정이 논리를 활성화할 때 비로소 설득은 완전한 구조를 갖춘다. 이것이 바로 "설득의 실패는 논리 부족이 아니라 감정 결핍 때문이다."라는 명제가 지닌 실질적 의미이다.

▌기존 기획법의 한계

현대의 기획 이론은 오랜 시간 동안 다양한 분석 프레임을 발전시켜 왔다. 5W1H, SWOT, AIDA, PDCA, Design Thinking과 같은 방법론은 기획자의 기본 도구로서, 문제를 정의하고 정보를 체계적으로 구조화하는 데 매우 유용하다. 이들 프레임은 "무엇을, 언제, 어디서, 어떻게 할 것인가"라는 질문을 통해 **논리적 정합성**을 높이는 데 탁월한 성과를 보여 왔다.

그러나 이러한 전통적 기획법은 '감정의 구조'를 다루지 못한다는 근본적인 한계를 지닌다. 이들은 '무엇을 할 것인가(What to do)'에는 답하지

 이기는 제안을 위한 설득의 알고리즘

만, '왜 하고 싶어지는가(Why to want)'라는 감정적 동기에는 접근하지 않는다. 즉, 인간의 내적 반응 ─ 공감, 확신, 여운 ─ 을 고려하지 않은 채, 사고의 체계만을 설계한 것이다.

이 때문에 논리적으로 완벽한 기획안이라도 실제 설득 단계에서는 종종 힘을 잃는다. 많은 제안서가 "논리는 맞지만 마음이 움직이지 않는다."라는 평가로 끝나는 이유가 여기에 있다. 기존의 프레임워크는 **사고의 틀**을 제공하지만, **감정의 리듬**을 설계하지 못한다. 논리는 문제를 해결하지만, 감정은 행동을 유도한다. 결국 감정이 배제된 기획은 정보 전달에는 성공할 수 있으나, 설득의 완성에는 도달하지 못한다.

EDIS(Emotional Driven Impact Structure)는 이러한 한계를 극복하기 위해 고안된 새로운 기획 패러다임이다. EDIS는 기획의 목표를 "정보의 배열"이 아니라 **감정의 설계**로 확장한다. 이 접근법은 인간의 감정이 일정한 리듬과 흐름을 따라 움직인다는 전제에서 출발한다. 즉, 감정은 무작위적 반응이 아니라, **Shock-Empathy-Tuning-Resolution-Echo**로 이어지는 구조적 순환을 가진다.

각 단계는 설득 과정에서 서로 다른 감정적 기능을 수행한다. Shock 단계에서는 주목이 일어나며, 이는 설득의 문을 여는 역할을 한다. Empathy 단계에서는 신뢰가 형성되어 상대의 마음이 열린다. Tuning 단계에서는 논리와 감정이 조율되며, 상대는 새로운 통찰을 얻게 된다. Resolution 단계에서는 확신이 형성되어 행동의 결심으로 이어지고, 마지막 Echo 단계에서는 여운이 남아 메시지가 지속적으로 기억된다.

이 다섯 단계는 단순한 감정의 흐름이 아니라, 설득이 작동하는 **인지-정서적 알고리즘**이다. 즉, 설득이 성공하기 위해서는 정보의 논리적 구조뿐 아니라, 감정이 순차적으로 축적되고 변환되는 흐름을 함께 설계해야 한다. 이러한 감정의 리듬이 바로 인간의 행동을 유발하는 핵심 메커니즘이며, EDIS는 이 리듬을 체계적으로 모델링한 최초의 감정 설계형 기획 방법론이라 할 수 있다.

기존의 기획법이 '논리적 완성'을 목표로 했다면, EDIS는 '감정적 완결'을 목표로 한다. 논리의 정확성 위에 감정의 흐름을 더함으로써, 기획은 비로소 이해를 넘어 **설득과 행동의 단계**로 진화한다. 따라서 EDIS는 기존의 분석 중심 기획법을 대체하는 것이 아니라, 그 위에 감정의 구조를 통합함으로써 '사람이 움직이는 기획'으로 확장시키는 새로운 패러다임이라 할 수 있다.

▍감정이 없는 논리의 세 영역

감정이 결여된 논리는 설득을 만들어 내지 못한다. 논리만으로 구성된 발표, 제안서, 영상은 모두 일정한 수준의 정보 전달에는 성공하지만, **행동을 유발하는 동기적 힘**이 부족하다. 이는 논리의 구조가 잘못된 것이 아니라, 그 안에 **감정의 회로가 존재하지 않기 때문**이다.

감정이 없는 발표: 주목의 결여

감정이 빠진 발표는 '감정의 첫 장면'이 없다. 많은 발표가 "오늘 발표는 세 부분으로 구성됩니다."라는 말로 시작한다. 이는 구조적으로는 명확하지만, 감정적으로는 아무런 반응을 일으키지 못한다. 상대는 "무엇

　　　　　이기는 제안을 위한 설득의 알고리즘

을 들을까"보다 "왜 들어야 하는가"를 알고 싶어 한다. 즉, **논리적 구성 이전에 감정적 이유가 필요하다.** 감정이 깨어나지 않으면 논리는 전달되지 않는다.

발표의 첫 순간은 정보를 나열하는 시간이 아니라, 상대의 감정을 여는 시간이다. Shock 단계에서 던지는 한 문장, 한 이미지, 한 비유가 바로 '감정의 문'을 여는 장치다. 이 장치가 부재하면 발표는 아무리 논리적이라도 주목받지 못한다. 따라서 기획자는 발표의 시작을 정보의 서두가 아니라, 감정의 출발점으로 설계해야 한다.

감정이 없는 제안서: 공감의 결여

감정이 빠진 제안서는 보고서에 불과하다. 보고서는 '정보를 전달하는 문서'이지만, 제안서는 '행동을 유도하는 메시지'여야 한다. 고객(상대)은 데이터를 읽기 위해 제안서를 보지 않는다. 그들은 **자신의 감정을 대신 말해 주는 문장**을 찾는다. 예를 들어, "효율적인 체계 구축"이라는 표현은 객관적이지만, 감정적 공명을 일으키지 않는다. 반면, "매일 반복되는 행정의 피로를 줄이는 일"이라는 문장은 구체적인 감정 경험에 닿는다. 전자는 기능적 설명이고, 후자는 감정적 해석이다. 이 차이가 바로 제안서의 설득력을 결정한다.

기획자는 데이터를 단순히 배열하는 사람이 아니라, 데이터를 감정으로 번역하는 사람이다. 즉, '효율성 향상 95%'라는 수치를 전달하기 전에, **그 수치가 상대의 일상에 어떤 변화를 의미하는지**를 보여 주어야 한다. "효율이 95% 향상됩니다."보다 "당신의 하루가 30분 더 여유로워집니다."가 강력한 이유가 여기에 있다. 감정이 통하지 않은 논리는 신뢰를 쌓지 못하며, 행동을 촉발하지 못한다.

감정이 없는 영상: 기억의 결여

감정이 빠진 영상은 기억되지 않는다. 사람은 스토리를 잊지만, **그 스토리가 남긴 감정은 오래 기억한다.** 즉, 감정이 개입된 메시지는 기억의 지속성을 높인다.

하버드대 연구에서도 동일한 결과가 확인되었다. 단순히 통계 데이터를 들은 집단보다, 같은 내용을 이야기(스토리) 형태로 들은 집단의 기억률이 약 6배 높았다. 이는 감정이 뇌의 저장 회로를 바꾸기 때문이다. 따라서 기획자는 정보를 단순히 전달하기보다, 그 정보를 감정적으로 **경험하게 해야 한다.** 좋은 영상은 설명하지 않고 느끼게 하며, 메시지를 머리가 아니라 마음에 남긴다.

감정의 부재가 초래하는 공통의 한계

결국 발표, 제안서, 영상이 모두 실패하는 근본 원인은 동일하다. **감정의 구조가 결여되어 있다는 점**이다. 이들은 정보로는 완벽하지만, 감정의 흐름이 없기 때문에 상대의 내면에 남지 않는다. 그 결과, "잘 만들었지만 이상하게 기억나지 않는다."는 평가로 끝난다. 이것은 설득이 절반만 성공한 상태이다.

EDIS(Emotional Driven Impact Structure)는 이 문제를 해결하기 위한 체계적 접근이다. EDIS는 논리적 흐름 안에 감정의 리듬을 통합하여, 정보가 '이해'를 넘어 '행동'으로 이어지도록 설계한다. 즉, 감정을 통과한 정보만이 살아 있는 메시지가 된다. 기획자는 데이터를 분석하는 기술자에서 한 단계 나아가, **정보를 감정으로 번역하는 언어의 연금술사**가 되어야 한다. 그때 비로소 논리와 감정이 결합된 진정한 설득이 완성된다.

EDIS(Emotional Driven Impact Structure)의 정의와 철학

EDIS(Emotional Driven Impact Structure)는 감정이 주도하는 설득의 구조적 모델이다. EDIS는 단순히 감정을 강조하는 개념이 아니라, 감정을 **논리적으로 설계 가능한 구조로 전환한 기획 이론**이다. 즉, 감정을 직관적 요소가 아니라 체계화된 변수로 다룸으로써, 설득이 일어나는 과정을 구조적으로 설명하고 재현할 수 있도록 만든 프레임워크다.

기존의 기획 프레임 — 5W1H, AIDA, Design Thinking 등 — 이 논리의 흐름을 다루었다면, EDIS는 그와 대비되는 감정의 흐름을 다룬다. 기존 프레임이 "어떻게 설득할 것인가"를 논리적으로 정의했다면, EDIS는 "어떻게 감정이 움직이는가"를 심리적, 구조적으로 설명한다. 이 프레임은 인간이 정보를 인지하고, 공감하고, 결심에 이르는 과정을 다섯 개의 정서적 반응 단계로 구분한다. 그 단계가 바로 Shock, Empathy, Tuning, Resolution, Echo이다.

이 다섯 단계는 단순한 순서가 아니라, **감정이 자극에서 행동으로 전이되는 실제 심리적 경로**를 반영한다.

Shock는 주목을 일으켜 감정의 회로를 열고,

Empathy는 공감을 통해 신뢰를 형성하며,

Tuning은 논리와 감정의 균형을 조정한다.

Resolution은 확신을 만들어 행동의 결정을 유도하고,

마지막 Echo는 여운을 남겨 설득의 지속력을 강화한다.

이러한 단계적 구조는 감정을 '설계 가능한 시스템'으로 전환시킨다는 점에서 EDIS의 핵심적 철학을 보여 준다.

20세기의 기획이 데이터와 분석 중심의 '논리의 시대'였다면, 21세기의 기획은 인간 중심, 감정 중심의 '정서의 시대'로 전환되고 있다. 정보의 과잉 시대에는 '무엇이 맞는가'보다 '무엇이 와닿는가'가 더 큰 영향을 미친다. 사람은 논리로 이해하지만, 감정으로 판단한다. 즉, 설득은 정확성의 문제가 아니라 **정서적 신뢰와 진정성의 문제**로 옮겨 가고 있다.

EDIS의 철학은 바로 이 지점에서 출발한다. 감정은 비합리적 요소가 아니라, **의사결정의 핵심 인프라**이다. 감정을 배제한 논리는 공중에 떠 있는 구조물처럼 실체가 약하며, 감정을 기반으로 한 논리는 상대의 인식 구조와 직접적으로 연결된다. 따라서 설득의 본질은 데이터를 얼마나 제시하느냐가 아니라, 그 데이터가 상대의 감정적 경험 속에서 어떤 의미로 변환되는가에 달려 있다.

이러한 관점에서 **EDIS(Emotional Driven Impact Structure)**는 논리적 설득에서 감정적 설득으로의 패러다임 전환(Paradigm Shift)을 제시한다. EDIS는 감정을 단순한 감정 표현이나 분위기의 문제가 아닌, **의도적으로 설계하고 측정 가능한 구조적 요소**로 다룬다. 이는 기획, 제안, 발표, 콘텐츠 제작 등 모든 설득 활동에서 감정을 논리와 동등한 수준의 전략적

변수로 다루어야 함을 의미한다.

결국, **EDIS(Emotional Driven Impact Structure)**는 "논리적 완성"이 아니라 "감정적 완결"을 목표로 하는 설득 구조이다. 논리의 정확성이 신뢰를 형성한다면, 감정의 진정성은 행동을 이끈다. EDIS는 그 두 요소를 통합하여, **정보가 마음을 통과해 행동으로 이어지는 완전한 설득의 시스템**을 구현하는 이론적 기반이 된다.

감정의 곡선: EDIS(Emotional Driven Impact Structure) Flow Curve

감정은 직선적으로 움직이지 않는다. 논리적 사고가 원인과 결과의 선형적 관계를 따른다면, 감정의 작용은 곡선적이며 리듬을 가진다. EDIS(Emotional Driven Impact Structure)가 제시하는 감정의 곡선(Emotional Flow Curve)은 인간이 설득의 과정에서 경험하는 감정의 흐름을 구조화한 것이다. 이 곡선은 단순히 단계적 순서가 아니라, **감정이 생리적 자극에서 인지적 확신으로 이동하는 정서적 궤적**을 표현한다.

감정의 곡선은 다섯 개의 구간으로 구성된다. Shock 단계에서 감정은 점화된다. 이는 외부 자극에 대한 즉각적 각성 반응으로, 주목과 긴장을 유발한다. Empathy 단계에서는 이 각성이 공감으로 확장된다. 공감은 자신과 상대의 경험을 동일화함으로써 심리적 신뢰를 형성한다.

Tuning 단계는 감정이 의미화되는 구간이다. 이 시점에서 감정은 단순한 반응을 넘어 '이해된 감정'으로 전환된다. Resolution 단계에서는 감정이 안정화되며 확신으로 응결된다. 마지막 Echo 단계는 정서적 기억이 강화되는 시점으로, 설득이 단기적 수용을 넘어 장기적 인식으로 전이되는 구간이다.

이 다섯 단계는 단순한 감정의 흐름이 아니라, **감정의 생리적·인지적 전환 과정**을 반영한다. 심리학적으로 인간의 감정은 각성 → 신뢰 → 의미화 → 확신 → 기억의 순서로 작동한다. 이는 감정이 순간적 반응이 아니라, 경험의 의미를 재구성하고 장기 기억에 저장되는 일련의 메커니즘임을 보여 준다.

기존의 설득 구조가 논리적 절차를 따랐다면, EDIS Emotional Flow Curve는 감정의 리듬을 시각화한 설득 지도라 할 수 있다. 이 곡선의 목적은 '이야기를 구성하는 것'이 아니라, '감정의 여정을 설계하는 것'이다. 즉, 감정 곡선을 설계한다는 것은 청중(상대)의 정서적 반응이 언제, 어떻게 변화하는지를 예측하고 이에 맞추어 메시지의 강도와 방향을 조정하는 행위다.

Shock는 진입의 문을 열고, Empathy는 신뢰의 토대를 쌓으며, Tuning은 공감의 폭을 넓히고, Resolution은 결심을 유도하며, Echo는 지속적 기억을 만든다. 이 다섯 구간은 각기 다른 감정의 에너지 레벨로 구성되어 있으며, 설득이 완성되기 위해서는 이 에너지가 자연스럽게 상승하고 안정되며 잔향으로 이어져야 한다.

따라서 Emotional Flow Curve를 설계한다는 것은 단순히 '감정적으로

 이기는 제안을 위한 설득의 알고리즘

표현하는 것'이 아니라, **감정이 인지와 행동으로 전환되는 과정 전체를
전략적으로 설계하는 일**이다. 감정 곡선이란 곧 설득의 궤적이며, 그 곡
선을 따라 흐르는 감정의 리듬이 사람을 움직이게 한다. 이 곡선을 이해
하고 설계할 수 있을 때, 비로소 정보는 마음을 통과해 행동으로 이어지
는 '살아 있는 설득 구조'가 된다.

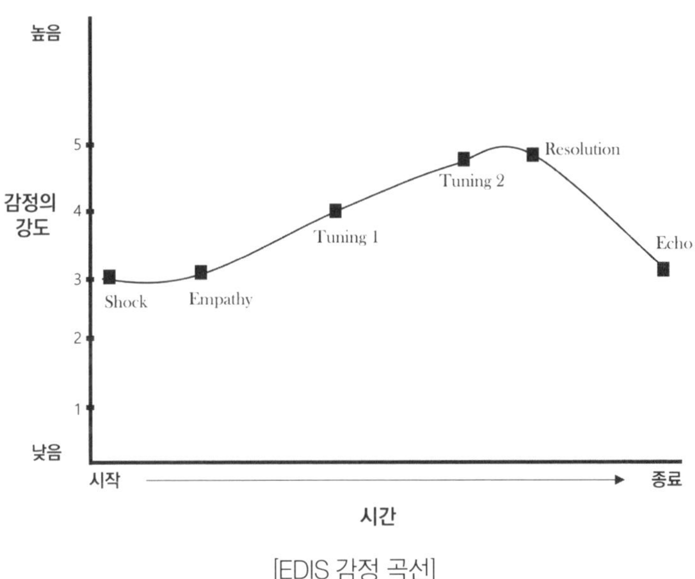

[EDIS 감정 곡선]

다섯 단계의 핵심

EDIS(Emotional Driven Impact Structure)는 설득의 과정을 감정
의 흐름으로 구조화한 모델이다. 이 구조는 Shock, Empathy, Tuning,
Resolution, Echo의 다섯 단계로 구성되며, 각각의 단계는 감정이 점화되
어 행동으로 전환되기까지의 심리적 과정을 설명한다. 즉, 감정이 단순

히 표현되는 것이 아니라, 인지적 전환과 행동의 동기를 만들어내는 **정서적 엔진**으로 작동하는 과정을 체계적으로 설명한다.

Shock — 감정의 문을 여는 불꽃

Shock 단계는 감정의 회로를 여는 점화의 순간이다. 이 단계는 예상치 못한 정보, 질문, 혹은 시각적 자극을 통해 주목을 끌고, 청중(상대)의 인지적 방어를 일시적으로 해제한다. Shock의 목적은 놀라움 자체가 아니라 주의의 전환이다.

사람의 뇌는 예측 불가능한 자극에 즉각 반응한다. 따라서 Shock는 단순한 흥미 유발이 아니라, 설득 과정의 출발점을 여는 감정적 게이트이다. 좋은 Shock는 정보의 새로움보다 감정의 관련성으로 설계되어야 한다. 즉, 상대가 '이건 나와 관련 있다'고 느끼는 순간, 설득의 회로가 열린다.

Empathy — 공감과 신뢰의 형성

Empathy 단계는 공감을 통해 신뢰를 구축하는 과정이다. Shock가 감정을 열었다면, Empathy는 그 열린 감정을 안정시킨다. 이 단계에서 중요한 것은 논리적 설명이 아니라 감정적 동일시이다. 상대의 언어로 말하는 것이 아니라, 상대의 감정으로 말할 때 관계가 열린다.

공감은 '이해'가 아니라 '인정'의 영역이다. 즉, 상대의 감정을 바꾸려 하기보다 그 감정을 받아들임으로써 심리적 신뢰를 형성한다. 이 단계는 설득의 기반이 되는 신뢰의 토대를 만든다.

Tuning — 의미의 전환점

Tuning 단계는 감정이 의미로 변환되는 지점이다. Shock와 Empathy 가 감정의 에너지를 축적했다면, Tuning은 그 에너지를 인지적 구조로 정렬한다. 이 과정에서 상대는 새로운 시각이나 통찰을 발견하며, "아, 그렇구나"라는 정서적 납득이 일어난다. 즉, 감정이 논리로 변환되는 접속점이다. 이 단계는 감정의 공명이 인지적 통합으로 확장되는 구간이며, 설득 메시지가 논리적 신뢰성을 확보하는 핵심 단계다.

Resolution — 확신의 형성과 안정

Resolution은 감정이 안정화되고 확신으로 응결되는 단계다. 상대는 이제 정보를 평가하는 상태에서 벗어나, '이건 내게 의미가 있다'는 내적 확신을 형성한다. 이 단계에서 논리와 감정은 완전히 결합한다.

Shock에서 열린 감정, Empathy에서 쌓인 신뢰, Tuning에서 형성된 이해가 하나의 인식으로 응축되는 순간이다. Resolution은 설득의 '정점'이자, 행동의 결심이 일어나는 구간이다. 이 단계의 핵심은 감정의 진정성과 메시지의 일관성이다. 논리적으로 타당한 이유보다, 감정적으로 납득되는 이유가 행동을 결정한다.

Echo — 감정의 잔향과 지속

마지막 단계인 Echo는 설득의 결과가 기억으로 전이되는 과정이다. 이 단계에서 논리적 내용은 희미해지지만, 감정의 잔향은 남는다. 이는 단순한 여운이 아니라, 기억의 정서적 강화다. 심리학적으로 감정이 동반된 경험은 장기 기억으로 저장될 확률이 높다.

따라서 Echo는 설득의 지속성을 확보하는 단계이며, 메시지가 '한 번의 이해'에서 '지속적 인상'으로 변환되는 시점이다. 감정의 잔향이 남을 때, 설득은 단순한 전달이 아니라 관계로 발전한다.

▌감정에서 구조로

이 다섯 단계가 순차적으로 연결될 때, 설득은 우연한 예술이 아니라 **재현 가능한 구조**가 된다. Shock가 문을 열고, Empathy가 신뢰를 세우며, Tuning이 의미를 형성하고, Resolution이 확신을 만들며, Echo가 기억을 남긴다. 이 흐름은 인간의 감정이 움직이는 실제 생리적 순서를 반영하며, **EDIS(Emotional Driven Impact Structure)**는 이 감정의 리듬을 기획의 언어로 변환한 체계라 할 수 있다.

감정이 만드는 세 가지 효과

EDIS(Emotional Driven Impact Structure)는 감정이 논리보다 먼저 작동하며, 설득의 모든 결과는 감정의 흐름에서 비롯된다는 전제 위에 구축된 구조다. 이 모델을 적용하면, 사람의 마음 안에서 세 가지 변화 — **주목(Attention)**, **신뢰(Trust)**, **행동(Action)** — 가 단계적으로 일어난다. 이 세 요소는 설득의 핵심 동력이며, 감정의 에너지가 정보의 전달을 넘어 행동으로 전환되는 구체적 메커니즘을 설명한다.

  이기는 제안을 위한 설득의 알고리즘

주목(Attention): Shock가 여는 감정의 진입점

설득의 첫 번째 효과는 **주목**이다. Shock 단계는 감정의 문을 여는 불꽃으로, 상대의 인지적 주의를 끌어 감정 회로를 활성화한다. Shock가 단순히 놀라움을 주는 장치가 아니라 중요한 이유는, 이 순간 상대의 뇌가 '이 메시지를 처리할 가치가 있는가'를 판단하기 때문이다. 이 시점에서 감정적 반응이 일어나면, 논리적 이해 이전에 '듣고자 하는 상태'가 형성된다. 즉, Shock는 설득 과정의 출발점이자 감정의 진입로다. 주목이 일어나야 그 이후의 논리와 정보가 의미를 갖는다. 감정이 닫힌 상태에서는 어떤 데이터도 설득력을 가지지 못한다.

신뢰(Trust): Empathy가 만드는 감정적 연결

두 번째 효과는 **신뢰**다. Empathy 단계에서 감정의 방향은 '나'에서 '상대'로 이동한다. 이 구간은 단순한 공감 표현이 아니라, 감정의 동일화가 이루어지는 단계이다. 상대가 '이 사람은 내 입장에서 말하고 있다'고 느낄 때, 감정의 안정과 심리적 개방이 동시에 발생한다.

신뢰는 논리적 타당성보다 감정적 진정성을 통해 형성된다. 즉, Empathy는 정보의 정확성을 보강하는 장치가 아니라, 정보가 수용될 수 있는 감정적 토양을 만드는 과정이다.

Shock가 감정의 문을 열었다면, Empathy는 그 문 안으로 들어가는 통로다. 이 단계에서 형성된 감정적 신뢰가 이후의 논리를 지탱하는 기반이 된다.

행동(Action): Resolution과 Echo가 만드는 결과

세 번째 효과는 **행동**이다. Resolution과 Echo 단계에서 감정은 결심과 기억으로 전환된다. Resolution은 감정이 확신으로 응결되는 시점이다. 상대는 '이 메시지가 나에게 의미가 있다'는 판단을 내리고, 이때 논리적 이해는 정서적 납득으로 바뀐다.

Echo는 이러한 확신이 장기 기억으로 저장되는 단계로, 설득의 지속성을 결정한다. 즉, 감정이 행동으로 이어지는 과정은 단일한 순간이 아니라, 확신이 형성되고 기억으로 강화되는 **연속적 메커니즘**이다.

심리학적으로도 이러한 과정은 감정이 행동을 유발하는 대표적인 패턴과 일치한다. 마지막 Echo는 장기 기억 회로를 통해 메시지를 감정과 함께 저장하게 만든다. 이 일련의 순환은 감정이 단순한 반응이 아니라, **인지·행동·기억을 통합하는 동력 구조**임을 보여준다.

감정의 3단 엔진

결국 EDIS의 Shock-Empathy-Resolution-Echo 구조는 주목 → 신뢰 → 행동으로 이어지는 **감정의 3단 엔진**으로 작동한다. Shock의 불씨가 주목을 만들고, Empathy의 공감이 신뢰를 키우며, Resolution과 Echo가 확신과 기억을 완성한다. 이 세 감정 효과가 순환할 때 설득은 일회성 이벤트가 아니라 지속적 관계로 확장된다. 즉, 논리는 이해를 만들지만, 감정은 관계를 만든다. 이 세 가지 효과의 유기적 연결이 바로 EDIS가 설득을 구조적으로 설명할 수 있는 이유이며, 감정을 전략적으로 설계할 수 있는 기획의 새로운 패러다임을 제시하는 근거다.

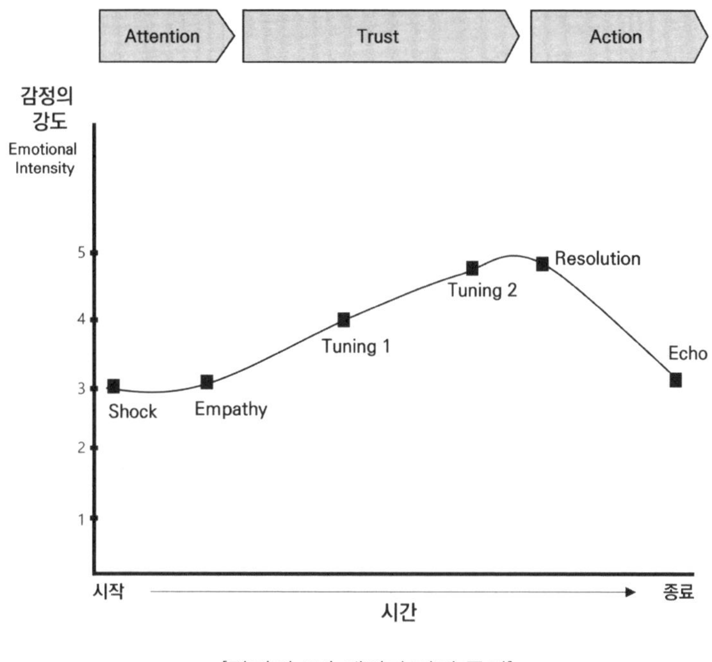

[감정의 3단 엔진과 감정 곡선]

감정 중심 사고로의 전환

기획의 중심축은 이제 **이해에서 감정으로** 이동하고 있다. 기존의 "Human-Centered Design(인간 중심 설계)"이 사용자의 행동과 요구를 이해하는 데 초점을 맞췄다면, 이제는 그 한계를 넘어, "**Emotion-Centered Design(감정 중심 설계)**"으로의 전환이 요구된다. 이 변화는 단순한 용어의 교체가 아니라, **기획의 인식론적 전환**이다. 즉, 인간을 '이해의 대상'이 아니라 '감정의 주체'로 보는 관점의 변화다.

전통적인 문제 중심 사고는 "무엇이 잘못되었는가?"를 묻는다. 이 접근은 논리적 분석에는 효과적이지만, 감정적 공감을 이끌어내기 어렵다. 반면 감정 중심 사고는 "사람은 지금 무엇을 느끼는가?"로 질문을 바꾼다.

이 차이가 곧 기획의 방향을 바꾼다. 전자는 문제를 해결하기 위한 기능적 답을 찾지만, 후자는 경험을 개선하기 위한 **감정의 맥락**을 설계한다. 즉, 감정 중심 사고는 논리적 문제 해결을 넘어, 감정적 만족을 설계하는 접근이다.

이 사고의 전환은 기획 언어의 변화를 동반한다. 예를 들어, "서비스 만족도 20% 향상"이라는 문장은 데이터를 중심으로 한다. 하지만 감정 중심의 표현은 "이제 고객은 기다리지 않아도 된다."로 바뀐다. 전자는 측정 가능한 결과를, 후자는 **체감 가능한 경험**을 전달한다.

마찬가지로 "운영 효율 15% 개선"은 기능적 설명에 머물지만, "사람들이 더 빨리 웃을 수 있다."는 감정적 효과를 전달한다. 감정 중심 사고는 숫자와 데이터가 아니라, **감정이 중심이 되는 서사 구조**를 만든다.

이러한 접근은 단순히 표현의 차원이 아니라, **정보 처리의 방식**을 바꾸는 일이다. 논리 중심 사고에서는 데이터가 원인이고 감정은 결과로 간주된다. 반면 감정 중심 사고에서는 감정이 출발점이며, 데이터는 그것을 증명하는 수단이다. 이 차이는 설득과 행동 유발의 관점에서 결정적이다. 감정을 중심에 두면, 숫자는 경험이 되고, 데이터는 이야기로 변환된다. 즉, 기획의 본질이 분석이 아니라 공감의 언어로 바뀌는 것이다.

심리학적으로도 이러한 변화는 인간의 실제 의사결정 구조와 부합한다. 사람은 객관적 정보를 기반으로 결정을 내리는 것처럼 보이지만, 실

    이기는 제안을 위한 설득의 알고리즘

제 판단은 감정적 인상을 통해 형성된다. 따라서 감정을 중심에 두는 사고는 단지 감성적 접근이 아니라, **행동을 예측하고 설계하기 위한 실증적 접근**이라 할 수 있다. EDIS(Emotional Driven Impact Structure)가 제시하는 감정 설계 또한 이 맥락 위에 있다. Shock-Empathy-Tuning-Resolution-Echo로 이어지는 감정의 리듬은 논리적 단계가 아니라 감정 중심 사고의 실행 구조를 구체화한 모델이다.

결국, 감정 중심 사고는 **정보 중심 기획에서 경험 중심 기획으로의 진화**를 의미한다. 논리가 정확한 기획은 이해를 얻을 수 있지만, 감정을 중심에 둔 기획만이 행동을 이끌어낸다. 감정을 이해하는 것은 더 이상 부가적인 요소가 아니라, 현대 기획의 경쟁력을 결정하는 **핵심 전략 변수**다. 기획자는 데이터를 나열하는 분석가에서, 감정을 설계하는 디자이너로 역할을 전환해야 한다. 이것이 바로 EDIS가 지향하는 감정 중심 사고의 본질이다.

▌EDIS의 실제 적용

EDIS(Emotional Driven Impact Structure)는 특정 매체나 형식에 한정된 기법이 아니다. 감정의 흐름을 기반으로 설득의 구조를 설계한다는 점에서, 발표·제안서·영상 등 모든 커뮤니케이션 형태에 적용될 수 있는 **보편적 설득 프레임**이다. 형식이 달라도 감정의 리듬은 동일하다. Shock에서 시작하여 Echo로 마무리되는 감정의 곡선은, 메시지의 전달 방식이 달라지더라도 인간의 정서 반응 패턴을 일관되게 반영한다.

발표에서의 적용

발표는 즉각적인 반응과 몰입이 중요한 설득의 장이다. EDIS 구조에서는 Shock 단계에서 **예상 밖의 질문이나 인상적인 이미지**로 청중의 주목을 끌어 감정의 회로를 연다. Empathy 단계에서는 발표자가 자신의 논리를 설명하기보다 **청중의 감정을 대변**하며, "당신의 고민을 알고 있다."는 메시지를 전달해야 한다. Tuning 단계는 청중이 새로운 시각을 받아들이는 전환점으로, 통찰을 제시하고 기존의 관점을 재구성하도록 유도한다. Resolution 단계에서는 제안이나 해결책을 명확히 제시함으로써 확신을 형성하고, 마지막 Echo 단계에서는 메시지의 감정적 의미를 남겨 발표 이후에도 기억이 지속되도록 설계한다. 이 흐름이 자연스럽게 이어질 때, 발표는 정보 전달이 아니라 **정서적 경험의 구조**로 전환된다.

제안서에서의 적용

제안서는 논리적 타당성과 객관적 근거가 필수지만, 그것만으로는 설득을 완성할 수 없다. EDIS는 제안서를 단순한 '정보 문서'가 아니라, 감정의 흐름을 따라 읽히는 **스토리형 설득 구조**로 재구성한다.

Shock 단계에서는 고객이 겪고 있는 불편이나 문제를 감정적으로 제시해 '이건 내 이야기'라는 인식을 불러일으킨다. Empathy 단계에서는 고객의 감정을 대신 표현하며 공감과 신뢰를 구축한다. Tuning 단계에서는 기존 접근방식의 한계를 짚고, 새로운 관점을 제시하여 인식의 전환을 유도한다. Resolution 단계에서는 제시된 해결책이 고객의 현실적 문제를 해소함을 보여 주고, 마지막 Echo 단계에서는 기대효과나 비전 제시를 통해 **감정적 안도감**과 **미래에 대한 확신**을 남긴다.

이때 제안서는 분석 보고서가 아니라, 감정의 흐름을 가진 이야기 구조로 변모한다.

영상과 콘텐츠에서의 적용

영상은 시각과 청각을 동시에 자극하는 매체로, 감정의 리듬을 시각화하기에 가장 적합하다. Shock 단계에서는 반전이나 강렬한 오프닝으로 주목을 끌고, Empathy 단계에서는 인물이나 상황을 통해 감정적 몰입을 유도한다. Tuning 단계에서는 메시지의 의미를 제시하고, Resolution에서는 감동과 깨달음으로 감정의 정점을 만든다. Echo 단계에서는 마지막 한 장면, 한 문장으로 여운을 남겨 메시지를 장기 기억으로 전환한다. 이때 설득은 영상의 기술이 아니라 **감정 리듬의 조율 과정**이 된다.

감정이 기획을 바꾼다

EDIS의 관점에서 보면, 기획은 더 이상 논리적 설득의 문제가 아니다. 논리는 사람을 이해시키지만, 감정은 사람을 움직인다. 데이터는 신뢰를 설명하지만, 감정은 신뢰를 **느끼게 한다.** 따라서 설득은 논리의 경쟁이 아니라 **감정의 설계**다.

기획자는 보고서를 작성하는 사람이 아니라, 감정을 연출하고 구조화하는 감정 디자이너가 되어야 한다. 그의 역할은 사실을 전달하는 것이 아니라, 감정의 흐름을 설계하여 상대의 내적 반응을 이끌어내는 것이다.

감정을 설계할 때, 설득은 기술이 된다

EDIS는 감정을 우연적 요소가 아니라 **구조적 변수**로 다룬다. Shock에서 시작해 Echo로 마무리되는 감정의 리듬은 발표, 제안서, 콘텐츠, 브랜드 등 모든 설득의 근본 구조다.

감정을 설계할 수 있을 때, 설득은 개인의 재능이나 직관에 의존하지 않고 재현 가능한 기술로 전환된다. 감정이 논리를 움직이고, 논리가 행동을 완성한다. 결국 설득은 감정의 리듬이 논리의 구조를 통과하며, 행동으로 이어지는 과정이다. EDIS는 이 과정을 체계적으로 설계할 수 있도록 하는 **감정 중심 기획의 언어이자 기술적 시스템**이다.

설득의 시작은 언제나 감정에서 출발한다. Shock가 불을 붙이고, Empathy가 공명을 일으키며, Tuning이 의미를 형성하고, Resolution이 확신을 완성하고, Echo가 기억을 남긴다. 이 다섯 리듬이 연결되는 순간, 설득은 더 이상 예술이 아니라 구조가 된다. 그리고 그 모든 구조의 출발점은 단 한 문장이다. **"상대의 이야기를 대신 말해 주는 순간, 설득은 이미 시작된다."**

Chapter 2

Shock 오프닝:
시선을 잡는 충격

설득은 언제나 '첫 순간'에서 결정된다

설득의 성패는 시작점에서 결정된다. **Shock 단계**는 정보를 제시하는 기술이 아니라, 감정을 각성시키는 구조적 장치다. 이 한순간에 상대의 정서적 상태가 변화하고, 그 미세한 변화가 공감의 문을 연다. Shock는 단순히 주목을 끌기 위한 시각적 자극이나 화려한 오프닝이 아니다. 그것은 **감정의 회로를 여는 최초의 사건**, 즉 설득이 작동하기 시작하는 출발점이다.

대부분의 발표나 영상, 제안서는 서두에서 곧바로 정보를 나열하거나 배경을 설명한다. 그러나 이 방식은 상대의 주의를 논리로 끌어오려는 시도일 뿐, 감정의 관문을 열지 못한다. 정보는 머리로 들어가지만, 감정은 닫힌다. 사람은 논리적 구조보다 감정적 반응을 먼저 경험하며, 감정이 닫힌 상태에서는 어떤 논리도 설득력을 얻지 못한다. 따라서 Shock의 핵심은 정보의 전달이 아니라 감정의 전환이다.

Shock가 작동하는 순간, 상대의 인식 구조에는 두 가지 반응이 일어난다.

첫째, "이건 내 이야기다."라는 **정서적 동일시**가 발생한다. 이 반응은 감정의 방향을 '타인'에서 '자기참조'로 바꾸며, 설득의 회로를 활성화한다.

둘째, "이건 지금 중요한 이야기다."라는 **인지적 재배열**이 일어난다. Shock는 정보의 우선순위를 재조정하여, 메시지가 인식 체계의 중심에 자리 잡도록 만든다. 이 두 가지 반응이 일어날 때, 청중의 뇌는 감정적으로 깨어난다.

심리학적으로 보면, Shock는 주의 자극이자 **감정 각성** 단계에 해당한

     이기는 제안을 위한 설득의 알고리즘

다. 편도체(Amygdala)는 새로운 자극을 감지할 때 즉각적으로 활성화되며, 이때 생리적 각성이 일어난다. 그 결과, 청중의 인지 체계는 이후 들어올 정보를 '중요한 신호'로 분류하게 된다.

Shock의 목적은 놀라움 자체가 아니라, 감정의 문을 여는 것이다. 즉, Shock는 감정적 각성을 통해 논리적 수용을 가능하게 만든다.

Shock는 이야기의 첫 장면이 아니라, 감정이 깨어나는 출발점이다. 이 한순간이 존재하지 않으면, 이후의 Empathy · Tuning · Resolution · Echo 단계는 작동하지 않는다. 감정의 문이 닫힌 상태에서는 공감이 일어나지 않으며, 공감이 없는 상태에서는 확신과 행동도 형성되지 않는다. Shock는 그 모든 감정의 리듬을 시작하게 만드는 기폭제이자, 설득의 구조를 작동시키는 첫 열쇠다.

Shock를 설계할 때 중요한 것은 '무엇을 말하느냐'보다 '어떤 감정을 일으키느냐'다. 청중의 주목은 논리적 이유가 아니라 감정적 이유로 발생한다. 따라서 Shock는 정보를 전달하기보다 **느낌을 유발하는 구조적 장면**으로 설계되어야 한다. 한 문장, 한 장면, 혹은 한 질문이면 충분하다. 그 한순간의 감정적 흔들림이 상대의 주의를 붙잡고, 감정의 회로를 연다. 그 불꽃이 붙는 순간, 설득의 모든 흐름이 시작된다.

결국, 설득은 정보의 양이 아니라 **감정의 개시 시점**으로 결정된다. Shock는 단순한 오프닝이 아니라, 설득의 생리학적 출발점이며, 감정이 논리를 받아들이기 위한 조건을 만드는 첫 장면이다. 즉, 설득은 논리의 순서로 시작하지 않는다. **설득은 Shock의 순간, 감정이 깨어나는 그 첫 순간에 이미 결정된다.**

▌Shock의 본질은 "느낌이 바뀌는 순간"이다

Shock는 머리로 이해되는 새로움이 아니라, 마음속에서 갑자기 '느낌이 바뀌는 순간'이다. 사람은 새로운 정보에 놀라는 게 아니다. 오히려 자신이 익숙하게 믿고 있던 감정의 균형이 깨질 때 반응한다.

예를 들어, "설득은 말로 하는 게 아니다. 상대의 감정이 대신 말한다." 이 문장은 새로운 사실을 말하는 게 아니다. 하지만 "설득 = 말"이라는 익숙한 생각을 깨면서 마음속에 작은 충격을 준다. 그 찰나의 감정적 '낙차', 바로 그것이 Shock다.

Shock는 감정의 불균형을 일부러 만드는 기술이다. 기획자는 정보를 나열하는 사람이 아니라, 사람의 감정을 흔들어 다시 균형을 잡게 만드는 사람이다. 즉, Shock는 "느낌이 뒤집히는 순간"을 만드는 일이다.

이때 Shock의 힘은 자극적인 정보에서 나오는 게 아니다. 청중이 원래 가지고 있던 감정과의 대비에서 나온다. 그 차이가 클수록 Shock는 오래 기억된다. 그래서 Shock는 단순한 'Hooking(관심 끌기)'이 아니다. Hooking이 귀를 잡는 장치라면, Shock는 가슴을 여는 장치다. 사람의 뇌는 논리를 들으면 자동으로 방어한다. 하지만 감정이 먼저 열리면, 논리는 그 열린 문을 따라 자연스럽게 들어간다.

Shock는 그래서 설득의 출발점이다. 감정을 먼저 흔들지 않으면, 어떤 논리도 마음을 움직일 수 없다. Shock 오프닝은 단순히 '첫 장면'이 아니다. 감정의 첫 파문을 일으키는 순간이다. 그 파문이 퍼져 나가야 EDIS의 다음 단계인 Empathy(공감)가 이어지고, 전체 감정의 흐름이 살아난다.

 이기는 제안을 위한 설득의 알고리즘

Shock는 3초 안에 끝난다

Shock의 생명은 짧다. Shock는 단 3초일 수도 있다. 하지만 그 3초가, 그 뒤의 30분을 결정한다. 설득의 첫 장면에서 주어지는 시간은 평균 3초에 불과하다. 이 짧은 시간 동안 상대는 "이 정보가 나와 관련이 있는가?", "이 이야기를 계속 들을 가치가 있는가?"를 무의식적으로 판단한다. 즉, Shock는 **감정의 진입을 허용 받는 유일한 순간**이며, 이 3초의 창을 놓치면 이후의 모든 논리적 메시지는 공중에 흩어진다.

인지심리학 연구에 따르면 인간의 주의집중은 새로운 자극이 주어졌을 때 평균 2.8초 안에 반응 여부를 결정한다. 이때 감정의 중심 역할을 하는 편도체(Amygdala)는 논리적 판단보다 약 0.3초 빠르게 반응한다.

즉, 청중의 감정은 논리가 작동하기 전에 이미 "관심 있음/없음"의 결정을 내리고 있다는 뜻이다. Shock의 목적은 바로 이 3초의 시간 안에서 감정의 회로를 '켜는 것'이다. 이 구간이 열리지 않으면, 이후의 Empathy · Tuning · Resolution 단계는 작동하지 않는다.

Shock 오프닝은 정보를 설명하는 과정이 아니라, **감정을 폭발시키는 구조적 설계**다. Shock가 성공한다는 것은 청중의 감정이 멈추고, 놀라고, 느끼는 순간(Stop-Surprise-Sense)을 경험했다는 의미다. 이 세 반응은 Shock의 작동 지표이며, 이 중 하나라도 일어나야 감정의 회로가 열린다.

- **멈춤(Stop)** — 청중의 인식이 일시적으로 중단된다. 익숙한 흐름이 깨질 때, 감정의 문이 열린다.

- **놀람(Surprise)** — 예측 불가능한 정보나 시각적 전환이 감정의 각성을 유발한다. 놀람은 주의 집중을 강화하는 첫 반응이다.
- **느낌(Sense)** — 짧은 자극 속에서도 "이건 내 이야기다."라는 감정적 동일시가 형성된다. Shock는 이 '느낌의 형성'이 일어나는 순간 완성된다.

Shock는 감정의 점화 단계이기 때문에 **설명이나 분석이 개입되면 즉시 힘을 잃는다.** 많은 발표자가 첫 10초 안에 배경을 설명하고 구조를 제시하지만, 이 접근은 Shock의 본질을 약화시킨다. Shock는 논리를 쌓는 과정이 아니라, **논리를 받아들이게 만드는 감정의 문을 여는 과정**이다. 그 순간의 에너지는 강해야 하지만 길 필요는 없다. 오히려 Shock가 길어질수록 감정의 집중은 분산된다.

Shock의 성공은 메시지의 강도보다 **감정적 명료성**에 달려 있다. 청중이 "이건 나와 관련 있다." 또는 "**이건 지금 중요한 이야기다.**"라고 느끼는 순간, Shock는 제 기능을 다한 것이다. 이후의 Empathy와 Tuning은 그 열린 감정의 틈을 따라 들어간다.

결국 Shock의 본질은 **시간의 길이가 아니라 반응의 깊이다.** 3초 안에 청중의 감정이 움직이지 않으면, 설득의 곡선은 시작되지 않는다. 따라서 기획자는 Shock를 "첫 문장을 어떻게 쓸 것인가"가 아니라 "첫 3초 안에 어떤 감정을 일으킬 것인가"의 관점에서 설계해야 한다.

그 짧은 순간이 청중의 세계를 흔들고, 그 흔들림이 설득의 모든 흐름을 열게 된다. Shock는 인상적인 오프닝이 아니라, 감정의 점화 장치다. **설득의 시작은 정보가 아니라 감정이며, 그 감정은 3초 안에 깨어나야 한다.**

　　　　　　　　　　　　　이기는 제안을 위한 설득의 알고리즘

▌Shock는 "인지"가 아니라 "생리 반응"이다

Shock가 강력한 이유는 단순히 주목을 끄는 연출 기법 때문이 아니다. 그 근본 원인은 인간의 **신경생리적 작동 방식**에 있다. 사람이 어떤 말, 이미지, 혹은 상황에 놀라는 순간, 감정 처리를 담당하는 편도체(Amygdala)가 가장 먼저 반응한다. 즉, Shock는 '생각의 결과'가 아니라 **감정의 반사적 반응**이다. 이성보다 먼저 **몸이 반응하도록 설계된 감정 자극 구조다.**

Shock가 발생하는 순간, 뇌는 즉시 경보 체계를 가동한다. 심박수가 상승하고, 시각과 청각의 집중도가 높아지며, '이건 지금 중요한 일이다'라는 신호를 전두엽에 전달한다. 이 반응이 일어나면, 이후 들어오는 정보는 **'주의 대상'으로 자동 분류**된다. 즉, Shock는 논리적 설득 이전에 감정적 수용의 전제 조건을 만드는 단계다.

좋은 Shock는 단어의 조합이나 언어적 수사로 만들어지지 않는다. Shock는 **신체 반응을 유도하는 자극의 설계다.** 청중이 갑자기 고개를 들거나, 숨을 멈추거나, 표정이 순간적으로 변하는 장면이 그것이다. 이러한 변화는 단순한 놀람이 아니라, 감정 회로가 작동하기 시작했다는 신호다. Shock의 성공은 '이해되었는가'가 아니라, **몸이 반응했는가**로 판단된다. 이 단계에서 중요한 것은 메시지의 논리적 완결성이 아니다. Shock는 '무엇을 말할 것인가'가 아니라 '무엇을 느끼게 할 것인가'를 결정하는 행위다. 그 자극이 감정의 회로를 건드릴 때, 청중의 인식 체계는 즉각적으로 반응한다. 즉, Shock는 언어의 의미를 전달하는 것이 아니라, **의미 이전의 감각적 반응을 유도하는 설계적 사건이다.**

이 반응은 단순한 감정 표현이 아니라, 설득의 생리적 시작점이다. Shock는 감정을 각성시켜, 이후 Empathy · Tuning · Resolution · Echo 단계로 이어지는 감정 리듬의 첫 주파수를 발생시킨다.

Shock가 없으면 Empathy는 닫힌 감정 위에서 시도되는 공감이 되고, Tuning은 논리적 설명으로만 머물게 된다. Shock는 감정의 시스템을 작동시키는 스위치이며, 설득의 모든 흐름을 시작하게 하는 **생리적 트리거다.**

결국 Shock는 머리로 이해되는 문장이 아니라, 몸이 먼저 반응하는 순간이다. 이 순간이 일어나면, 논리는 그 감정을 따라가며 정당화된다. 따라서 Shock를 설계한다는 것은 단순한 오프닝 아이디어를 만드는 것이 아니라, 인간의 감정 반사 메커니즘을 이해하고 이를 기획의 구조 속에 적용하는 일이다.

Shock의 본질은 '생각하게 만드는 자극'이 아니라, '느끼게 만들고 멈추게 하는 자극'이다. 그 순간, 감정은 논리를 앞서며, 설득은 이미 시작된다.

▍3초 Shock의 문장 설계 원칙

Shock 오프닝은 3초 안에 끝나야 하는 이유는 단순하다. 현대의 청중은 정보의 과잉 속에서 '집중의 희소성'을 가지고 있기 때문이다. 영상 콘텐츠, SNS, 숏폼 중심의 미디어 환경에서는 첫 3초가 곧 진입권을 의미한다. 이 짧은 순간 안에 감정이 자극되지 않으면, 이후의 모든 논리는 도달하지 못한다.

                      이기는 제안을 위한 설득의 알고리즘

Shock는 장황한 설명이 아니라 감정의 회로를 여는 언어적 트리거여야
한다. 이를 위해 Shock 문장은 다음의 세 가지 설계 원칙을 따라야 한다.

- **간결성 — 언어의 밀도를 높여라**

  Shock 문장은 짧아야 한다. 이유는 단순히 전달 속도의 문제가 아니
  라, **감정 반응의 즉시성** 때문이다. 사람의 뇌는 12단어를 넘는 문장
  에서 핵심 자극을 인식하는 데 지연이 발생한다. 따라서 Shock 문장
  은 **한 문장, 12단어 이내**가 이상적이다. 짧은 문장은 여백을 만들고,
  여백은 긴장감을 만든다.

  예를 들어, "로마 황제는 피를 엔터테인먼트로 팔았다."

  이 문장은 배경 설명이 없어도 즉시 장면을 형성한다. 핵심 단어(황
  제, 피, 엔터테인먼트)가 명확하고, 감정적 대비가 강하다. Shock의
  목적은 정보를 압축하는 것이 아니라, **감정의 폭발점을 만드는 것**이
  다. 즉, 간결한 문장은 청중의 해석 여지를 남겨 감정의 반응 공간을
  확보한다.

- **이미지성 — 머리가 아니라 눈으로 보이게 하라**

  Shock 문장은 청각적 정보가 아니라 시각적 자극으로 작동해야 한
  다. 뇌는 텍스트보다 이미지 정보를 60,000배 빠르게 처리한다. 따
  라서 Shock 문장은 보이는 문장이어야 한다. 즉, 단어가 장면으로
  변환되어야 한다.

  예를 들어, "상사의 NO는 논리가 아니라 순서 때문이다."

  이 문장은 회의실의 긴장된 순간을 즉시 환기시킨다. '상사', 'NO',
  '순서'라는 구체적 이미지가 머릿속에서 장면으로 구성된다. Shock

는 정보를 전달하는 문장이 아니라 **장면을 불러오는 언어적 영상 장치**다. 좋은 Shock는 시각적 상징이 명확하며, 청중이 머리로 이해하기 전에 눈으로 인식한다.

- **낙차 — 상식을 뒤집어 감정을 흔들어라**

Shock는 예측 가능한 흐름 속에서 발생하지 않는다. Shock의 핵심은 **인지적 낙차**, 즉 익숙한 것의 전복이다. 사람은 자신이 알고 있던 질서가 순간적으로 깨질 때, 강한 감정적 반응을 보인다. Shock 문장은 바로 이 낙차를 설계하는 문장이다.

예를 들어, "설득은 말로 하는 게 아니다."

이 문장은 상식적으로는 '설득 = 말'이라는 전제를 깨뜨린다. 이때 뇌는 즉각적으로 '왜 그렇지?'라는 질문을 발생시키며, 이 질문이 Shock의 여운이 된다. Shock의 낙차는 논리적 반전이 아니라 **감정의 온도 변화**에서 비롯된다. 익숙한 의미의 방향을 바꾸거나, 감정의 색을 전환시키는 순간 Shock가 일어난다.

Shock는 문장이 아니라 감정의 장면이다

결국 Shock는 언어의 조합이 아니라 감정의 장면을 설계하는 행위다. 문장의 목적은 의미를 전달하는 것이 아니라, 감정을 자극해 **멈춤·놀람·몰입**의 반응을 유도하는 것이다.

Shock가 성공하면 청중의 뇌는 이미 절반은 설득된 상태로 진입한다. 감정이 열린 상태에서 Empathy · Tuning · Resolution 단계가 이어지면,

 이기는 제안을 위한 설득의 알고리즘

논리는 감정을 따라 자연스럽게 흘러간다.

Shock 문장은 한 줄의 문학이 아니라, **3초 안에 감정을 움직이는 과학적 언어 설계다.** 그 한 문장이 감정의 점화점을 만들고, 그 점화가 설득의 곡선을 시작하게 된다.

Shock는 위기 · 역설 · 동일시의 감정 구조로 작동한다

Shock는 단순한 놀람이 아니라 감정의 구조적 설계다. 모든 Shock는 인간의 감정 구조를 자극하는 특정 패턴을 기반으로 작동한다. 이 감정적 자극의 패턴은 세 가지 핵심 유형으로 구분할 수 있다. 바로 **위기형**(Threat Type), **역설형**(Paradox Type), **동일시형**(Identification Type)이다. 이 세 구조는 Shock가 작동하는 심리학적 메커니즘을 설명하며, 각기 다른 감정의 문을 연다.

위기형(Threat Type) — 본능을 깨우는 Shock

가장 원초적인 Shock의 형태는 위기감이다. 인간은 이득보다 손실에 훨씬 강하게 반응하는 경향을 가진다. 행동경제학의 손실회피이론에 따르면, 사람은 같은 크기의 이익보다 손실 가능성에 두 배 이상 민감하게 반응한다. 따라서 "얻는다."는 메시지보다 "잃을 수도 있다."는 메시지가 훨씬 더 강력한 정서적 효과를 낸다.

예를 들어 다음과 같은 문장들이 그렇다.

- "지금 이 순간에도, 당신의 고객은 경쟁사의 제안을 보고 있다."
- "10분 안에 설득하지 못하면, 당신의 아이디어는 사라진다."

이 문장들은 논리적 설명이 아니라 감정적 경고다. 청중은 '정보를 이해'하기 전에 본능적 방어 반응을 보이며, 집중력이 급상승한다. Shock는 이 위기의 감정을 통해 청중의 뇌를 '방어 모드'에서 '집중 모드'로 전환시킨다.

위기형 Shock는 특히 **문제 정의, 변화의 필요성, 위기 인식의 도입부**에서 강력한 효과를 발휘한다. 이는 단순한 공포 자극이 아니라, "지금이 행동해야 할 순간"이라는 감정적 명령을 만드는 구조다.

역설형(Paradox Type) — 상식을 깨는 Shock

두 번째 유형은 역설(Paradox)을 활용한 Shock이다. 사람의 인지 체계는 모순을 싫어한다. 논리적 균형이 깨지는 순간, 뇌는 즉시 그 균형을 복원하려는 **인지적 긴장** 상태에 들어간다. Shock는 바로 이 순간, 즉 인지적 불일치가 발생하는 지점에서 강하게 작동한다.

예를 들어 다음과 같은 문장은 청중의 사고를 멈추게 만든다.

- "논리로 시작한 발표는 감정에서 실패한다."
- "설득은 상대를 바꾸는 게 아니라, 내 감정을 조율하는 일이다."

이 문장들은 기존의 상식적 체계를 깨뜨린다. 청중의 뇌는 "이게 무슨

뜻이지?"라는 질문을 자동으로 생성하며, 논리적 긴장을 해소하기 위해 주의를 집중한다. Shock는 이 인지적 불균형 상태에서 발생하는 지적 각성이다.

역설형 Shock는 주로 **전문적, 이론적, 지적인 주제**에서 유효하며, 청중의 지적 자존심을 자극해 "더 듣고 싶다."는 내적 동기를 형성한다. 이때 Shock는 단순한 감정 자극이 아니라, 사고의 리셋을 유도하는 구조적 장치로 작동한다.

동일시형(Identification Type) ― 내 이야기처럼 느끼는 Shock

세 번째 Shock 구조는 **공감 기반의 Shock**, 즉 동일시형이다. 이 Shock는 외부 자극이 아닌 내면 감정의 재생을 유도한다. 청중이 "저건 내 이야기야."라고 느끼는 순간, 그는 더 이상 관찰자가 아니라 참여자가 된다. 예를 들어 다음과 같은 문장은 청중의 내면 기억을 직접 자극한다.

- "기껏 용기 내서 말했는데, 상사에게 무시당한 적 있나요?"
- "회의에서 한마디도 못 하고 후회한 적, 있으시죠?"

이 문장들은 위협도, 논리적 충돌도 없다. 대신 청중의 기억 속 감정 경험을 불러낸다. 이때 Shock는 외부에서 감정을 '주입'하는 것이 아니라, 청중이 스스로 자신의 감정을 재인식하도록 유도한다.

동일시형 Shock는 외부 자극보다 훨씬 지속적이며, 감정적 공명을 통해 신뢰의 기반을 형성한다. 즉, 청중의 집중은 외부 강요가 아니라 내면의 감정 동의에서 비롯된다. 이 구조는 설득을 '감정의 연결 과정'으로 전환시키며, 가장 인간적이고 지속적인 설득 형태를 만든다.

▌Shock 구조의 작동 원리

이 세 가지 Shock 유형은 모두 **감정의 개입 시점**과 **자극의 성격**에서 차이를 보이지만, 공통적으로 감정의 회로를 빠르게 작동시키는 기능을 가진다. 위기형 Shock는 본능을 자극하여 주의 집중을 유도하고, 역설형 Shock는 인지적 불일치를 통해 사고의 전환을 유도하며, 동일시형 Shock는 감정의 재현을 통해 공감을 형성한다.

이 세 구조는 각각 '주의', '지적 긴장', '감정의 공명'이라는 서로 다른 경로를 통해 감정의 리듬을 열고 설득의 첫 단계를 완성한다.

결국 Shock는 우연히 발생하는 놀람이 아니라, 감정의 구조적 설계다. 위기형이 행동의 본능을 깨우고, 역설형이 사고의 균형을 흔들며, 동일시형이 감정의 연결을 만든다.

이 세 가지 구조가 감정의 첫 반응을 이끌 때, 설득은 이미 시작된 것이다.

첫 장면의 세 가지 유형 — 반전형, 위기형, 질문형 Shock

Shock의 첫 장면은 설득의 방향을 결정하는 감정의 출발점이다. 이 출발점은 어떤 형태로 설계되느냐에 따라 감정의 흐름이 전혀 다르게 전개된다.

　　　　　　　　　　이기는 제안을 위한 설득의 알고리즘

EDIS(Emotional Driven Impact Structure)는 Shock의 작동 방식을 세 가지 유형으로 구분한다. 바로 **반전형**(Reversal Type), **위기형**(Threat Type), **질문형**(Question Type) Shock이다. 이 세 가지는 서로 다른 감정의 문을 열며, 각각 **놀람-긴장-사고 자극**이라는 감정 반응을 만들어낸다. 즉, 표현 형식의 '**언어 구조**'다. 앞에서 다룬 **위기형**(Threat) · **역설형**(Paradox) · **동일시형**(Identification) Shock는 감정 자극의 '**심리 구조**'로, Shock가 어떤 심리적 기제를 자극하느냐의 관점이고, 표현형식의 언어 구조는 Shock가 어떤 언어적 형식으로 구성되느냐의 관점이기 때문에 두 가지는 차이가 있다. 즉, 두 분류는 서로 다른 '차원의 분류 체계'이며, 서로 대립이 아니라 서로 교차하며 작동한다.

반전형 Shock — 익숙함을 깨뜨리는 감정의 뒤집기

반전형 Shock는 가장 강력한 Shock 구조다. 사람의 뇌는 예측 가능한 흐름을 선호하지만, 그 예측이 깨지는 순간 강한 각성 반응을 보인다. 이때 발생하는 감정적 전류가 청중의 몰입을 유발한다. 즉, 반전형 Shock는 논리를 깨뜨리는 것이 아니라 기대의 감정선을 뒤집는 행위다. 익숙한 흐름이 깨지는 순간, 청중의 감정은 정적에서 긴장으로 급격히 이동한다.

반전은 '기대의 선'을 설계하는 기술

Shock는 단순한 "의외의 한마디"가 아니다. 좋은 반전은 충분한 기대가 형성된 후에만 작동한다. 즉, 기획자는 반전을 설계하기 전에 청중이 "무엇을 당연하게 생각할 것인가"를 먼저 고려해야 한다.

Shock는 새로운 정보를 주는 것이 아니라, **감정의 프레임을 재배치하는 과정**이다. 예를 들어, "설득은 말을 잘하는 기술이 아니다."라는 문장은 반전형 Shock의 대표적 사례다. 대부분의 사람은 설득을 말솜씨와 동일시한다. 그 전제를 한 문장으로 뒤집는 순간, 청중의 뇌는 "그럼 뭐지?"라는 질문을 생성하며 감정적 긴장 상태로 전환된다. 이때 Shock는 단순한 놀람이 아니라 감정의 방향 전환을 유도하는 구조로 작동한다.

반전형 Shock의 3단 구조

반전형 Shock는 감정의 방향을 한순간에 바꾸는 세 단계 구조를 가진다.

- **기대 설정(Expectation)** — 익숙한 전제를 제시한다.
  예: "사람들은 논리적인 설득을 원한다고 생각한다."
- **반전 제시(Reversal)** — 그 전제를 깨뜨린다.
  예: "하지만 실제로 사람을 움직이는 것은 논리가 아니라 감정이다."
- **재정의(Redefinition)** — 새로운 관점을 제시해 감정을 재정렬한다.
  예: "따라서 설득은 말하기 기술이 아니라, 감정을 읽는 기술이다."

이 세 단계를 통해 Shock는 단순한 놀람이 아니라, 이해 → 깨달음 → 전환으로 이어지는 감정의 흐름을 완성한다. 즉, 반전형 Shock는 감정을 순간적으로 뒤집되, 이후 전개될 감정의 방향을 **새로운 리듬으로 재정의하는 장치**다.

반전형 Shock가 EDIS에서 가장 자주 사용되는 이유는 명확하다. 단 한 문장으로 감정의 방향을 바꾸고, 설득의 리듬 전체를 새로 세팅할 수 있

    이기는 제안을 위한 설득의 알고리즘

기 때문이다. 이는 논리적 복잡성 없이, 감정적 흐름만으로 '이야기의 첫 문장'에 강한 구조적 의미를 부여한다.

Shock는 감정의 진입 구조다

Shock는 설득의 첫 장면이지만, 단순한 오프닝이 아니다. 그것은 이후 감정의 흐름을 결정짓는 정서적 진입 구조다. 반전형이 감정의 방향을 바꾸고, 위기형이 감정의 긴장을 높이며, 질문형이 사고를 유도한다.

이 세 Shock 구조는 각각 다른 경로로 감정의 회로를 작동시키지만, 모두 하나의 목적 — 감정의 문을 여는 것 — 에 수렴한다. Shock의 첫 3초는 정보의 전달이 아니라 **감정의 궤도를 설정하는 시간**이며, 이 시점에서 감정이 열린다면, 설득의 흐름은 이미 시작된 것이다.

위기형 Shock — 긴장을 깨우는 본능의 자극

위기형(Threat Type) Shock은 인간의 생존 본능을 직접 자극하는 감정 구조다. Shock의 여러 유형 중에서도 가장 원초적이며, 감정의 뿌리인 **본능적 반응**에 기반한다. 이 Shock는 청중의 감정을 '불안', '위기감', '손실 공포'의 형태로 흔들어 주의 집중과 몰입을 동시에 끌어낸다. 즉, 위기형 Shock의 목적은 공포를 주는 것이 아니라, 행동을 유발하는 감정적 각성을 일으키는 것이다.

사람의 뇌는 '이익의 기대'보다 '손실의 가능성'에 훨씬 민감하게 반응한다. 행동경제학의 핵심 원리인 **손실회피** 이론에 따르면, 사람은 같은 가치의 손실을 이익보다 약 2배 강하게 느낀다. 따라서 "이대로 가면 위험하다.”는 메시지는 “이렇게 하면 좋아진다.”는 메시지보다 훨씬 빠르고 강력하게 감정을 움직인다. Shock는 바로 이 **감정의 불균형 상태**를 자극하여 청중의 뇌를 ‘방어 모드’에서 ‘집중 모드’로 전환시킨다.

위기는 감정의 본능을 깨우는 장치

위기형 Shock는 정보의 전달이 아니라, **감정의 본능을 깨우는 장치**다. 사람이 뉴스를 볼 때 ‘재난’이나 ‘사고’에 더 주목하는 이유도 여기에 있다. 인간의 뇌는 생존과 관련된 정보에 즉각적으로 반응하며, 이 반응은 논리적 사고보다 훨씬 빠른 속도로 이루어진다.

예를 들어 다음의 문장들은 위기형 Shock의 전형적인 사례다.

- “지금 이 순간에도, 당신의 고객은 경쟁사의 제안을 보고 있다.”
- “단 10분 안에, 당신의 아이디어는 사라질 수 있다.”

이 문장들은 구체적인 데이터나 논리적 근거 없이도 ‘시간 압박’과 ‘손실 공포’라는 감정적 요인을 자극한다. 이때 Shock는 불안정한 감정 상태에서 발생하며, 그 감정의 불안정성이 청중의 주의를 극대화시킨다.

하지만 위기형 Shock의 목적은 단순히 두려움을 조장하는 것이 아니다. 그것은 변화의 필요성을 감정적으로 각인시키는 것이다. 즉, 청중 스스로 “이대로는 안 된다.”는 감정적 선언을 하게 만드는 장치다. 이 순간 감정은 위기에서 행동으로 전환되는 심리적 다리 역할을 한다.

　　　　　　　이기는 제안을 위한 설득의 알고리즘

위기형 Shock의 설계 원칙

위기형 Shock는 강도보다 정확한 감정의 연결성이 중요하다. 아무리 자극적인 문장이라도 청중이 '나와는 관계없는 일'이라고 느끼면 감정은 반응하지 않는다. Shock는 상대의 현실 속 감정을 건드릴 때만 작동한다. 따라서 위기형 Shock에는 반드시 '개인적 연관성'이 포함되어야 한다.

예를 들어 다음의 문장들을 보자.

- "당신의 보고서가 읽히지 않는 이유, 그건 문장이 아니라 감정 때문이다."
- "이대로라면, 당신의 아이디어는 아무도 기억하지 못할 것이다."

이 문장들은 '문제의 원인'을 단순히 논리로 설명하지 않는다. 대신 청중의 자기 상황을 자극하여 위기감을 자신의 문제로 전환시킨다. 이 순간, 청중은 정보 수용자에서 **감정적 참여자**로 바뀐다.

즉, 위기형 Shock의 핵심은 막연한 공포나 추상적 경고가 아니라, 감정적 손실을 구체적으로 보여 주는 것이다.

그 손실이 현실처럼 인식되는 순간, 감정은 "변화해야 한다."는 방향으로 흐른다. Shock는 이 감정의 방향 전환을 통해 설득의 첫 에너지를 만든다.

위기형 Shock의 실무적 활용

위기형 Shock는 특히 **기획서의 도입부나 제안서의 문제 인식 단계**에서 효과적이다. 이 단계에서의 목적은 "문제가 존재한다."는 사실을 **논리로 증명하는 것**이 아니라, "이 문제를 외면할 수 없다."는 감정을 **내면화 시키는 것**이다. 따라서 위기형 Shock는 문제의 인식 단계에서 감정적 몰입을 높여, 이후의 Empathy(공감)와 Tuning(통찰) 단계로 자연스럽게 이어지도록 설계되어야 한다.

결국 위기형 Shock은 단순한 위협이 아니라 **감정의 긴장을 행동 에너지로 전환하는 장치**다. 그 감정의 순간적 압박이 변화의 필요성을 각성시키고, 그 각성이 설득의 첫 리듬을 만든다. Shock가 성공적으로 작동하는 순간, 설득은 더 이상 논리의 문제가 아니라 **감정의 방향이 결정된 상태에서 진행되는 과정**이 된다.

질문형 Shock — 사고를 멈추게 하는 감정적 호기심

질문형(Question Type) **Shock**는 EDIS(Emotional Driven Impact Structure)에서 가장 섬세하지만 지속적인 감정 효과를 만들어내는 Shock 유형이다. 이 Shock는 단순한 언어적 질문이 아니라, 청중의 인지 구조 안에 '감정의 빈칸'을 만들어내는 장치다. 사람의 뇌는 질문을 받는 순간 멈추지 않는다. 뇌는 질문을 인식하면 즉시 그 공백을 채우기 위해 사고를 가동하며, 이 과정에서 감정적 몰입이 발생한다. 즉, 질문은 정보의 요구가 아니라 감정적 불안정성을 유발하는 자극이다.

질문은 감정의 빈칸을 만든다

질문은 논리적 사고를 유도하는 도구이지만, Shock 단계에서의 질문은 **감정을 탐색하게 만드는 장치**로 작동한다. 사람은 질문을 들으면 '무엇을 안다/모른다'를 판단하기보다, "이 질문이 나에게 어떤 의미가 있는가?"를 본능적으로 탐색한다. 이때 감정의 빈칸이 생기고, 청중은 그 공백을 메우기 위해 스스로 몰입하게 된다.

예를 들어 다음 문장들을 보자.

- "기껏 용기 내서 말했는데, 무시당한 적 있나요?"
- "당신의 제안이 매번 묵살되는 이유, 궁금하지 않나요?"
- "왜 어떤 발표는 끝나자마자 박수가 나오고, 어떤 건 침묵이 흐를까요?"

이 질문들은 단순히 정보를 묻지 않는다. 청중의 내면에서 '감정의 자기참여'를 유발한다. 즉, 상대가 자신의 기억과 감정을 불러내도록 만드는 질문이다. Shock는 바로 이 자기참여의 순간에 완성된다. 이때 발생하는 감정의 동요는 외부 자극이 아니라 내면에서 재생된 감정이다. 따라서 질문형 Shock는 외부적 강제보다 자발적 몰입을 만들어낸다.

질문형 Shock의 설계 원칙

질문형 Shock는 특히 **프레젠테이션, 강연, 인터뷰, 영상 콘텐츠**처럼 청중의 참여가 중요한 상황에서 효과가 크다. 그 이유는 질문이 단순한 '대화의 도입'이 아니라, 사고의 참여 구조이기 때문이다. 좋은 질문형 Shock는 다음 세 가지 원칙을 따른다.

1) 감정적 질문일 것

질문형 Shock는 정보형 질문(예: "GDP는 얼마인가?")이 아니라, 감정의 결을 건드리는 **정서형 질문**이어야 한다. 예: "왜 우리는 옳은 말을 해도 설득되지 않을까?" 이 질문은 청중의 지식이 아니라 경험을 호출하며, 그 경험이 감정적 호기심으로 이어진다. 감정의 미세한 흔들림이 일어나는 순간, Shock는 작동한다.

2) 구체적 장면이 떠오를 것

질문형 Shock의 효과는 **상상 가능한 장면**에서 강화된다. 예: "회의에서 상사가 내 말을 자르던 순간, 어떤 느낌이었나요?" 이 문장은 청중의 기억 속 특정한 장면을 시각적으로 재현하게 한다. 이때 뇌는 단순히 언어를 해석하지 않고, 감각 기억을 동원하여 감정을 다시 경험한다. Shock는 이렇게 감각적 상상을 유도할 때 정서적 깊이를 확보한다.

3) 답을 즉시 주지 말 것

Shock의 본질은 '감정의 공백'을 유지하는 것이다. 질문을 던지자마자 해답을 제시하면, 감정의 긴장이 사라지고 Shock는 즉시 소멸한다. 좋은 Shock는 정적과 사고의 틈을 남겨둔다. 이 잠시의 공백이 감정 에너지를 축적시키며, 청중 스스로 감정을 정리할 시간을 만든다. Shock는 이 여백의 순간에 완성된다.

질문형 Shock의 작동 원리

신경과학적으로 질문형 Shock는 전두엽(Prefrontal Cortex)의 사고 회로와 편도체(Amygdala)의 감정 회로를 동시에 활성화한다. 이 두 영역이 동시에 작동할 때, 인간은 '사고하면서 느끼는 상태'에 진입한다. 이 상

　　　　　　　　　　　이기는 제안을 위한 설득의 알고리즘

태는 **인지-정서 통합(Cognition-Emotion Integration)** 단계이며, 설득 과정에서 가장 이상적인 몰입 상태로 평가된다. 즉, 질문형 Shock는 논리적 사고와 감정적 반응을 동시 작동시키는 구조적 자극이다.

질문형 Shock의 효과

질문형 Shock은 겉으로는 부드럽지만, 가장 설득력이 높은 Shock 유형이다. 그 이유는 감정의 주도권이 발표자에게 있는 것이 아니라, 청중에게 넘어가기 때문이다. 청중이 스스로 답을 찾는 순간, 그는 단순한 청취자가 아니라 이야기의 공저자가 된다. Shock의 에너지는 외부에서 주입되는 것이 아니라, 청중의 내면에서 생성된 감정적 동의로 변환된다. 따라서 질문형 Shock은 단기적 놀람이 아닌, **지속적 몰입의 장치**로 기능한다.

질문형 Shock는 EDIS 구조에서 **Empathy 단계로의 전이**를 자연스럽게 연결하는 다리 역할을 한다. 질문을 통해 감정의 문이 열리고, 공감의 회로가 준비되면, 이후 메시지는 논리가 아니라 감정의 흐름을 따라 전달된다. 결국 질문형 Shock은 설득을 '대화로 전환시키는 시작점'이며, 감정 중심 기획의 가장 인간적인 형태라 할 수 있다.

첫 장면의 감정이 설득의 방향을 정한다

EDIS(Emotional Driven Impact Structure)에서 **Shock 오프닝의 첫 장면**은 단순한 시작이 아니다. 그것은 **기획 전체의 감정 방향을 설정하는 결정적 변수**다.

Shock는 단지 청중의 시선을 끄는 장치가 아니라, 이후 전개될 감정의 리듬이 어떤 경로로 흐를지를 결정하는 감정적 초기 조건이다. 즉, 첫 장면의 감정이 곧 설득의 궤적을 규정한다.

사람은 정보를 논리적으로 해석한다고 생각하지만, 사실상 대부분의 의사결정은 '처음 느낀 감정의 방향'에 따라 이루어진다. 이 첫 감정의 각도는 이후 들어오는 모든 메시지를 해석하는 기준점이 된다. 따라서 Shock 단계에서 감정의 방향이 잘못 설정되면, 아무리 논리적 근거가 정교해도 청중의 감정은 그 논리를 받아들이지 않는다. Shock는 단순히 설득의 서두가 아니라, 감정의 흐름을 **'어디로 보낼 것인가'를 결정하는 감정의 나침반**이다.

Shock 오프닝은 감정의 출발점이다

Shock의 첫 장면은 논리의 시작점이 아니라 감정의 시작점이다. 이 한 장면이 감정의 방향과 강도를 동시에 결정한다. 감정의 방향은 이후 설득의 성격을 바꾸며, Shock의 형태에 따라 청중의 정서적 반응은 전혀 다르게 전개된다.

- **반전형 Shock**는 **인식의 전환**을 일으킨다. 청중의 사고 체계를 흔들어 "그동안 당연하게 생각했던 것을 다시 생각하게 만드는" 인지적 각성을 유도한다. 이 Shock는 새로운 관점과 논리적 확장을 위한 감정적 토대를 형성한다.
- **위기형 Shock**는 **긴장과 집중**을 만든다. 청중의 주의를 당장 현재로 끌어오고, 감정적 에너지를 "지금 바로 대응해야 하는 상황"으로 전

  이기는 제안을 위한 설득의 알고리즘

환시킨다. 이는 변화를 강조하거나, 문제의 시급성을 전달할 때 가장 효과적이다.

- **질문형 Shock**는 **공감과 참여**를 유도한다. 청중의 감정을 닫힌 상태에서 열린 상태로 이동시키며, 스스로 사고에 참여하게 만들어 감정적 동의를 형성한다.

이처럼 Shock의 유형은 각각 다른 감정의 출발점을 제공한다. 따라서 Shock를 설계한다는 것은 곧 **감정의 흐름을 예측하고 제어하는 행위**이며, 기획자는 이 첫 장면에서 설득의 전반적 분위기와 리듬을 결정해야 한다.

첫 감정이 설득의 전개를 규정한다

심리학적으로, 인간의 판단은 초기 감정 상태에 따라 왜곡되는 경향이 있다. 이를 정서적 앵커링(Emotional Anchoring)이라고 한다. Shock 단계에서 형성된 감정은 이후 모든 논리적 판단의 기준이 되며, 심지어 동일한 정보라도 첫 감정의 톤이 다르면 전혀 다른 의미로 해석된다.

예를 들어, 반전형 Shock로 시작한 발표는 청중에게 "새로운 관점을 배우는 시간"으로 인식된다. 반면 위기형 Shock로 시작한 발표는 "문제를 해결해야 하는 긴급한 상황"으로 인식된다. 또 질문형 Shock로 시작한 경우, 청중은 "함께 사고하는 참여형 대화"로 느낀다. 즉, Shock의 형태에 따라 **설득의 장르** 자체가 달라지는 것이다.

Shock는 단지 감정의 자극이 아니라 **감정의 구조를 세팅하는 장치**다. 이 초기 세팅이 잘못되면 이후 메시지는 감정의 흐름과 불일치하며, 논리의 설득력 또한 급격히 떨어진다. 결국 설득의 성공 여부는 Shock에서 감정의 방향을 어떻게 설계했는가에 달려 있다.

EDIS가 제시하는 Shock 오프닝의 본질

EDIS는 Shock 오프닝을 "감정의 리듬을 설계하는 구조적 출발점"으로 본다. Shock가 없으면 감정의 방향이 존재하지 않으며, 감정의 방향이 없으면 논리는 흡수되지 않는다. Shock 오프닝의 목적은 주목이 아니라 정서의 정렬이다. 그 한 장면이 어디로 감정을 이끌어갈지가 설득의 성패를 결정한다.

따라서 기획자는 Shock를 단순히 '첫 문장'이 아니라 **감정의 방향을 설정하는 기획적 장치**로 설계해야 한다. Shock는 설득의 리듬을 시작시키는 첫 박자이며, 이 첫 감정이 논리를 움직이고, 논리가 다시 감정을 강화하는 순환 구조를 만든다. 이것이 바로 EDIS가 정의하는 Shock 오프닝의 본질이다.

▌발표 · 영상 · 제안서별 Shock 설계법

감정의 문은 첫 장면에서 열린다. 사람은 첫 3초 안에 '이 이야기를 계속 들을지 말지'를 결정한다. 이 판단은 논리가 아니라 감정에 의해 이루어진다. 따라서 Shock 오프닝은 단순히 청중의 시선을 끄는 장치가 아니라, 감정의 문을 여는 설계 행위다.

Shock는 '말'의 문제가 아니다. Shock의 표현은 매체와 상황에 따라 다

　　　　　　　이기는 제안을 위한 설득의 알고리즘

르게 구성된다. 발표에서는 **음성과 시선**, 영상에서는 **이미지와 리듬**, 제안서에서는 **문장과 공감 구조**가 Shock의 핵심이 된다. 이 장에서는 세 가지 매체별로 Shock를 어떻게 설계해야 하는지, 그 구조적 원리와 사례를 통해 구체적으로 살펴본다.

발표 Shock — 청중의 감정 엔진을 점화하라

프레젠테이션은 단순히 정보를 전달하는 행위가 아니다. 그것은 청중의 감정을 움직여, 논리가 통과할 수 있는 통로를 여는 **감정 설계 행위**다. 따라서 발표의 시작은 논리적 도입이 아니라, 감정의 점화로 설계되어야 한다.

발표 Shock의 본질 — "말이 아니라 에너지로 시작하라"

많은 발표자는 "발표는 말을 잘해야 한다."고 생각하지만, 청중은 발표자의 언어보다 먼저 에너지를 느낀다. 청중이 가장 먼저 인식하는 것은 단어가 아니라, 발표자의 **눈빛, 목소리의 톤, 멈춤의 리듬, 감정의 진폭**이다. 이 비언어적 요소들이 발표의 첫인상을 결정한다. 따라서 Shock 오프닝의 핵심은 머리를 자극하는 논리가 아니라, 청중의 감정 회로를 여는 에너지의 전달이다.

가장 효과적인 방법은 감정의 낙차를 만드는 것이다. 이는 익숙한 사실 속에서 감정의 불균형을 드러내는 전략이다.

예를 들어,

"우리는 오늘도 수많은 보고서를 씁니다.

하지만 그중 대부분은 아무도 읽지 않습니다."

이 문장은 단순한 정보가 아니라, **감정의 전환점**을 만든다.

또는,

"이제는 설득의 시대가 아니라, 감정의 시대입니다."

이 문장은 논리적 설명이 아니라 **감정의 선언**이다. 그 한 문장이 청중의 마음속에 "왜?"라는 감정의 빈칸을 만들고, 그 빈칸이 몰입의 문이 된다.

Shock 오프닝의 목적은 사람을 놀라게 하는 것이 아니다. 발표자의 감정 에너지를 청중에게 전이시키는 것이다. 그 에너지가 전달되는 순간, 발표는 이미 시작된 것이다.

발표 Shock의 구조 — 한 문장, 한 장면, 한 메시지

효과적인 발표 Shock는 **단순하고 명료해야 한다.** 감정의 에너지는 복잡한 논리보다 구체적 이미지와 리듬을 통해 전달된다. 따라서 발표 Shock는 다음 세 가지 구성 요소로 설계된다.

- **한 문장(Shock Sentence)** — 감정의 스위치를 켜는 짧고 강한 문장.
  "당신의 제안이 채택되지 않는 이유는, 아이디어가 약해서가 아닙니다."
  이 한 문장이 청중의 주의를 정지시키고 감정 회로를 활성화한다.
- **한 장면(Shock Scene)** — 문장을 뒷받침하는 시각적 장치.
  예를 들어, 첫 슬라이드에 '쓰레기통에 버려진 문서 더미' 이미지를 넣는다면, 그 한 장면이 100개의 문장보다 더 강력한 Shock를 만든

 이기는 제안을 위한 설득의 알고리즘

다. Shock는 설명이 아니라 장면을 통해 느껴진다.

- **한 메시지(Shock Message)** — 감정의 방향을 제시하는 주제 문장. "오늘 우리가 다룰 주제는 설득이 아닙니다. 감정의 구조입니다." 이 한 문장은 발표의 전체 감정 리듬을 규정한다.

이 세 요소가 약 30초 안에 완성되면, 청중의 뇌는 이미 논리 수용 모드로 전환된다. 즉, Shock는 논리의 문을 열기 위해 감정의 스위치를 먼저 켜는 장치다.

발표 Shock의 작동 원리 — 감정이 논리를 인도한다

신경과학적으로 청중은 발표자의 논리를 듣기 전에, 발표자의 감정 신호를 감지한다. 감정은 편도체(Amygdala)에서 먼저 반응하고, 그 신호가 전두엽(Prefrontal Cortex)으로 전달되어 논리적 해석이 이루어진다.

Shock는 바로 이 감정-논리 연결의 첫 구간을 여는 단계다. 따라서 Shock를 언어의 기술로만 접근하면, 감정의 문을 열지 못하고 단순한 '오프닝 멘트'에 머물게 된다.

발표 Shock의 목적은 놀람이 아니라, **감정의 통로를 확보하여 논리를 수용 가능한 상태로 만드는 것**이다. 이 감정의 점화가 일어나지 않으면, 이후의 모든 논리는 공중에서 부유하게 된다.

영상 Shock — 첫 장면의 감정이 이야기를 결정한다

영상에서의 **Shock 오프닝**은 다른 어떤 매체보다 즉각적이다. 사람은 영상을 볼 때 논리보다 감정으로 반응한다. 시청자는 화면의 내용을 해석하기 전에, 그 장면이 전달하는 감정 코드를 읽는다. 따라서 영상 Shock의 핵심은 '무엇을 보여 주느냐'가 아니라 '무엇을 느끼게 하느냐'에 있다. 첫 장면의 감정이 설정되는 순간, 시청자의 몰입은 이미 결정된다.

영상 Shock의 본질 — "눈보다 감정이 먼저 반응한다"

영상에서 Shock가 작동하는 이유는 감각의 입력보다 감정의 반응이 더 빠르기 때문이다. 즉, 시청자는 '무엇을 보았다'고 판단하기 이전에 '어떤 느낌이 들었다'고 반응한다.

Shock 오프닝의 핵심은 바로 이 생리적 반응을 이용하는 것이다. 유튜브 영상, 광고, 다큐멘터리의 첫 장면이 강렬한 이유는 화면의 구성이 뛰어나서가 아니라 감정의 진동을 즉각적으로 전달하기 때문이다.

예를 들어,

- 검은 화면 위로 들리는 심장박동 소리
- "그날, 그는 마지막 싸움에 나섰다."라는 한 문장

이 두 요소만으로 시청자는 이미 **이야기의 감정 영역** 안으로 들어간다. 좋은 영상 Shock는 시각적 자극의 세기보다 감정의 온도 변화를 설계한다. '잔잔함에서 긴장으로', '밝음에서 어둠으로', '평화에서 위기감으로' 이동하는 순간, 시청자의 감정은 그 낙차를 따라 움직인다. 이때 Shock는 정보 전달이 아니라 감정의 방향 전환을 수행한다.

　　　　　　　　　　　　　　이기는 제안을 위한 설득의 알고리즘

결국 영상 Shock의 역할은 이야기의 첫 장면을 구성하는 것이 아니라, 이야기의 감정적 궤도를 결정하는 것이다. 한 컷의 영상, 한 음향, 한 문장이 전체 서사의 해석 방식을 지배한다.

영상 Shock의 설계 — 3초의 장면이 감정을 말한다

영상 Shock는 평균 **3초 이내**에 시청자의 감정을 붙잡아야 한다. 이 3초는 단순한 시간적 기준이 아니라, 시청자의 주의가 이탈하기 전 감정적 몰입을 형성할 수 있는 인지적 임계값이다. Shock는 이 짧은 시간 동안 세 가지 요소로 감정의 흐름을 설계한다.

Visual Contrast — 시각적 대비

시청자가 예상하지 못한 장면은 즉각적인 감정의 낙차를 만든다. 밝은 음악 속에 폐허가 등장하거나, 웃는 얼굴 뒤에 눈물이 비칠 때, 시청자는 시각과 감정의 불일치에서 긴장을 느낀다. 이 불일치는 뇌의 주의 체계를 활성화시키며, Shock의 첫 감정 자극을 완성한다.

Emotional Sound — 감정적 사운드

소리는 Shock의 절반을 차지한다. 영상 Shock는 시각 정보와 함께 청각적 반응을 유발한다. 갑작스러운 침묵, 심장박동음, 낮은 베이스 톤 등은 감정의 방향을 무의식적으로 바꾼다. 특히 '무음의 순간'은 감정의 정적을 만들어 Shock의 밀도를 높인다.

Narrative Cue — 감정의 방향 설정

시각과 청각의 자극만으로는 의미가 완성되지 않는다. Shock는 감정의 해석이 이루어지는 의미의 프레임을 필요로 한다. 이를 제공하는 것이 내레이션 혹은 자막이다.

예: "이곳은 천 년 전, 한 영웅이 쓰러진 자리입니다."

단 한 줄의 내레이션이 장면에 시간과 감정의 좌표를 부여한다. 이때 시청자는 단순히 장면을 보는 것이 아니라, 그 장면을 감정적으로 해석하기 시작한다.

영상 Shock의 작동 메커니즘

Shock 오프닝은 시각 정보가 아니라 감정의 리듬으로 작동한다. 첫 장면에서 형성된 감정의 리듬은 영상의 전체 흐름을 지배하며, 이후의 모든 장면은 그 첫 감정의 톤을 기준으로 해석된다. 이를 감정 앵커링이라 하며, 이 과정에서 시청자는 논리적 해석보다 감정적 연속성을 따른다.

따라서 영상 Shock의 목표는 '보여 주는 것'이 아니라 **감정의 흐름을 제어하는 것**이다. Shock는 청중의 눈을 멈추게 하지만, 진정한 효과는 감정의 방향을 정렬하는 데 있다. 시청자가 첫 3초 안에 '이 장면의 감정이 무엇인지'를 느낀다면, 그 영상은 이미 설득의 절반을 달성한 것이다.

결국 영상 Shock는 시각적 사건이 아니라 **감정의 해석 구조**다. 그 한 컷, 한 소리, 한 문장이 영상의 전개를 결정하고, 감정의 첫 방향이 정해

     이기는 제안을 위한 설득의 알고리즘

지는 순간, 시청자는 이미 이야기 안으로 들어가 있다. 이것이 바로 EDIS 가 말하는 **감정으로 시작하는 영상 설계**의 핵심이다.

제안서 Shock ― 문서의 첫 페이지에서 감정의 목적을 드러내라

Shock는 발표나 영상에서만 작동하는 것이 아니다. 문서로 구성된 제 안서에서도 Shock는 설득의 출발점이 된다. 특히 제안서의 첫 페이지, 즉 도입부는 고객의 시선과 감정이 동시에 결정되는 지점이다. 이 부분에서 Shock를 구현하지 못하면, 문서는 논리적으로 완벽하더라도 감정적 공 명을 얻지 못한다.

제안서의 Shock는 말이나 이미지가 아니라 **문장의 톤과 공감의 깊이로** 표현된다. 독자는 데이터를 읽지 않는다. 그들은 자신이 느끼고 있는 감 정을 대변해 주는 문장을 찾는다.

따라서 Shock 오프닝의 목적은 "사실을 설명하는 것"이 아니라 "감정을 확인시켜 주는 것"이다.

제안서 Shock의 본질 ― "데이터가 아니라 감정으로 시작하라"

대부분의 제안서는 "사업 개요", "추진 목적", "수행 범위"로 시작한다. 그러나 그것은 **문서의 시작일 뿐, 설득의 시작이 아니다.** Shock 오프닝이 있는 제안서는 첫 문장에서 이미 고객의 감정을 포착한다.

예를 들어 다음의 문장을 보자.

- "귀사는 지난 3년간 시스템을 개선했지만, 사용자의 만족도는 여전 히 47%입니다."

- "문제는 기술이 아니라, 사용자의 감정선입니다."

이 문장들은 단순한 보고가 아니다. 그 안에는 고객의 **좌절, 피로, 불안 감**이 언어화되어 있다. 고객은 이 문장을 읽는 순간 "이 제안서는 우리의 상황을 이해하고 있다."고 느낀다. Shock는 바로 이 감정적 동의의 첫 계기다. 따라서 제안서의 도입부는 논리적 요약보다 감정적 공감으로 시작해야 한다. 이는 감정의 공명을 통해 문서 전체의 리듬을 결정하는 첫 단계다.

제안서 Shock의 구조 — 공감의 3단 설계

EDIS(Emotional Driven Impact Structure)의 감정 곡선에 따라, 제안서의 Shock는 **Shock → Empathy → Vision**의 3단 구조로 설계된다. 이 흐름은 단 한 페이지 안에서 감정의 점화, 공감의 확장, 그리고 미래의 비전을 완성한다.

Shock — 문제의 충격

Shock 단계는 고객의 현실을 감정적으로 드러내는 구간이다. "지금의 시스템은 빠르지만, 사용자는 여전히 느립니다."

이 문장은 데이터 분석이 아니라 **감정의 진단**이다. Shock는 현실의 문제를 수치가 아닌 감정으로 제시함으로써, 고객이 자신을 '이야기의 주체'로 느끼게 만든다.

Empathy — 감정의 동의

Shock가 문제의 공감을 이끌었다면, Empathy 단계는 그 공감의 이유를 확장한다.

"그 원인은 기능이 아니라, 경험의 온도 차이입니다."

Empathy는 논리적 분석이 아니라 감정의 번역이다. 이 문장은 문제를 기술적 결함으로 보지 않고, 인간적 경험의 차이로 해석한다. 그 순간 고객은 "이 제안서는 내 입장에서 본다."는 신뢰를 형성한다.

Vision — 감정의 회복

마지막 단계는 감정의 안정과 희망을 제시하는 구간이다.

"우리가 제안하는 것은 기술이 아니라 '편안함'입니다."

Vision은 단순한 해결책이 아니라 감정의 복원이다. Shock로 문제의 감정을 드러내고, Empathy로 감정의 연대를 만들었다면, Vision은 감정의 흐름을 미래의 긍정적 상태로 이끈다. 이 세 단계가 하나의 감정 리듬으로 이어질 때, 제안서의 첫 장은 이미 설득의 구조를 완성한다.

Shock의 공통 원리 — 감정의 리듬으로 시작하라

매체가 달라도 Shock의 원리는 동일하다. Shock는 언제나 **감정의 리듬** 위에서 작동한다. 사람의 집중은 논리적 구조보다 감정의 흐름을 따라간다. 따라서 모든 Shock 오프닝은 **3초-30초-3분의 리듬**으로 설계될 수 있다.

- **3초 — 감정의 점화**

  첫 3초 안에 청중의 감정이 반응하지 않으면, 이후의 논리 구조는 의미를 잃는다. Shock는 이 짧은 구간에서 감정의 문을 여는 **트리거** 역할을 수행한다.

- **30초 — 감정의 방향 제시**

  Shock가 감정을 열었다면, 30초 안에 그 이유를 제시해야 한다. 이 구간은 "왜 지금 이 이야기를 해야 하는가?"를 설명하는 **맥락의 설정** 단계다. 감정의 방향이 명확해야 논리의 전개가 설득력을 가진다.

- **3분 — 감정의 몰입 완성**

  Shock로 열린 감정은 약 3분 동안 몰입 상태를 유지한다. 이때 Empathy와 Tuning 단계로 감정의 에너지가 연결되면, 청중은 더 이상 내용을 '이해하는 상태'가 아니라 '느끼는 상태'로 이동한다. 이 감정의 리듬이 유지되는 한, 어떤 매체에서도 Shock는 살아 있다.

결국 제안서의 Shock는 문장을 통한 **감정 설계의 첫 행위**다. 데이터로 시작한 문서는 정보를 전달하지만, 감정으로 시작한 문서는 신뢰를 만든다. EDIS는 이 원리를 통해 문서, 발표, 영상이라는 형식의 경계를 넘어, 모든 설득을 **감정의 구조화된 흐름**으로 재해석한다.

Shock는 형식이 아니라 감정의 문법이다

Shock는 특정 형식의 기술이 아니다. 그것은 감정이 반응하는 언어의 문법이다. 발표에서는 말과 몸짓으로, 영상에서는 이미지와 리듬으로, 제안서에서는 문장과 어조로 표현되지만, 이 모든 것은 결국 하나의 공

　　　　　　　　　　　이기는 제안을 위한 설득의 알고리즘

통된 목적을 가진다. **감정이 반응할 수 있는 구조를 설계하는 것.** 따라서 Shock는 발표의 기술도, 영상의 편집도, 문서의 디자인도 아닌 감정이 논리를 받아들일 준비를 만드는 구조적 장치다.

Shock는 감정의 언어를 설계하는 구조다

Shock는 '형식적 장면'이 아니라 **감정의 문법을 설계하는 과정**이다. 그 본질은 외형적 자극이 아니라 감정이 반응하는 질서에 있다. 발표의 Shock가 청중의 심장을 두드린다면, 영상의 Shock는 감정의 장면을 만들고, 제안서의 Shock는 고객의 내면 언어를 대변한다. 즉, Shock는 매체의 차이를 초월하여 감정의 리듬을 일정한 구조로 번역하는 **감정 문법 시스템**이다.

Shock는 감정을 표현하는 것이 아니라, 감정이 **자연스럽게 작동하도록 설계하는 행위**다. 좋은 Shock는 자극적이거나 화려하지 않다. 오히려 절제된 구조 속에서 감정이 스스로 반응하게 만든다. 이것이 Shock가 단순한 표현 기법이 아니라 '감정의 문법'으로 불리는 이유다.

Shock의 구조적 의미 — 감정의 시동 장치

Shock의 역할은 설득을 시작하기 위한 감정의 시동을 거는 것이다.

Shock가 존재하지 않으면 감정의 흐름은 멈춘다. 논리는 아무리 정교해도 감정의 문이 닫혀 있으면 통과할 수 없다. 따라서 Shock는 설득의 첫 단계이자, 논리가 작동하기 위해 반드시 필요한 감정의 시동 장치다.

Shock는 논리 이전의 단계에서 감정을 깨운다. 즉, 설득이 '이해의 과정'이 아니라 '감정의 반응 과정'임을 전제한다. Shock가 없는 기획은 논리적으로 완결될 수는 있어도, 심리적으로는 공허하다. 감정의 문이 닫힌 상태에서는 정보가 흡수되지 않으며, 그 결과 설득은 반응 없는 전달로 끝난다.

Shock의 존재는 설득의 출발을 '정보의 설계'에서 '감정의 설계'로 바꾼다. 이때 Shock는 감정이 논리를 받아들이도록 만드는 구조적 언어로 기능한다.

Shock의 기획적 의미 ─ 정보 중심에서 감정 중심으로

기획자는 흔히 Shock를 '형식적 인상'으로 이해하지만, 실제로 Shock는 기획 전체의 감정 구조를 결정한다. Shock가 작동하는 순간, 기획은 단순한 데이터 조합이 아니라 감정이 논리의 방향을 통제하는 체계로 전환된다.

즉, Shock는 기획의 감정 회로를 설계하는 첫 단계이며, 이 회로가 제대로 구축되지 않으면 이후의 Empathy · Tuning · Resolution 단계는 감정적으로 이어지지 않는다. Shock는 기획의 서문이 아니라, **감정이 논리를 지배하기 시작하는 전환점**이다.

Shock가 작동하는 기획은 청중이 정보를 '듣는' 것이 아니라 '느끼는' 과정으로 이동하게 한다. 그 순간 설득은 단순한 설명이 아니라 경험이 된다. 이것이 **EDIS(Emotional Driven Impact Structure)**가 정의하는 "감정이 논리를 이끄는 설득 구조"의 출발점이다.

Shock는 감정 설계의 문을 여는 언어다

Shock는 결국 사람을 설득하는 기술이 아니라, 사람의 감정이 반응하도록 돕는 언어적 구조다. 그 언어는 논리보다 빠르게, 그리고 무의식적

　　　　　　　　　　　　　이기는 제안을 위한 설득의 알고리즘

으로 작동한다. Shock가 성공적으로 설계된 순간, 기획은 정보의 나열을
넘어 감정의 구조로 진화한다.

Shock는 설득의 시작이자 감정의 시동이다. 그리고 그 시동이 걸리는
순간, 기획은 더 이상 '정보의 설계'가 아니라 감정이 설계를 지배하는 기
술이 된다.

단 한 문장이 마음을 멈추게 한다

설득은 언제나 '멈춤'에서 시작된다. 사람은 정보를 들으면 사고(思考)
를 시작하지만, 감정을 느끼는 순간 사고를 멈춘다. 그 짧은 정적의 순간,
즉 감정적 정지가 바로 설득의 출발점이다.

Shock 오프닝의 목적은 이 멈춤을 만들어 내는 것이다. Shock는 단순
한 주목의 장치가 아니라, 사람의 감정을 논리보다 앞서 작동시키는 감정
반응 구조다.

멈춤의 심리학 — 감정이 논리를 중단시키는 순간

인지심리학적으로 인간의 뇌는 새로운 정보에 직면했을 때, 전두엽
(Prefrontal Cortex)을 중심으로 논리적 해석을 시작한다. 하지만 강렬한
감정 자극이 들어오면, 감정을 담당하는 편도체(Amygdala)가 우선적으
로 반응하면서 논리적 사고 과정이 일시적으로 중단된다. 이때 사람은
'이해하려는 상태'에서 '느끼는 상태'로 전환된다. Shock가 만드는 이 정
지 상태는 단순한 놀람이 아니라, 감정이 논리를 압도하는 인지-정서적
전환지점이다.

즉, Shock의 핵심은 사람의 생각을 멈추게 하는 것이 아니라, 감정이 논리를 대신하도록 구조를 재배치하는 것이다. 이 짧은 정적의 순간이 없으면 설득은 논리의 흐름으로만 진행되고, 감정적 몰입은 일어나지 않는다. Shock는 바로 이 순간, 감정이 논리를 선점하도록 하는 트리거 역할을 한다.

Shock 오프닝은 '멈춤을 설계하는 언어'다

Shock 오프닝은 논리의 도입부가 아니라 감정의 도입부다. 그 목적은 정보를 전달하는 것이 아니라, 청중의 감정 시스템이 반응할 수 있도록 멈춤의 공간을 만드는 것이다.

논리로 시작한 기획은 청중의 머리에 남는다. 그들은 내용을 이해하지만, 감정을 느끼지 못한다. 반면 Shock로 시작한 기획은 마음에 남는다. 이때의 '남음'은 정보의 저장이 아니라 감정의 각인이다. 감정이 각인된 메시지는 시간이 지나도 휘발되지 않으며, 그 여운이 이후의 모든 설득 단계를 지배한다.

따라서 기획의 첫 문장은 정보를 여는 문이 아니라 **감정을 여는 문**이어야 한다. 그 문이 열리는 순간, 감정은 Shock에서 Empathy로, Empathy에서 Tuning으로, 다시 Resolution과 Echo로 이어지는 연쇄 반응을 시작한다.

EDIS(Emotional Driven Impact Structure)는 바로 이 흐름을 감정의 순서와 구조로 체계화한 프레임이다.

 이기는 제안을 위한 설득의 알고리즘

감정의 연쇄 구조 — Shock에서 Echo로

Shock가 열어 주는 감정의 첫 문은 단기적 자극이 아니다. 그것은 이후 감정의 단계들이 작동할 수 있도록 하는 정서적 회로의 시작점이다. Shock가 만들어낸 '멈춤'이 존재해야, 그 안으로 Empathy(공감)가 들어오고, Tuning(통찰)이 일어나며, Resolution(확신)이 정착되고, Echo(여운)가 남는다.

이 다섯 단계는 논리적 절차가 아니라 감정의 리듬이다. Shock는 그 리듬의 첫 박자이며, 이 첫 감정의 박자가 어긋나면 이후의 모든 감정의 흐름이 불안정해진다. 즉, Shock는 EDIS 전체 구조를 작동시키는 **감정의 기동 스위치**다.

EDIS — 감정이 설계를 지배하는 진짜 시작점

EDIS(Emotional Driven Impact Structure)는 감정이 논리를 따라가는 것이 아니라, 감정이 설계를 주도하는 프레임이다. Shock는 이 프레임의 첫 문법이자, 감정이 논리를 지배하기 시작하는 시작점이다.

Shock가 작동하는 순간, 설득은 더 이상 정보의 전달이 아니다. 그것은 감정이 논리를 안내하고, 논리가 감정을 강화하며, 결국 행동으로 이어지는 구조적 과정이 된다. 단 한 문장이 사람의 마음을 멈추게 할 때, 그 순간이 바로 설득의 문이 열리는 순간이다.

Chapter 3

Empathy
— 감정의 연결을 설계하라

Shock가 감정의 문을 연다면, Empathy는 그 문을 통과해 마음을 연결한다. 감정은 단순히 '열리는 것'으로는 충분하지 않다. 감정의 문이 열린 뒤에는 반드시 '연결'이 이루어져야 한다. 이 연결의 기술이 바로 **Empathy**, 즉 공감의 설계다.

공감은 흔히 오해되듯 "이해한다."는 인지적 행위가 아니다. 그것은 상대의 감정을 내 안에 복제하고, 그 복제된 감정을 다시 상대에게 반사시키는 **감정의 미러링(Mirroring)** 과정이다. 즉, 공감은 상대의 감정을 그대로 '반영'함으로써 신뢰를 형성한다. 사람의 감정은 논리적 설명으로 닿지 않는다. 그들은 자신의 감정이 상대의 말 속에서 '거울처럼 비춰질 때' 비로소 정서적 유대감을 느낀다.

Empathy는 설득의 감정적 축을 형성하는 두 번째 단계이며, Shock가 만든 감정의 개방을 관계로 확장시키는 **감정 회로의 연결점**이다. 이 장에서는 그 핵심 원리인 Mirror Effect(감정의 반사 메커니즘)을 중심으로, 공감이 어떻게 작동하고, 기획자가 어떻게 구조적으로 설계해야 하는지를 다룬다.

▌공감의 심리학: Mirror Effect

공감은 감정을 복제하고 반사하는 뇌의 구조적 반응이다. 많은 사람은 공감을 '이해의 과정'으로 오해한다. "그래, 그럴 수도 있지.", "내가 너라면 나도 그랬을 거야."와 같은 말들은 흔히 공감으로 인식되지만, 사실 그것은 상대의 감정을 머리로 해석하는 인지적 공감의 형태에 가깝다. 인지

        이기는 제안을 위한 설득의 알고리즘

적 공감은 이성의 언어로 이루어진다. 상대의 상황을 논리적으로 이해하고, 감정의 이유를 분석하며, 그 근거를 찾아내는 과정이다. 그러나 이러한 공감은 감정의 표면만을 건드릴 뿐, 마음의 깊은 곳에는 닿지 않는다.

진정한 공감은 이성적 판단이 아니라 신경계의 자동 반응이다. 우리는 타인의 감정을 머리로 계산하지 않는다. 누군가의 슬픈 표정을 보거나 떨리는 목소리를 들을 때, 우리의 뇌는 그 장면을 해석하기보다 먼저 반응한다. 이때 작동하는 것이 바로 거울신경세포(Mirror Neuron System)다. 거울신경은 타인의 표정이나 행동을 인식하는 순간, 그와 동일한 감정을 우리 안에 재현하도록 신호를 보낸다. 그래서 우리는 누군가가 울 때 함께 울고, 영화 속 인물의 고통에 마음이 저리고, 전혀 모르는 사람의 불행에도 순간적으로 가슴이 먹먹해진다.

이 반응은 논리적 판단 이전에 일어나는 생리적 현상이다. 감정의 전염은 언어보다 빠르며, 뇌의 감정중추인 편도체(Amygdala)가 즉각 반응하면서 타인의 감정을 내 감정처럼 느끼게 한다. 우리는 타인의 고통을 '이해'해서가 아니라, 뇌가 그것을 '복제'하기 때문에 함께 아파한다. 따라서 공감은 생각의 결과가 아니라 감각의 반사이며, 그 작용은 무의식적이다.

결국 진짜 공감은 설명하거나 훈련으로 얻는 능력이 아니라, 인간의 신경체계가 본능적으로 수행하는 **감정의 복제와 반사 과정**이다. 우리가 다른 사람의 감정에 울림을 느끼는 이유는, 마음이 따뜻해서가 아니라 뇌가 스스로 그 감정을 '내 것처럼 재현'하기 때문이다. 공감은 논리적 합의가 아니라, 생리적 일체감으로부터 시작된다.

❚ Mirror Effect의 작동 원리

감정은 언어보다 훨씬 빠르게 전염된다. 우리는 누군가의 표정을 인식하는 순간 이미 그 감정의 일부를 느끼고 있다. 특히 슬픔이나 분노, 기쁨과 같은 강한 정서적 자극은 논리적 사고를 거치지 않고 즉각적으로 우리의 신경계를 자극한다. 예를 들어, 누군가가 눈시울이 붉어진 채 울음을 참고 있는 장면을 보면, 우리는 그 사람이 왜 우는지 몰라도 가슴이 먹먹해지거나 눈물이 맺히는 경험을 한다. 이는 단순한 동정이 아니라 뇌의 구조적 반응이다.

사람의 뇌는 타인의 감정을 '외부 정보'로 처리하지 않는다. 우리가 누군가의 슬픈 표정을 보는 순간, 뇌의 감정중추인 편도체(Amygdala)는 그것을 '내가 지금 슬픈 상황에 놓였다'고 착각하며 동일한 스트레스 반응을 일으킨다. 마찬가지로, 누군가의 웃음소리를 들을 때 도파민 시스템이 활성화되어 타인의 기쁨을 '나의 즐거움'으로 해석한다. 이런 반응은 수동적인 관찰이 아니라 능동적인 모사다. 우리는 타인의 감정을 보고, 듣고, 읽는 것이 아니라 재현하고 있는 것이다.

이 과정에서 작동하는 것이 바로 **Mirror Effect**, 즉 거울신경계의 반사작용이다. 타인의 감정이 우리의 신경회로에 입력되면, 그 감정은 '내 감정'으로 복제되어 일시적으로 같은 정서 상태를 만든다. 그리고 이 감정은 다시 표정이나 어조, 미묘한 행동을 통해 상대에게 되돌려진다. 이런 순환이 반복될 때 두 사람의 감정은 점차 동기화된다.

결국 공감이란 이해의 결과가 아니라 모사(模寫)의 과정이다. 상대의 감정이 내 안에서 재생되고, 그 감정이 다시 상대에게 반사되는 것, 바로

                    이기는 제안을 위한 설득의 알고리즘

그것이 Mirror Effect의 핵심이다. 이 작동 원리를 통해 감정은 말보다 먼저 전달되고, 논리보다 강하게 관계를 형성한다. 우리는 서로의 마음을 '이해'하기 전에 이미 '느끼고' 있는 것이다.

기획에서 Mirror Effect가 중요한 이유

사람은 설득의 순간에 논리를 '생각'하기 전에 감정을 '모방'한다. 즉, 우리는 누군가의 말을 이해하기 이전에 그 말의 감정적 파장을 먼저 느끼고 반응한다. 따라서 기획자는 논리의 배열보다 앞서 감정의 리듬을 설계해야 하며, 설득의 논리는 이 감정의 리듬 위에서만 효과적으로 작동한다.

발표의 장면에서 청중은 발표자의 언어보다 **감정의 에너지**를 먼저 받아들인다. 발표자가 확신과 생동감이 담긴 목소리로 말하면, 청중의 뇌는 그 감정 상태를 그대로 복제하며 같은 긴장과 집중을 경험한다. 반대로, 발표자가 자신감이 없거나 감정의 에너지가 낮으면, 청중은 그 감정을 그대로 반사해 무의식적으로 집중을 잃는다. 발표에서 공감은 단어가 아니라 에너지의 전달로 시작된다.

영상에서는 이 Mirror Effect가 더욱 직접적으로 작동한다. 등장인물의 표정, 시선, 움직임은 시청자의 신경계를 자극하여 동일한 감정 반응을 일으킨다. 한 인물이 웃을 때 시청자의 도파민 시스템이 함께 활성화되고, 인물이 절망할 때 시청자의 편도체가 동일한 스트레스 신호를 보낸다. 결국 영상의 설득력은 스토리의 논리보다 인물의 감정을 어떻게 반사시키느냐에 달려 있다. 감정의 미세한 변화가 몰입의 깊이를 결정한다.

제안서 또한 마찬가지다. 문서 속의 문장에는 정보뿐 아니라 정서적 어조가 담겨 있다. 단어의 선택, 문장의 길이, 표현의 리듬이 독자의 감정 상태를 바꾼다. 예를 들어, "비용 절감이 가능합니다."라는 문장은 논리의 언어이지만, "지속되는 부담을 덜어 드릴 수 있습니다."라는 문장은 감정의 언어다. 두 문장은 의미가 같지만, 후자는 Mirror Effect를 일으켜 독자의 감정적 수용성을 높인다.

결국 공감은 정보를 맞추는 일이 아니라 **감정의 리듬을 일치시키는 행위**다. 상대의 감정 파동과 자신의 표현이 같은 진동수로 공명할 때 설득이 시작된다. 기획자가 Mirror Effect의 원리를 이해하고 이를 설계에 반영할 때, 논리는 감정의 흐름 속에서 자연스럽게 받아들여지고, 설득은 인식이 아니라 반응으로 완성된다.

Mirror Effect는 '감정의 리듬'을 동기화한다

공감은 단순히 상대의 감정을 이해하는 행위가 아니라, 서로의 감정 리듬을 일치시키는 **감정의 동기화** 과정이다. 나의 감정 주파수와 상대의 감정 주파수가 같은 리듬으로 맞춰질 때, 두 사람의 뇌는 '공명(Resonance)' 상태에 들어간다. 이때 신뢰가 형성되고, 관계는 안정된다. 심리학적으로 사람의 뇌는 "나와 같은 리듬으로 움직이는 사람"을 본능적으로 안전하고 믿을 수 있는 존재로 인식한다. 이것이 감정 동기화가 가지는 설득의 근본적 힘이다.

감정 동기화가 이루어지는 순간, 대화의 구조는 정보 교환이 아니라 감

    이기는 제안을 위한 설득의 알고리즘

정 교환으로 바뀐다. 상대의 말에 논리적으로 동의하지 않더라도, 감정의 진폭이 같으면 사람은 자연스럽게 마음을 연다. 반대로, 아무리 논리가 완벽해도 감정의 리듬이 어긋나면 설득은 단절된다. 공감은 내용이 아니라 타이밍의 예술이며, 감정의 박자가 어긋나는 순간 흐름은 즉시 끊어진다.

- **논리 과잉형**

  상대의 감정을 데이터처럼 분석하거나 구조적으로 해석할 때 발생한다.

  "그건 이런 구조적 문제 때문입니다."

  이 말은 옳지만, 감정의 주파수를 끊어 버린다. 감정이 아닌 논리가 대화를 주도하는 순간, 상대의 마음은 닫힌다.

- **해결 조급형**

  상대가 감정을 표현하기도 전에 결론을 제시하는 경우다.

  "그래서 저희는 이렇게 개선했습니다."

  이 문장은 의도는 좋지만 공감의 순서를 어긴다. 상대는 "아직 내 얘기도 끝나지 않았는데"라는 감정을 느끼며 감정의 리듬을 잃는다. 공감은 듣기에서 시작되고, 해결은 그 다음 단계다.

- **자기중심형**

  상대의 경험을 자신의 이야기로 덮을 때 일어난다.

  "나도 그런 적 있어요."

  이 말은 공감을 표현하는 듯 보이지만, 실제로는 대화의 초점을 '상대'에서 '나'로 이동시킨다. 이때 감정의 흐름은 한순간에 끊어진다.

이 세 가지 형태는 모두 감정의 리듬이 맞지 않은 상태를 보여준다. 공감은 같은 주파수에서만 작동한다. 감정의 리듬이 어긋나면 신뢰는 사라지고, 대화는 논리의 교환으로만 남는다. 반대로 리듬이 일치하는 순간, 말의 내용보다 **감정의 진동수**가 신뢰를 만든다. 결국 Mirror Effect의 핵심은 설득의 논리를 세우는 것이 아니라, **감정의 리듬을 조율하는 일**이다.

▎리듬을 맞추는 세 가지 방법

공감은 기술이 아니라 리듬의 조율이다. 상대와 감정의 주파수를 일치시키기 위해서는 논리적 설명보다 감정의 속도와 온도를 맞추는 것이 먼저다. 다음의 세 가지 방법은 감정의 리듬을 조정하는 가장 기본적인 설계 원칙이다.

감정의 언어를 먼저 사용하라

공감은 논리로 열리지 않는다. 감정의 문을 여는 첫 문장은 언제나 '이해'보다 '느낌'의 언어여야 한다.

"이 부분에서 정말 답답하셨을 겁니다."

이 한 문장은 복잡한 설명보다 훨씬 빠르게 감정의 통로를 연다. 상대의 감정을 대신 표현하는 언어는 단순하지만 강력하다. 그 한 문장 안에 "당신의 감정을 보고 있다."는 메시지가 담기기 때문이다.

말보다 표정의 리듬을 먼저 설계하라

사람은 말을 듣는 것처럼 보이지만, 실제로는 표정을 읽는다. 발표자나 기획자가 어떤 표정을 짓는가에 따라 청중의 감정은 자동으로 맞춰진다. 긴장된 표정은 긴장을, 부드러운 미소는 안정을 유도한다. 표정은 감정 리듬의 지휘자이며, 시각적 신호를 통해 Mirror Effect를 활성화시키는 가장 직접적인 장치다. 따라서 발표를 준비할 때는 문장의 순서보다 표정의 리듬, 즉 감정이 전달되는 얼굴의 흐름을 먼저 설계해야 한다.

논리보다 감정의 호흡을 맞추라

공감은 빠른 속도로 이루어지지 않는다. 잠시의 침묵, 한 박자의 멈춤이 오히려 감정의 리듬을 맞춘다. 너무 빨리 결론으로 달려가면, 상대의 감정은 따라오지 못한다. 말의 속도를 줄이고, 감정이 따라올 수 있는 여백을 만들어야 한다. 설득의 순간에는 '내가 말하는 속도'보다 '상대가 느끼는 속도'가 중요하다. 공감은 이해의 속도가 아니라 감정의 호흡에서 결정된다.

결국 감정의 리듬을 맞추는 일은 상대의 마음이 반응할 시간을 확보해 주는 것이다. 이 세 가지 원칙이 조화를 이룰 때, Mirror Effect는 비로소 완전한 형태로 작동하며, 설득은 단순한 전달이 아니라 **감정의 동기화 과정**으로 발전한다.

Mirror Effect를 기획에 적용하는 세 가지 장면

Mirror Effect는 단순한 심리 현상이 아니라, 기획 전반에 적용될 수 있는 감정 설계의 원리다. 설득은 결국 상대의 감정을 복제하고, 그 감정이 다시 반사되어 공감으로 확장되는 과정이다. 발표, 영상, 제안서, 이들은 형태는 다르지만 그 안에서 작동하는 감정의 리듬은 동일하다. 감정은 언어보다 먼저 전달되고, 표정과 장면, 어조를 통해 감정의 공명이 시작된다.

발표에서, '감정의 표정'을 보여 줘라

청중은 발표자의 슬라이드보다 얼굴을 먼저 본다. 당신의 표정은 논리보다 빠르게 감정의 진정성을 전달한다. "문제는 간단합니다."라고 말할 때 눈빛이 진지해야 하고, "이제 우리는 해낼 수 있습니다."라고 선언할 때의 자신감 넘치는 미소는 확신을 만든다. 표정의 온도가 메시지의 온도를 결정하며, 그 감정적 일관성이 신뢰를 형성한다. 발표의 설득력은 결국 말의 정확성보다 표정의 리듬에서 비롯된다. 감정은 표정을 통해 복제되고, 청중은 그 표정의 감도를 그대로 따라 느낀다. 따라서 발표자는 말의 논리를 설명하기보다 감정의 표정을 '보여 주는 사람'이 되어야 한다.

영상에서 — '감정 리액션'을 설계하라

영상에서 공감은 사건의 전개가 아니라 리액션(Reaction)으로 완성된다. 시청자는 스토리를 이해하는 것이 아니라 등장인물의 감정을 복제한

  이기는 제안을 위한 설득의 알고리즘

다. 인물의 표정, 시선, 침묵, 한숨이 사건 그 자체보다 더 강력한 감정의 메시지를 만든다. 예를 들어, "패배한 병사의 눈물이 클로즈업되는 순간" 시청자는 아무런 설명 없이도 그 감정을 함께 느낀다. 이때 공감은 언어가 아니라 감정의 전이로 이루어진다. 따라서 영상의 핵심은 장면의 구성이 아니라 감정의 리듬을 어떻게 설계하느냐에 있다. 감정의 강약, 전환의 타이밍, 여백의 길이가 바로 몰입의 깊이를 결정한다. 공감은 서사의 완성도가 아니라 리액션의 감정 농도에서 결정된다.

제안서에서 — '감정 언어'를 써라

제안서는 논리의 문서가 아니라 감정의 첫인상이다. 한 문장, 한 단어의 정서적 결이 전체 인상을 바꾼다. "효율성 향상"이라는 표현은 기능적이지만, "불편함을 줄인다."는 표현은 감정의 체온을 가진다. "기술 개발"보다 "사람의 시간을 돌려준다."는 문장은 인간적 공감을 불러일으킨다. 제안서의 문장은 데이터를 설명하기보다, 그 데이터가 담고 있는 감정을 해석해야 한다. 단어의 정서적 온도가 높아질수록 문서는 더 신뢰할 수 있게 느껴진다. 감정 언어를 사용하면 상대의 뇌는 내용을 분석하기보다 감정의 방향을 느끼게 되고, 이때 공감은 논리보다 먼저 작동한다.

결국 Mirror Effect를 기획에 적용한다는 것은, **표정·장면·언어의 감정 리듬을 설계하는 일**이다. 발표에서는 얼굴이, 영상에서는 리액션이, 제안서에서는 단어가 감정의 거울이 된다. 그 거울이 제대로 작동할 때, 상대의 마음은 논리보다 먼저 반응하고, 설득은 자연스럽게 완성된다.

공감은 논리의 시작이 아니라 감정의 반사다

Shock가 감정을 '열어젖히는 순간'이라면, Empathy는 그 감정을 '안착시키는 순간'이다. Shock가 마음의 문을 두드려 감정의 회로를 열었다면, Empathy는 그 열린 감정을 안전하게 머물게 하는 과정이다. 이때 감정이 안정적으로 공명(Resonance)될 때 비로소 논리가 들어갈 공간이 생긴다. 즉, 공감은 논리를 위한 예비 단계가 아니라, 논리가 작동할 수 있는 정서적 토양이다.

사람은 이성으로 설득되지 않는다. 우리는 논리적인 이유보다 감정적인 이유로 마음을 연다. 상대가 자신의 감정을 이해한다고 느낄 때보다, 그 감정을 **그대로 비춰 주는 사람**에게 더 강한 신뢰를 느낀다. 이는 단순한 친근함이 아니라 신경학적으로 검증된 감정의 반사 구조다. 우리의 뇌는 자신과 같은 감정 리듬을 보여 주는 사람을 '안전한 존재'로 인식하고, 그때부터 방어를 멈춘다. 따라서 기획자의 첫 번째 임무는 논리로 상대를 설득하는 것이 아니라, 상대가 자신의 감정을 스스로 인식하도록 도와주는 일이다. 그 순간부터 감정은 설득의 무대로 올라선다.

Empathy는 '이해의 표현'이 아니라 '감정의 복제'다. 공감의 본질은 "당신의 감정을 이해합니다."라고 말하는 것이 아니라, "당신이 느끼는 그것을 나도 지금 느끼고 있습니다."라는 무언의 신호를 전달하는 데 있다. Shock로 열린 감정의 문에 Empathy라는 거울을 세우면, 그 문은 단순한 공감의 통로를 넘어 감정의 반사면으로 바뀐다. 상대의 감정이 그 거울 속에서 되비춰질 때, 마음은 자신이 이해받았다고 느끼며 설득의 중심으로 들어온다.

결국 설득은 논리의 연쇄가 아니라 감정의 반사 구조 위에 세워진다.

     이기는 제안을 위한 설득의 알고리즘

Mirror Effect가 작동할 때, 사람은 더 이상 설명을 듣는 존재가 아니라, 자신의 감정을 스스로 재인식하는 존재로 변화한다. 그때부터 논리는 힘을 얻는다. 공감은 논리의 시작이 아니라, 논리가 들어설 수 있도록 감정을 안정시키는 반사적 과정이다. 그리고 이 과정이 성공적으로 이루어질 때, 설득은 비로소 구조가 아닌 관계로 완성된다.

▎ 문제를 '나의 언어'로 재해석하라

"공감은 상대의 언어를 되풀이하는 게 아니라, 그 언어를 나의 감정으로 번역하는 일이다." 이 한 문장이 Empathy의 본질을 가장 명확히 설명한다. Shock가 청중의 주의를 멈추게 만드는 순간이라면, Empathy는 그 멈춤 속에서 '이해'를 '연결'로 바꾸는 과정이다. 공감은 단순히 "당신의 말을 들었다."라고 말하는 것이 아니라 "당신의 말을, 내 언어로 느꼈다."로 완성된다.

많은 발표자나 제안서 작성자, 혹은 영상 기획자들은 상대의 문제를 분석하고 이를 데이터로 설명하는 데 익숙하다. 그러나 공감의 핵심은 분석이 아니라 번역이다. 분석은 정보를 정리하지만, 번역은 감정을 이동시킨다. 상대의 문제를 그들의 언어로 그대로 되풀이하면 그것은 정보 전달에 머무르지만, 그 문제를 나의 언어로 재해석하면 감정의 공명이 생긴다. "이 시스템은 불편합니다."라는 말을 그대로 반복하면 사실을 말한 것에 불과하지만, "이 시스템은 사람을 지치게 합니다."라고 바꾸면 그것은 공감이 된다.

이 차이는 단순한 어휘의 문제가 아니라 감정의 결을 읽는 능력이다. 상대의 언어 속에는 드러나지 않은 감정의 결이 숨어 있다. 그 결을 읽어 내어 나의 언어로 다시 표현하는 순간, 청중은 "이 사람은 내 말을 이해한 것이 아니라, 내 마음을 들었다."고 느낀다. 이 감정의 변환이 이루어질 때 논리적 설명보다 강력한 신뢰가 생긴다.

기획자가 해야 할 일은 상대의 언어를 단순히 반복하는 것이 아니다. 그 언어를 자신의 감정으로 번역하고, 다시 상대에게 되돌려 주는 것이다. 즉, "이해의 언어"를 "공감의 언어"로 바꾸는 과정이다. 이때 언어는 더 이상 정보의 그릇이 아니라 감정의 매개체가 된다.

이 장에서는 바로 그 공감의 순간에 이루어지는 언어적 구조, 즉 '타인의 감정을 나의 언어로 재해석하는 기술'을 다룬다. 공감은 타인의 말에 머무르지 않고, 그 말의 이면에 있는 감정을 나의 경험과 감각으로 다시 해석할 때 비로소 완성된다. 결국 Empathy는 언어를 복제하는 행위가 아니라, 언어 속 감정을 재구성하는 예술이다.

‘그들의 언어’를 그대로 반복하지 말고 감정코드를 번역하라

많은 제안서와 발표가 "고객이 이렇게 말씀하셨습니다."라는 문장으로 시작한다. 하지만 그것은 고객의 감정을 되비추는 행위일 뿐, 공감을 확장시키는 과정은 아니다. 상대의 말을 그대로 되풀이하는 것은 이해의 표시일 수는 있지만, 감정의 연결을 만들어 내지는 못한다. 공감의 본질은 반복이 아니라 **재해석**이다. 즉, 상대의 언어를 그대로 인용하는 것이

   이기는 제안을 위한 설득의 알고리즘

아니라, 그 언어 속에 숨어 있는 감정의 의미를 새롭게 해석해 표현하는 것이다. 기획자가 해야 할 일은 고객의 말을 기록하는 것이 아니라, 그 말의 이면에서 작동하는 감정의 코드를 읽어내는 일이다.

공감의 언어는 표면의 단어가 아니라, 그 단어 아래 흐르는 감정의 결을 포착하는 데서 시작된다. 예를 들어, 고객이 "이건 너무 복잡해요."라고 말할 때, 그 말은 단순히 사용상의 불편함을 지적하는 것이 아니다. 그 속에는 "나는 통제감을 잃었어요."라는 정서적 불안이 숨어 있다. 복잡하다는 말은 기능의 문제가 아니라 **감정의 피로**를 표현하는 신호다.

마찬가지로, 한 직원이 "회의가 너무 많아요."라고 말할 때, 그는 단순히 일정이 과도하다는 불평을 하는 것이 아니다. 그 말의 밑바탕에는 "나는 불필요한 시간 낭비 속에 갇혀 있다."라는 감정의 코드가 존재한다. 공감의 언어는 이러한 내면의 정서를 읽고, 그것을 새로운 언어로 번역하는 순간에 만들어진다.

기획자는 고객의 언어를 반복하는 기록자가 아니라, 그 언어를 감정으로 해석하는 번역자여야 한다. 표면의 단어는 문제를 설명하지만, 감정의 코드는 사람의 마음을 움직인다. 공감은 언어의 모방이 아니라 감정의 해석이며, 설득의 힘은 언제나 이 감정 번역의 정밀도에서 비롯된다.

감정 코드를 읽는 질문

공감의 언어는 분석이 아니라 감정의 해석에서 시작된다. 상대의 말을 그대로 받아들이는 대신, 그 말 속에 숨은 감정의 코드를 찾아내야 한다.

이를 위해 기획자는 다음 세 가지 질문을 스스로에게 던져야 한다.

"이 말 속에 숨어 있는 감정은 무엇인가?"
"이 감정을 한 단어로 요약하면 어떤 단어일까?"
"이 감정이 나에게 일어났다면, 나는 어떤 말을 했을까?"

이 세 가지 질문만으로도 상대의 문제는 단순한 현상 보고가 아니라 **감정의 이야기**로 바뀐다. 말의 표면에는 상황이 드러나 있지만, 그 이면에는 언제나 감정이 존재한다. 기획자의 역할은 그 감정을 찾아내어 언어로 번역하는 일이다.

예를 들어, 고객이 이렇게 말한다고 하자.

"요즘 시스템이 너무 불편해요."

대부분의 사람은 이 말을 기능상의 문제로 해석한다. 하지만 공감형 기획자는 이렇게 다시 말할 수 있다.

"불편함이 아니라, '배신감'이네요. 우리에게 약속했던 편리함이 깨졌어요."

이 한 문장은 단순한 불만을 감정의 차원으로 끌어올린다. 이제 이 문제는 단순한 시스템 오류가 아니라 **감정적 신뢰의 붕괴**로 재정의된다.

이것이 바로 '고객이 한 말을 그대로 반복하지 말고, 그 말의 감정 코드를 나의 언어로 재해석하라'는 뜻이다. 상대의 말은 사실을 전달하지만, 기획자의 번역은 감정을 드러낸다. 이때 공감은 분석의 결과가 아니라 **감정의 해석 행위**가 된다.

결국 설득은 상대의 말을 얼마나 정확히 기록하느냐가 아니라, 그 말 속에 숨은 감정의 진동수를 얼마나 섬세하게 읽어 내느냐로 결정된다.

　　　　　　　이기는 제안을 위한 설득의 알고리즘

상대의 언어를 나의 감정으로 번역하는 순간, 기획자는 단순한 청취자가 아니라 감정의 해석자가 된다. 그리고 바로 그 지점에서 공감은 '이해'를 넘어 '연결'로 확장된다.

공감 언어의 3단계 번역법

공감은 단번에 이루어지지 않는다. 상대의 말을 듣고 즉시 공감하는 것처럼 보이지만, 실제로는 언어가 감정으로 전환되는 세 단계를 거쳐야 한다. 공감은 정보의 해석이 아니라 감정의 번역이며, 이 번역 과정이 체계적으로 이루어질 때 비로소 진정한 감정 설계가 가능해진다.

- **1단계: 내용의 이해(Fact Layer)**

  첫 번째 단계는 상대가 말한 문제의 내용을 정확히 파악하는 것이다. 이 단계에서는 분석가처럼 냉정하고 구체적이어야 한다. 상대의 말을 의도적으로 요약하거나 해석하지 않고, 있는 그대로 듣는 것이 핵심이다. 예를 들어, 고객이 "시스템이 자주 다운된다."라고 말한다면, 이는 기능적 사실의 진술이다. 공감은 이 사실을 왜곡하지 않는 데서 시작된다. 정확한 청취와 기록이 이루어져야 다음 단계에서 감정을 도출할 수 있다.

- **2단계: 감정의 추출(Emotion Layer)**

  두 번째 단계는 상대의 말 속에 숨어 있는 감정을 찾아내는 일이다. 대부분의 말은 표면적으로는 문제를 설명하지만, 그 밑에는 감정의 신호가 흐른다. "시스템이 자주 다운된다."는 말에는 단순한 불편이 아니라 "불안하다.", "지쳤다.", "신뢰가 깨졌다."와 같은 감정이 내포되어 있다. 이 감정을 찾아내는 순간, 대화의 초점이 문제에서 사람으로 이동한다. 기획자는 데이터의 의미를 해석하는 사람이 아니라 감정의 실마리를 읽어 내는 번역자가 되어야 한다.

- **3단계: 언어의 전환(Empathy Layer)**

  세 번째 단계는 도출한 감정을 자신의 언어로 번역해 되돌려 주는 과정이다. 여기서 중요한 것은 감정을 단어로만 표현하는 것이 아니라, 상대가 느낀 감정의 '결'을 함께 담아내는 것이다. 예를 들어 이렇게 말할 수 있다.

  "당신이 느낀 건 단순한 불편이 아니라, '기대의 무너짐'입니다."

  이 문장은 사실을 반복하지 않지만, 감정의 본질을 정확히 짚는다. 감정의 언어로 바꿔 말하는 순간, 상대는 자신이 이해 받았다고 느낀다.

이 세 단계를 거치면 결과물은 단순한 '문제 보고서'가 아니라 '감정 설계 보고서'로 변한다. 즉, 정보의 나열이 아니라 감정의 구조를 드러내는 기획이 된다. 공감의 언어는 분석의 언어와 달리 사람의 내면을 다룬다. 그리고 이 번역의 과정을 거칠 때, 공감은 감정의 기술을 넘어 설득의 구조가 된다.

 이기는 제안을 위한 설득의 알고리즘

공감은 '문제의 중심'을 이동시키는 힘이다

공감의 언어는 단순히 문장을 부드럽게 만들거나 감정적으로 들리게 하는 수사가 아니다. 그것은 문제를 바라보는 관점 자체를 바꾸는 언어적 전략이다. 기획에서 공감이 중요한 이유는, 그것이 문제의 **중심을 이동시키는 힘**을 가지고 있기 때문이다. 논리 중심의 기획은 문제를 "현상 중심"으로 정의하고, 분석과 데이터에 근거해 해결책을 찾는다. 그러나 공감 중심의 기획은 문제를 "감정 중심"으로 바라본다. 즉, 현상을 설명하기보다 그 현상 속에 숨어 있는 인간의 감정을 드러내는 데 초점을 맞춘다.

- **현상 중심 언어의 한계**

  현상 중심의 언어는 문제를 기능적, 기술적, 구조적 관점에서만 접근한다. 예를 들어, "고객이 서비스를 불편하다고 느낀다."라는 문장은 사실을 정확히 전달하지만, 감정을 담지 않는다. 이 언어를 기반으로 세워진 해결책은 대개 기능 개선이나 UI 변경과 같은 논리적 보완으로 이어진다. 하지만 이런 접근은 고객이 느낀 감정의 피로를 해소하지 못한다. 문제의 표면은 개선되지만, 경험의 본질은 변하지 않는다.

- **감정 중심 언어의 전환**

  공감의 언어는 같은 문제를 다르게 본다.

  "고객은 '편리함을 잃었다'고 느낀다."

  이 문장은 단순히 불편함을 설명하는 것이 아니라, 그 불편이 만들어 낸 감정적 상실을 드러낸다. 이 관점에서 출발하면 해결책 역시 달라진다. 기능을 고치는 대신, **'편리함을 회복하는 경험'을 설계**하게 된다. 즉, 감정이 회복될 수 있는 구조를 만드는 것이다. 그 결과는 기술적 개선이 아니라 **감정적 신뢰의 복원**이다.

이처럼 공감은 문제의 중심을 기능에서 감정으로 옮기는 행위다. 문제를 감정의 프레임으로 재정의하는 순간, 기획은 단순한 기술 설계에서 인간 중심 설계로 진화한다. 이때 기획의 초점은 시스템이 아니라 사람, 효율이 아니라 경험, 논리가 아니라 감정으로 이동한다.

결국 공감은 문제의 본질을 다시 묻는 질문이다. "무엇이 잘못되었는가?"가 아니라, "사람은 지금 어떤 감정을 잃었는가?"라는 질문으로 전환할 때, 기획은 데이터의 분석이 아닌 감정의 설계가 된다. 그리고 바로 그지점에서 EDIS(Emotional Driven Impact Structure)의 진정한 역할이 시작된다.

공감의 언어를 만드는 4가지 원칙

공감의 언어는 단순히 따뜻하게 말하는 기술이 아니다. 그것은 상대의 감정을 인식하고, 그 감정이 안전하게 표현될 수 있도록 돕는 구조적 언어다. 공감의 언어가 제대로 작동할 때, 감정은 방어에서 수용으로, 대립에서 협력으로 이동한다. 다음 네 가지 원칙은 공감의 언어를 설계할 때 반드시 기억해야 할 기준이다.

- **감정을 먼저 인정하라**

  공감의 출발점은 논리나 설명이 아니라 감정의 인정이다.

  "그건 충분히 그렇게 느끼실 만합니다."

  이 한 문장은 상대의 마음을 방어에서 신뢰로 바꾼다. 감정이 인정되지 않은 상태에서 제안을 하면, 그 어떤 논리도 공격처럼 들린다. 사람은 자신의 감정이 이해 받았을 때 비로소 논리를 받아들일 준비를 한다. 따라서 기획자는 어떤 상황에서도 먼저 감정을 수용하고, 그 감정이 존재할 자리를 만들어야 한다.

- **감정에 이름을 붙여라**

  감정은 이름을 가질 때 설득의 대상으로 바뀐다. 이름 없는 감정은 불분명하고, 설명할 수 없으며, 대화의 표면에서 흩어진다. "불편함"이라고 표현하기보다 "답답함"이라고 말할 때, 감정의 밀도가 달라진다. "문제"라고 부르기보다 "상처"라고 정의하면, 말의 결이 인간적으로 변한다. 공감의 언어는 감정에 구체적인 이름을 부여해 상대가 자신의 감정을 스스로 인식하게 만든다.

- **'당신' 대신 '우리'로 말하라**

  "당신이 그렇게 느끼는 건 이해됩니다."라는 문장은 공감의 의도를 담고 있지만, 여전히 말하는 사람과 듣는 사람 사이에 거리를 만든다. 반면 "우리 모두 그런 순간이 있습니다."는 문장은 감정의 공간을 함께 공유하게 한다. 공감은 '거리감의 언어'가 아니라 '동행의 언어'다. '당신'은 상대를 타인으로 남기지만, '우리'는 감정을 함께 걷는 관계로 만든다. 이 미묘한 단어의 전환이 공감의 깊이를 결정한다.

- **감정의 문장을 '행동의 방향'으로 마무리하라**

공감은 감정의 도착점이 아니라 변화의 출발점이다. 감정을 연결했다면, 그 다음은 행동의 제안으로 이어져야 한다.

"이 감정을 바꾸기 위해, 우리는 이렇게 해보려 합니다."

이 문장은 공감을 정서적 공명에서 실질적 변화로 확장시킨다. 감정의 언어가 행동의 언어로 이어질 때, 공감은 단순한 이해가 아니라 실행 가능한 설득이 된다.

결국 공감의 언어는 따뜻함이 아니라 **구조의 언어**다. 감정을 인정하고, 이름을 붙이고, 함께하고, 행동으로 이어질 때, 언어는 단순한 소통의 도구가 아니라 감정의 설계 장치가 된다. 이것이 EDIS(Emotional Driven Impact Structure)에서 Empathy가 맡은 역할이자, 설득이 논리를 넘어서 감정으로 확장되는 순간이다.

▍사례 ― 고객의 불만을 '감정의 언어'로 재해석하다

한 공공기관의 민원 처리 시스템 개선 제안서 작성 과정에서 진행된 고객 인터뷰에서, 여러 사용자들이 공통적으로 이렇게 말했다.

"이 시스템은 너무 느려요. 업무가 더 복잡해졌어요."

대부분의 제안서는 이 발언을 기능적 문제로 해석했다. 즉, 시스템 속도 향상이나 프로세스 단순화를 목표로 한 '속도 개선 프로젝트'로 접근했다. 그러나 한 제안팀은 이 문장을 단순한 기술적 불만으로 보지 않았다. 그들은 이 말 속에 숨어 있는 감정의 코드를 읽었다.

   이기는 제안을 위한 설득의 알고리즘

그들의 해석은 이러했다.

"이건 단순히 속도의 문제가 아니라 **통제감(Control)'의 상실**입니다."

"사용자는 시스템이 아니라, 이제 **'자신'을 신뢰하지 못하게 된 것**입니다."

이 팀은 고객의 언어를 기능적 현상이 아닌 **감정의 신호**로 읽어낸 것이다. '느리다'는 말 속에는 '조절할 수 없다'는 무력감이, '복잡하다'는 표현 속에는 '혼란스럽다'는 감정이 숨어 있었다. 그들은 기술이 아니라 감정을 회복하는 프로젝트를 설계하기로 했다.

결과적으로 그 제안서의 첫 장은 이렇게 시작됐다.

"이 프로젝트의 목적은 속도를 높이는 것이 아니라, 사용자가 다시 '주도권'을 느끼게 하는 것입니다."

이 한 문장은 제안의 방향 전체를 바꾸었다. 제안서가 다루는 핵심이 '속도 개선'에서 '사용자 감정 회복'으로 이동하자, 평가자들의 인식 또한 달라졌다. 이제 이 프로젝트는 단순한 기술적 업그레이드가 아니라, **사용자의 감정적 신뢰를 회복시키는 변화의 제안**으로 보였다.

결과는 명확했다. 그 팀의 제안서는 평가위원들로부터 가장 높은 점수를 받으며 1위로 선정되었다. 이 사례는 공감의 언어가 단순히 표현의 차이를 만드는 것이 아니라, **기획의 관점을 완전히 바꾸는 힘**이라는 것을 보여 준다. 문제를 기술의 언어로 정의하면 해결책도 기술에서 끝나지만, 문제를 감정의 언어로 정의하면 해결책은 사람의 마음을 향하게 된다. 결국 설득의 본질은 문제의 해석이 아니라, **감정의 번역**에 있다.

▌공감은 상대의 언어를 '나의 감정'으로 번역하는 일이다

공감의 핵심은 상대의 말 속에서 감정의 본질을 찾아내고, 그 감정을 나의 언어로 다시 표현하는 일이다. 표면적인 단어를 되풀이하는 것이 아니라, 그 언어 안에 숨어 있는 감정의 의미를 해석해 전달하는 것이 공감의 본질이다. Shock가 감정을 '열어젖히는 순간'이라면, Empathy는 그 열린 감정을 '연결하는 과정'이다. Shock가 감정의 문을 두드린다면, Empathy는 그 문을 통해 마음이 드나들 수 있게 만드는 통로다. 그리고 그 통로를 이어 주는 도구가 바로 언어다.

공감은 단순히 "당신의 말을 이해했습니다."라는 선언이 아니다. 그것은 **"당신이 느낀 감정을, 내가 대신 말해 드리겠습니다."**라는 약속이다. **상대가 말하지 못한 감정의 핵심을 나의 감정 어휘로 표현**할 때, 비로소 설득은 시작된다. 상대의 언어를 반복하면 이해는 전달되지만, 그 언어를 나의 감정으로 번역하면 신뢰가 형성된다.

"그들이 느낀 감정을, 내가 대신 말해 줄 때 그제서야 진짜 설득이 시작된다."

이 문장은 공감의 언어가 단순한 동조가 아니라 감정의 재구성임을 보여 준다. 사람은 자신의 감정을 명확히 인식하지 못할 때가 많다. 그때 누군가가 그 감정을 정확히 언어화해 주는 순간, 마음속의 혼란이 정리되고 신뢰가 형성된다. 공감은 바로 그 언어적 정리의 순간, 즉 **감정을 해석해 주는 순간의 힘**이다.

기획은 결국 언어의 예술이다. 하지만 그 언어는 정보를 나열하는 언어가 아니라, 감정을 해석하고 번역하는 언어여야 한다. 데이터는 문제

          이기는 제안을 위한 설득의 알고리즘

를 설명하지만, 감정의 언어는 마음을 움직인다. EDIS(Emotional Driven Impact Structure)의 Empathy 단계는 바로 이 감정 번역의 과정이며, 설득은 이 번역의 정확도에 따라 깊이와 방향이 달라진다. 공감의 언어를 설계할 수 있을 때, 기획은 정보 전달이 아니라 **감정의 연결을 설계하는 기술**이 된다.

▌공감의 3단계: 동일화 → 정서화 → 대안 기대

"좋아요."는 공감의 시작이고, "나도 그렇게 하고 싶다."는 공감의 완성이다. Shock가 청중의 감정을 깨워 주의를 붙잡았다면, Empathy는 그 감정을 이해에서 연결로, 연결에서 참여로 확장시키는 과정이다. 공감은 단순한 감정의 반응이 아니라, 단계적으로 심리적 몰입을 형성해 가는 구조다. 사람의 감정은 한 번의 자극으로 움직이지 않는다. 그것은 점진적으로 깊어지는 감정의 흐름, 즉 **감정의 구조적 파도**를 따른다.

이 감정의 흐름은 세 단계로 나뉜다.

- **동일화**(Identification)
- **정서화**(Emotionalization)
- **대안 기대**(Expectation of Change)

이 세 단계는 서로 독립된 과정이 아니라, 파도처럼 연속적으로 이어진다. 첫 번째 파도에서 청중은 '나와 같다'고 느끼고, 두 번째 파도에서 '같이 느끼게' 되며, 세 번째 파도에서 '함께 바꾸고 싶어진다.' 그 흐름을 통해 공감은 단순한 정서적 반응을 넘어, 행동으로 이어지는 심리적 에너지가 된다.

1) 동일화(Identification)

공감의 첫 단계는 동일화다. 청중이 발표자나 제안서 속 상황에서 자신을 발견하는 순간, 감정의 문이 열린다. "이건 내 이야기야."라는 감정적 반응이 일어날 때, 청중은 듣는 사람이 아니라 참여자로 전환된다. 이 단계에서 필요한 것은 정보가 아니라 경험의 공유다. 감정의 동일화는 논리보다 빠르게 신뢰를 만든다.

2) 정서화(Emotionalization)

두 번째 단계는 감정이 의미로 변환되는 순간이다. 동일화를 통해 열린 감정이 정서화되면, 사람은 단순한 이해를 넘어 감정의 흐름 속으로 들어간다. "나도 그렇게 느꼈다."는 순간이 바로 그 지점이다. 이때 발표자의 표정, 문장의 어조, 영상의 장면 같은 비언어적 요소가 감정을 강화한다. 정서화는 논리의 설명이 아니라 감정의 체험이며, 청중은 스스로 그 감정을 되살리며 몰입한다.

3) 대안 기대(Expectation of Change)

세 번째 단계는 공감이 행동의 욕구로 전환되는 시점이다. 감정이 충분히 공명하면, 사람은 자연스럽게 변화의 가능성을 찾기 시작한다. "그래, 나도 그렇게 하고 싶다."라는 마음이 생기는 순간, 설득은 이미 절반 이상

　　　　　　　　이기는 제안을 위한 설득의 알고리즘

완성된 것이다. 공감은 이 단계에서 단순한 감정의 공유를 넘어, 함께 행동하고 싶어지는 심리적 동기를 만들어낸다.

결국 공감은 한순간의 반응이 아니라 '감정의 여정'이다. 동일화로 시작해 정서화로 확장되고, 대안 기대로 이어질 때, 청중의 감정은 정보의 수용을 넘어 행동의 에너지로 바뀐다. EDIS(Emotional Driven Impact Structure)의 Empathy 단계는 바로 이 세 파도의 흐름을 설계하는 과정이며, 이 구조를 이해한 기획자는 청중의 마음을 움직이는 리듬을 정확히 다룰 수 있게 된다.

1단계 ― 동일화(Identification): '이건 내 이야기야'의 순간

공감의 여정은 청중이 "이건 내 이야기야."라고 느끼는 순간에 시작된다. 사람은 타인의 이야기를 들을 때 가장 먼저 그 이야기가 자신과 관련이 있는지를 판단한다. 이 질문에 '예'라고 답하는 순간, 감정의 문이 열린다. 따라서 동일화는 공감의 첫 문이며, 감정의 흐름이 시작되는 관문이다. Shock가 청중의 시선을 멈추게 하는 장치라면, 동일화는 그 시선 속에서 감정을 열게 만드는 작용이다. 이 단계가 제대로 작동하지 않으면 이후의 모든 감정 설계는 공중에 떠 있게 된다.

동일화가 일어나는 조건

동일화는 우연히 발생하지 않는다. 청중이 자신을 이야기 안에서 발견할 수 있도록 세밀하게 설계되어야 한다. 이때 중요한 세 가지 조건이 있다.

1) 상황의 유사성(Context Similarity)

"나도 저런 상황에 있었지."

사람은 자신이 경험했던 맥락과 비슷한 상황에서 감정적으로 열린다. 발표나 제안서의 첫 장면이 청중의 현실을 닮아 있을수록, 그들은 이미 마음속에서 이야기에 참여하고 있다. 동일화의 첫 출발은 논리적 설명이 아니라, 경험의 공명이다.

2) 감정의 보편성(Emotional Commonality)

"그때 나도 그렇게 느꼈어."

공감은 감정의 종류가 아니라 감정의 결에서 일어난다. 감정의 결핍, 두려움, 기대와 같은 감정의 구조가 일치하면, 경험이 달라도 감정은 연결된다. 즉, '무엇을 느꼈는가'보다 '왜 그렇게 느꼈는가'를 건드려야 한다. 그 이유의 깊은 의미가 같을 때 청중은 자신을 이야기 안에서 발견한다.

3) 언어의 일상성(Language Familiarity)

"이건 내 말투야."

전문용어나 개념어는 거리감을 만든다. 반면 일상적인 언어, 익숙한 표현은 청중의 뇌에 저항 없이 들어간다. 사람은 복잡한 문장보다 자신의 말투로 들리는 문장에 더 강하게 반응한다. 동일화의 언어는 설명이 아니라 공감의 리듬을 따라야 한다.

사례 — 동일화의 문을 여는 한 문장

"회의가 끝나도 마음은 끝나지 않는 날, 있지 않습니까?"

이 문장은 특별한 논리적 근거나 데이터 없이도 청중을 멈추게 만든다. 그 한 문장 속에서 사람들은 자신의 감정을 본다. 그 순간 발표자는 단순히 '말하는 사람'이 아니라 '내 마음을 아는 사람'으로 인식된다.

동일화의 목적은 이야기를 시작하는 것이 아니라, 관계를 시작하는 것이다. 이 단계에서 청중이 "이건 내 이야기야."라고 느낀다면, 이미 설득은 절반 이상 이루어진 것이다. 동일화는 논리의 진입이 아니라 감정의 초대이며, 그 초대가 성공하는 순간 청중은 '청취자'에서 '참여자'로 바뀐다. EDIS(Emotional Driven Impact Structure)의 Empathy 단계에서 동일화는 감정의 첫 파동이자, 모든 연결의 출발점이다.

2단계 ─ 정서화(Emotionalization): 감정을 느끼게 하는 힘

공감은 정보의 일치가 아니라 감정의 재현이다. 동일화를 통해 청중이 "이건 내 이야기야."라고 느끼며 감정의 문이 열렸다면, 이제 그 감정을 논리가 아닌 감각으로 전달해야 한다. 이 과정이 바로 정서화다. 정서화란 상대의 감정을 머리로 '이해시키는' 것이 아니라, 몸으로 '다시 느끼게 하는 과정'이다. 사람은 감정을 '듣는' 존재가 아니라, 감정을 '느끼는' 존재다. 따라서 정서화의 목표는 감정을 설명하는 것이 아니라 재현하는 것이다.

Shock가 감정을 '일깨우는 순간'이라면, 동일화는 감정을 '연결시키는 순간'이고, 정서화는 그 감정을 '체험으로 바꾸는 순간'이다. 공감이 깊어지려면 사람의 뇌가 감정을 현실처럼 경험해야 한다. 즉, 감정은 말로 설명될 때가 아니라 **그 감정이 다시 살아날 때** 진짜로 전이된다.

정서화의 세 가지 방법

1) 감정의 시각화(Visualization)

감정은 시각적 자극을 통해 가장 빠르게 전이된다. 발표에서는 "이미지", 영상에서는 "장면", 제안서에서는 "언어적 그림"으로 감정을 시각화해야 한다.

예를 들어,

"그 버튼을 누를 때마다, 직원의 마음엔 작은 한숨이 쌓였습니다."

이 문장은 단순한 상황 설명이 아니라, 감정이 이미지로 변환되는 순간이다. 청중은 '버튼을 누르는 손'보다 '그 손의 피로'를 본다. 감정의 시각화는 정보에 색을 입히고, 장면을 감정의 풍경으로 바꾼다.

2) 감정의 리듬화(Rhythmization)

공감은 리듬을 통해 확산된다. 문장의 길이, 말의 속도, 영상의 템포는 감정의 리듬을 결정한다.

예를 들어,

"처음엔 설렜습니다. 하지만 시간이 지나면서, 그 설렘이 피로로 바뀌었습니다."

이 문장은 내용보다 리듬이 감정을 만든다. 짧은 문장은 긴장감을, 느린 템포는 여운을 남긴다. 감정의 리듬이 조화될 때, 청중은 말의 구조가 아니라 말의 **맥박**을 느낀다.

3) 감정의 언어화(Verbalization)

감정을 직접 표현하는 단어를 사용하라.

 이기는 제안을 위한 설득의 알고리즘

"문제가 있다."보다 "불안하다."

"효율이 떨어진다."보다 "지쳤다."

감정 단어는 논리를 살아 있는 언어로 바꾼다. 제안서의 한 문장이라도 감정 단어가 포함되면, 독자는 데이터를 해석하지 않고 느끼게 된다. 감정의 언어화는 문장을 논리에서 감정으로, 분석에서 공감으로 옮기는 전환점이다.

정서화의 심리적 효과

정서화는 감정을 '공유된 현실'로 만든다. 청중은 더 이상 타인의 이야기를 듣는 것이 아니라, 자신의 감정을 다시 경험하게 된다. 동일화가 "이건 내 이야기야."의 단계라면, 정서화는 "이건 내 감정이야."의 단계다.

이때 청중은 정보 수신자가 아니라 감정의 공동체가 된다. 발표자는 설명자가 아니라 감정의 연출자가 되고, 제안서는 문서가 아니라 감정의 무대가 된다. 정서화의 목적은 단순히 '느끼게 하는 것'이 아니다. 그것은 감정을 통해 논리가 스며들 공간을 만드는 일이다.

EDIS(Emotional Driven Impact Structure)의 Empathy 단계에서 정서화는 설득의 중심축이다. 감정이 현실처럼 느껴지는 순간, 논리는 자연스럽게 받아들여진다. 즉, **정서화는 논리의 문을 여는 감정의 손잡**이다.

3단계 — 대안 기대(Expectation of Change): 감정이 행동으로 이어질 때

공감의 마지막 단계는 '희망'이다. 진짜 공감은 감정의 공유에서 끝나지 않는다. 감정은 반드시 **행동의 방향성**으로 이어져야 한다. 청중이 "그래,

나도 그렇게 느껴."라고 공감했다면, 그 다음 마음속에서는 "그럼 이제 어떻게 바꿀 수 있을까?"라는 질문이 자연스럽게 생긴다. 그 질문이 떠오르는 순간이 바로 대안 기대의 단계다.

공감이 감정의 유대라면, 대안 기대는 감정의 추진력이다. 사람은 공감한 대상에게서 변화를 기대한다. "이 감정을 회복할 방법이 있을까?"라는 기대감이 생길 때, 공감은 정서적 반응을 넘어 행동으로 확장된다. 이때 기획자는 단순한 논리적 해법을 제시하는 사람이 아니라, **감정적 회복의 비전을 제시하는 사람**이 되어야 한다.

대안 기대를 만드는 세 가지 질문

공감이 행동으로 이어지려면, 청중의 마음속에 '감정의 미래'를 상상하게 만들어야 한다. 이때 필요한 것은 설명이 아니라 질문이다.

1) "이 감정을 회복한다면, 어떤 기분일까?"

이 질문은 감정의 긍정적 전환점을 상상하게 한다. 청중은 스스로 미래의 감정을 시뮬레이션한다. 그 순간, '감정의 회복'이 단순한 가능성이 아니라 **체험된 미래**로 바뀐다.

2) "이 감정을 바꾸는 것이 우리에게 어떤 의미일까?"

이 질문은 감정의 변화를 개인의 경험에서 **집단의 가치**로 확장시킨다. 청중은 더 이상 개인적인 불편을 넘어서, 변화의 의미를 '우리'의 이야기로 느낀다. 공감이 연대감으로 진화하는 순간이다.

   이기는 제안을 위한 설득의 알고리즘

3) "이 감정을 바꾸는 첫걸음은 무엇일까?"

이 질문은 청중을 생각에서 행동으로 옮긴다. 공감이 머무르지 않고, 구체적인 행동의 동기로 변환되는 지점이다. 청중이 마음속에서 '내가 할 수 있는 일'을 떠올리는 순간, 설득은 이미 현실이 된다.

이 세 가지 질문은 단순히 논리적 사고를 유도하는 것이 아니라, 청중의 뇌 안에서 '감정 기반의 미래 시뮬레이션'을 작동시킨다. 사람은 논리보다 감정을 먼저 상상한다. 그리고 그 상상이 행동의 이유가 된다.

▌사례 — 공감이 행동으로 이어진 순간

한 스타트업 대표의 IR 발표 첫 문장은 이렇게 시작되었다.

"우리는 사용자의 불편을 해소하는 회사를 만들고자 하지 않습니다.

우리는 '다시 웃을 수 있는 순간'을 만드는 회사를 만들고자 합니다."

이 문장은 단순한 사업 비전이 아니다. **감정의 회복 → 행동의 전환 → 가치의 상승**이라는 세 단계를 한 문장 안에 담고 있다.

첫 번째 문장은 문제의 부정을 통해 감정의 피로를 인식시키고,

두 번째 문장은 감정의 회복을 희망으로 전환시킨다.

그 결과 청중은 단순히 사업 아이템을 이해한 것이 아니라, **자신의 감정이 회복되는 미래**를 경험하게 된다.

이처럼 대안 기대는 공감의 마지막 파동이자, 설득이 행동으로 이어지는 감정의 전환점이다. 정서화가 "이건 내 감정이야."의 단계라면, 대안 기대는 "이제 나는 바꾸고 싶다."의 단계다. **EDIS(Emotional Driven**

Impact Structure)의 Empathy 단계는 바로 이 감정의 여정, 즉 '이해 → 연결 → 행동'으로 이어지는 감정의 흐름을 설계하는 기술이다.

공감은 감정의 여정을 설계하는 일이다

공감은 단순히 상대의 감정에 동조하거나 맞장구를 치는 행위가 아니다. 그것은 감정이 움직이는 경로를 세밀하게 설계하는 일이다. Shock가 사람의 감정을 깨워 '감정의 문'을 연다면, Empathy는 그 열린 문을 통해 함께 걸어가는 여정이다. 그리고 그 여정의 끝에는 언제나 하나의 목적지가 있다. 바로 **감정의 변화**다.

공감의 과정은 한 번의 감정 반응이 아니라, **이해에서 연결로, 연결에서 행동으로** 이어지는 심리적 흐름이다. 즉, 공감은 멈춰 있는 감정을 '이동'시키는 구조적 과정이다.

- 동일화(Identification)는 감정의 문을 여는 순간이다. 청중이 "이건 내 이야기야"라고 느끼는 바로 그때, 감정의 여정이 시작된다.
- 정서화(Emotionalization)는 감정을 함께 느끼게 하는 단계다. 청중이 이야기 속 감정을 다시 체험하며, 자신의 감정으로 재구성하는 과정이다.
- 대안 기대(Expectation of Change)는 감정을 미래로 이끄는 단계다. 청중은 "그렇다면 우리는 무엇을 바꿀 수 있을까?"라는 감정의 방향성을 갖게 된다.

　　　　　이기는 제안을 위한 설득의 알고리즘

이 세 단계를 설계할 수 있다면, 기획은 단순한 메시지의 나열이 아니라 **감정이 흐르는 구조**가 된다. 공감은 정보의 교환이 아니라 감정의 이동이며, 설득은 이 감정의 여정을 따라 완성된다.

결국 진정한 공감은 상대의 마음속을 '이해하는 것'이 아니라, **함께 걸을 수 있는 감정의 길을 만드는 일**이다. EDIS(Emotional Driven Impact Structure)의 Empathy 단계는 바로 그 길을 설계하는 기술이다.

스토리형 · 질문형 · 사례형 공감 구조

"공감은 표현이 아니라, 구조다."

공감은 감정이 우연히 맞닿는 순간의 결과가 아니라, **의도적으로 설계된 감정의 구조 속에서 일어나는 현상**이다. Shock가 감정의 문을 열어 첫 반응을 일으켰다면, Empathy는 그 감정을 지속시키며 "이건 내 이야기야. → 나도 느껴. → 나도 바꾸고 싶어."로 이어지는 감정의 여정을 만든다.

이 감정의 흐름을 체계적으로 만드는 대표적인 세 가지 구조가 있다.

각 구조는 다루는 매체(발표 · 영상 · 제안서)는 달라도, 감정의 연결을 유도하는 방식은 동일하다.

- **스토리형 공감 구조**
  - 이야기로 감정을 전달하는 구조다. 사람은 데이터를 기억하지 않지만, 이야기 속 감정은 오래 남는다. 스토리형 공감은 **"사건 → 감정 → 통찰"**의 흐름으로 구성된다.
  - 하나의 짧은 서사 안에서 청중은 인물의 감정을 체험하고, 그 감정이 해결되는 과정을 따라가며 자연스럽게 공감의 에너지를 축적한

다. 발표에서는 개인 경험담이나 고객의 여정을, 제안서에서는 사용자 시나리오를 활용해 이 구조를 구현할 수 있다.

- **질문형 공감 구조**

  - 질문을 통해 감정을 유도하는 구조다. 질문은 논리적 사고보다 **감정적 자기참여**를 불러일으킨다.
  - "여러분은 이런 경험, 있으셨나요?"라는 한 문장이 청중의 내면을 열고, 그들이 스스로 자신의 감정을 탐색하게 만든다.
  - 이 구조는 발표나 강연에서 특히 강력하다. 질문은 정답을 요구하지 않는다. 대신 감정의 빈칸을 만든다. 그 빈칸을 스스로 채워 넣는 과정에서 청중은 '이야기의 청취자'에서 '감정의 공저자'로 변한다.

- **사례형 공감 구조**

  - 실제 사례나 구체적인 경험을 통해 감정을 재현하는 구조다. 사례형 공감은 "사실"보다 "느낌"에 집중한다.
  - 예를 들어, 한 사용자의 불편함을 보여주는 한 장의 사진이나 인터뷰 문장은 단순한 증거가 아니라 감정의 매개체가 된다.
  - 제안서에서는 실사용자의 감정을 드러내는 인용문, 영상에서는 표정이 클로즈업된 장면이 이 구조를 완성한다.

이 세 가지 공감 구조는 모두 **감정의 지속성**을 설계한다는 공통점을 가진다. Shock가 시선을 멈추게 했다면, Empathy는 그 시선을 **감정으로 머무르게 만든다.** 스토리는 감정을 흐르게 하고, 질문은 감정을 끌어내며, 사례는 감정을 현실로 만든다. 즉, 공감은 '표현의 기법'이 아니라 '감정의 구조적 설계'이며, **EDIS(Emotional Driven Impact Structure)**의 Empathy

 이기는 제안을 위한 설득의 알고리즘

단계는 그 구조를 통해 설득의 리듬을 완성한다.

스토리형 공감의 세 가지 핵심 요소

1) 주인공의 감정 여정

공감의 핵심은 사건이 아니라 **감정의 이동**이다.

"그가 처음엔 두려웠지만, 결국 자신을 믿게 되었다."

이 한 문장 속에는 변화를 따라가는 감정의 리듬이 있다.

이 감정의 리듬이 커질수록 동일화가 깊어지고, 청중은 이야기의 주인공과 함께 감정의 곡선을 경험한다. 즉, 공감은 '사건의 전개'가 아니라 '감정의 전환'을 중심으로 설계되어야 한다.

2) 보편적 감정 코드

이야기가 공감을 얻으려면, **특수한 경험을 보편적 감정으로 번역**해야 한다.

"프로젝트 실패"는 '자신감 상실'로, "복구의 성공"은 '자존감 회복'으로 전환될 때 감정이 연결된다.

이때 청중은 스토리를 '타인의 경험'이 아니라 '나의 감정'으로 느낀다. 감정 코드란 결국 개별 사건을 인간 보편의 감정으로 치환하는 언어적 장치다.

3) 감정의 회복 구조

모든 좋은 이야기는 회복의 여정을 포함한다. 슬픔으로 시작했다면, 희망으로 닫혀야 하고, 절망으로 떨어졌다면, 다시 의미로 회복되어야 한다. 이 회복의 과정이 **공감의 여운**을 만든다. 공감은 감정의 소모가 아니라 감정의 회복으로 끝날 때 완성된다.

▌사례 ─ 발표 속 스토리형 공감의 전형

한 IT기업의 발표 첫 문장은 이렇게 시작되었다.

"3년 전, 한 고객이 우리 시스템 때문에 하루 업무를 마치지 못했습니다. 그날 우리는 기술이 아니라, '사람의 하루'를 잃었습니다."

이 짧은 문장 안에는 공감의 세 단계가 모두 들어 있다.

- **동일화:** "나도 그런 경험이 있다."
- **정서화:** "그건 단순한 불편이 아니라 상처였다."
- **대안 기대:** "그래서 우리는 다시 '하루를 돌려주는 기술'을 만들었다."

이 발표는 기술의 설명이 아니라 **감정의 서사**로 시작된다. 청중은 데이터를 듣는 대신, 이야기를 '느낀다.' 그리고 그 감정의 경험 속에서 기술적 논리조차 자연스럽게 받아들인다.

스토리형 공감 구조는 결국 **논리를 감정의 그릇에 담는 방식**이다. 사람은 데이터를 기억하지 않지만, 이야기를 통해 느낀 감정은 오래 남는다.

EDIS(Emotional Driven Impact Structure)의 Empathy 단계에서 스토리형 공감은 가장 강력한 연결 방식이다. 그 이유는 단 하나 ─ 이야기는 정보를 설명하지 않고, **감정을 이동시키기 때문**이다.

질문형 공감 구조 — 감정의 '자기화'를 유도하라

공감은 단지 "그럴 수 있지요."라는 동조로 만들어지지 않는다. 진짜 공감은 **상대가 스스로 자신의 감정을 발견하도록 돕는 과정**에서 탄생한다. 그 출발점이 바로 질문이다. 질문은 단순히 정보를 요구하는 언어가 아니라, **사람을 멈추게 하는 감정의 장치**다.

질문은 '사람을 멈추게 하는 장치'다

좋은 질문은 Shock이자 Empathy다. 왜냐하면 질문은 청중의 내면을 움직이는 감정의 트리거이기 때문이다. 질문은 사실을 묻지 않는다. **감정을 묻는다.**

"당신은 언제 마지막으로 진심으로 설득당해 본 적 있습니까?"

이 질문을 듣는 순간, 청중은 외부의 말을 듣는 상태에서 벗어나 자신의 내면으로 시선을 돌린다. 그들은 스스로의 경험을 더듬고, 자신의 감정을 되짚기 시작한다. 이때 일어나는 감정적 반응은 '외부 자극'이 아니라, 내면의 반사다. 이 순간 공감은 주입되는 것이 아니라, 스스로 생성된다.

질문형 공감의 3단계 구조

질문형 공감은 '감정의 자기화'를 이끌어 내는 단계적 구조다. 즉, 청중이 타인의 이야기에 반응하는 수동적 존재에서, **자신의 감정을 재인식하는 능동적 참여자**로 바뀌는 과정이다.

1) 1단계 — 문제 자각(Awareness)

청중 스스로 "이건 나의 문제인가?"를 묻게 한다.

이때 질문은 단순한 정보 탐색이 아니라 자기 관련성을 자극해야 한다.

예: "왜 우리는 노력해도 고객의 마음을 얻지 못할까?"

이 질문은 원인을 묻지 않는다. 감정의 좌표를 흔든다.

2) 2단계 — 감정 회상(Reflection)

이제 청중은 과거의 감정을 떠올리며, 자신의 경험 속으로 들어간다.

예: "당신도 어떤 순간엔, 말보다 '눈빛'에 설득당한 적 있지 않습니까?"

이 질문은 감정을 회상하게 함으로써 감정의 기억을 활성화시킨다.

3) 3단계 — 미래 기대(Projection)

마지막 단계는 감정을 미래로 확장시키는 일이다. 청중이 스스로 변화의 가능성을 상상하도록 만드는 것이다.

예: "만약 감정이 논리를 이길 수 있다면, 우리의 기획은 어떻게 달라질까요?" 이 질문은 공감을 '생각'에서 '비전'으로 옮긴다.

이 세 단계는 **감정의 자기화 과정**이다. 즉, 공감이 수동적 감정 이입이 아니라 능동적 감정 참여로 전환되는 순간이다.

▍사례 — 질문형 공감이 만든 몰입의 힘

한 공공사업 제안 발표에서 발표자는 이렇게 시작했다.

"만약 시스템이 완벽하다면, 왜 여전히 불편하다는 민원이 나올까요?"

그 한 문장에 심사위원들의 시선이 즉시 발표자에게로 향했다. 그들은 마음속으로 이렇게 생각했다.

"그래, 기술만으로는 사람의 불편을 해결할 수 없지."

그 짧은 순간, 심사위원들은 '청취자'가 아니라 '공감자'가 되었다.

이 질문은 단순한 도입부가 아니라, 공감의 진입 코드였다. 질문은 논리보다 깊은 감정의 문을 연다. 왜냐하면 질문은 '대답'을 요구하지 않고, '감정'을 탐색하게 만들기 때문이다.

결국 질문형 공감 구조는 상대에게 정보를 주입하는 방식이 아니라,

상대 스스로 감정을 **다시 느끼고, 다시 생각하게 만드는 감정의 거울**이다. **EDIS(Emotional Driven Impact Structure)**의 Empathy 단계에서 질문형 공감은 가장 인간적이며 가장 강력한 감정 참여 장치다. 왜냐하면 사람은 말로 설득되지 않지만, **자신의 마음속에서 발견한 감정에는 언제나 설득당하기 때문**이다.

▍사례형 공감 구조 — 감정의 '증거'를 제시하라

공감은 감정의 이론이 아니라, 감정의 증거에서 완성된다. 사람은 설명보다 **사례에 공감**한다. 왜냐하면 사례는 감정을 '추상'이 아닌 **현실의 장**

면으로 보여 주기 때문이다.

논리적 근거가 아무리 치밀해도, 실제 사례가 감정을 증명하지 못하면 설득은 공허하게 들린다. 따라서 사례형 공감 구조는 데이터를 나열하는 것이 아니라, **감정이 어떻게 변했는가**를 보여주는 서사적 장치다. 중요한 것은 수치나 결과가 아니라, **그 결과에 이르기까지의 감정의 맥락**이다.

사례는 공감의 증거다

사람은 스토리를 믿는다. 그러나 더 정확히 말하자면, 사람은 **스토리 안의 감정을 믿는다.** 감정이 움직인 흔적, 그 변화의 증거가 공감을 만든다. 결국 좋은 사례란 '결과의 보고서'가 아니라 '감정의 과정 기록'이다. 즉, 사례는 그런 감정이 실제로 존재했음을 보여주는 **정서적 증거물**이다.

사례형 공감의 세 가지 핵심 요소

- **사람 중심의 서술**(Humanization)

  사례의 시작은 언제나 '시스템'이 아니라 '사람'이다. 기술적 설명이 아닌 인간적 서술이 공감을 만든다.

  "그날, 사용자는 시스템보다 느려지는 자신을 원망했습니다."

  이 문장은 데이터가 아니라 **감정의 주체**를 중심에 둔다. 사람의 시점에서 이야기가 진행될 때, 청중은 감정을 따라간다.

- **감정의 전환 지점**(Emotional Shift)

  모든 공감은 감정의 변화에서 발생한다. 즉, 감정이 **어디서 어떻게 바뀌었는가**가 공감의 포인트다.

　이기는 제안을 위한 설득의 알고리즘

"그는 처음엔 분노했지만, 끝에선 안도했습니다."

이 짧은 전환이 하나의 감정 곡선을 만든다. 공감은 감정의 이동, 즉 **변화의 흔적**을 통해 강화된다.

- **비교 구조(Contrast)**

'이전과 이후'의 대비가 있을 때, 감정의 힘이 배가된다.

"업데이트 전: 불안 → 업데이트 후: 신뢰. 이 단순한 구조가 청중의 뇌에 감정의 차이를 각인시킨다. 공감은 변화를 인식할 때 일어난다. 그리고 변화는 반드시 **비교 구조** 안에서 드러난다.

▍사례 — 제안서 속 공감 구조의 실제

한 공공기관 시스템 고도화 제안서의 첫 장은 이렇게 시작되었다.

"이 시스템은 빠르지만, 사용자는 느립니다.

우리는 속도가 아니라, '마음의 피로'를 해결해야 합니다."

이 문장은 세 가지 감정 구조를 모두 담고 있다.

- **문제의 현상 제시: 시스템의 객관적 문제를 드러낸다.**
- **감정의 전환점 표현: 불편함을 '피로감'이라는 감정으로 재정의한다.**
- **새로운 해결 관점 제시: 기술 개선이 아닌 감정 회복으로 초점을 옮긴다.**

이 한 페이지는 단순한 기능 개선 제안이 아니라, "기술의 문제"를 "감정의 문제"로 전환시킨 구조였다. 그 결과, 심사위원들은 그 제안을 시스템 고도화 프로젝트가 아니라, **사용자의 감정 회복 프로젝트로** 인식했다. 결국 이 제안은 평가자들의 마음속에서 기술적 효율보다 **인간적 공감의 가치로** 기억되었다.

사례형 공감 구조는 데이터를 **감정의 맥락으로** 재배열하는 기획법이다. 논리로는 설득할 수 없는 영역을, 감정의 증거로 납득시킨다. **EDIS(Emotional Driven Impact Structure)**의 Empathy 단계에서 사례형 공감은 공감의 진정성을 입증하는 **감정의 실증적 설계 도구**다. 즉, 공감은 감정의 '이해'가 아니라 감정의 '증명'으로 완성된다.

공감 구조 설계 시 주의할 점

공감은 형식적인 기법이 아니라, 감정의 흐름을 설계하는 과정이다. 아무리 정교한 구조를 사용하더라도, 그 안에 담긴 감정이 진정하지 않다면 청중은 단 한순간도 움직이지 않는다.

EDIS(Emotional Driven Impact Structure)의 Empathy 단계는 감정의 구조를 만드는 기술이지만, 동시에 **진심의 리듬을 담는 일**이기도 하다. 공감 구조를 설계할 때는 다음 세 가지 원칙을 반드시 기억해야 한다.

- **형태보다 진정성**
  구조가 아무리 완벽해도 감정이 '진짜'가 아니면 전달되지 않는다.

이기는 제안을 위한 설득의 알고리즘

청중은 단어보다 진심의 온도를 먼저 느낀다. 공감은 연출이 아니라 **진심의 리듬**이다. 즉, 감정의 설계는 '보이는 기술'이 아니라 '보이지 않는 태도'로 완성된다. 가장 효과적인 공감의 언어는 꾸며진 문장이 아니라, **정직한 마음의 표현**이다.

- **공감의 초점을 '나'가 아닌 '상대'에 맞춰라**

  공감의 중심은 언제나 발표자나 작성자가 아니라 상대(청중)다. "내가 말하고 싶은 것"이 아니라 "그들이 느끼고 싶은 것"을 기준으로 설계해야 한다. 공감은 나의 감정을 드러내는 것이 아니라, 상대의 감정을 대신 표현하는 일이다. 따라서 기획의 기준은 "내가 전하고 싶은 메시지"가 아니라 "그들이 듣고 싶은 감정"이어야 한다. 진정한 공감은 '표현'이 아니라 '이입'에서 시작된다.

- **공감 후에는 반드시 전환점을 제시하라**

  공감은 도착점이 아니라 출발점이다. 공감에서 감정이 멈추면, 설득은 정체된다. 따라서 공감의 마지막은 반드시 "그래서 우리는…"으로 이어져야 한다. 즉, 감정을 행동의 에너지로 전환하는 **Resolution의 예고**가 필요하다. 공감이 감정의 동조라면, 전환은 감정의 방향 설정이다. 이 구조를 명확히 해야 감정은 일시적 감동을 넘어 **설득의 추진력**이 된다.

공감은 연출의 기교로 보일 수 있지만, 실제로는 **감정의 신뢰를 설계하는 구조적 행위**다. 진정성 없는 공감은 피로를 낳고, 자기중심적 공감은 오히려 거리를 만든다. 감정의 리듬과 방향을 올바르게 설계할 때, 공감은 단순한 감정 전달을 넘어 논리의 길을 여는 **설득의 관문**이 된다.

공감은 감정의 구조적 언어다

공감은 순간적인 감정 반응이 아니다. 그것은 논리처럼 설계할 수 있는 감정의 구조 언어다. 사람의 감정은 우연히 움직이지 않는다. Shock가 감정의 문을 열었다면, Empathy는 그 감정을 체계적으로 연결해 설득의 구조 속으로 이끌어간다. 즉, 공감은 감정을 '느끼는 것'이 아니라 **감정을 구조화하여 전달하는 기술**이다. 공감의 구조는 세 가지 형태로 구체화된다. 각 구조는 서로 다른 방향으로 감정을 움직이지만, 결국 하나의 리듬 안에서 작동한다.

- **스토리형은 감정의 시간 구조다 — 시간의 흐름을 따라가는 공감.**
  이야기를 통해 감정의 변화를 보여주는 방식이다. 청중은 주인공의 감정 여정을 따라가며, 자신도 그 시간 속을 함께 걷는 듯한 몰입을 경험한다. 스토리형 공감은 감정을 '흐르게' 만들어, 논리보다 빠르게 이해와 설득을 이끌어낸다.
- **질문형은 감정의 내면 구조다 — 자기 안에서 일어나는 공감.**
  질문은 청중의 마음속에 감정의 빈칸을 만든다. 그 빈칸을 스스로 채워 넣는 과정에서 감정은 외부로부터 주입되지 않고 **내면에서 생성된다.** 질문형 공감은 상대가 '이야기를 듣는 사람'이 아니라 **자신의 감정을 다시 발견하는 사람**으로 바뀌게 한다.
- **사례형은 감정의 현실 구조다 — 현실에서 증명되는 공감.**
  사례는 감정의 존재를 추상적으로 설명하지 않고, **현실의 장면으로 입증**한다. "이것이 실제로 일어났다."는 감정의 증거는, 논리보다 강

 이기는 제안을 위한 설득의 알고리즘

력한 신뢰를 만든다. 사례형 공감은 감정을 실제 맥락 속에서 **구체화하고 실증화 하는 설득의 장치**다.

세 가지 구조는 서로 다른 경로를 걷지만, 모두 같은 목적지로 향한다.

"이건 내 이야기야."

"그래, 나도 그렇게 느껴."

"그래서 나도 바꾸고 싶어."

이 세 문장이 완성되는 순간, 공감은 단순한 감정이 아니라 설득의 동력으로 전환된다.

EDIS(Emotional Driven Impact Structure)의 Empathy 단계는 이 세 구조를 통해 감정을 설득의 에너지로 변환시키는 체계를 제시한다. 즉, 공감은 표현의 감정이 아니라 **구조의 감정**이며, 그 구조가 완성될 때 설득은 비로소 감정의 리듬 위에서 움직인다.

▎실전 적용: 고객 Pain Point를 감정화 하는 법

"고객은 문제를 말하지만, 그 안에는 감정을 숨긴다."

Shock가 시선을 멈추게 하는 장치라면, Empathy는 마음을 머물게 하는 구조다. 그리고 그 핵심에는 언제나 **고객의 Pain Point**, 즉 고객이 느끼는 불편·좌절·두려움의 본질이 있다.

하지만 대부분의 제안서나 기획서는 이 Pain Point를 단지 **데이터나 현상으로만 기술**한다.

"프로세스가 복잡하다."

"처리 속도가 느리다."

"인력 부족으로 효율이 떨어진다."

이 문장들은 문제를 설명하지만, **고객의 감정을 설득하지 않는다.**

그 이유는 간단하다. 이 문장들은 '무엇이 불편한가?'를 말할 뿐, '왜 불편한가?'를 말하지 않기 때문이다.

공감형 기획자는 문제를 기능적으로 정의하지 않는다.

그는 Pain Point를 감정적 서사로 전환한다. 즉, 데이터의 언어를 감정의 언어로 바꾸고, 그 감정을 하나의 이야기로 엮어 고객의 마음에 닿게 만든다.

이 과정은 다음 세 단계로 정리할 수 있다.

1) 감정 코드 추출(Extract the Emotional Code)

Pain Point를 분석할 때 가장 먼저 해야 할 일은 '문제의 표면'을 걷어내고, 그 아래에 숨어 있는 **감정의 본질**을 찾아내는 것이다.

예를 들어,

- "프로세스가 복잡하다."는 불편의 이면에는 "통제력을 잃었다."는 감정이 있다.
- "처리속도가 느리다."는 불만 뒤에는 "기다림의 피로감"이 있다.
- "인력부족으로 효율이 떨어진다."는 문제에는 "불안과 무력감"이 숨어 있다.

이처럼 감정 코드를 추출한다는 것은 **현상을 감정의 언어로 번역**하는 첫 단계다.

2) 감정 언어 변환(Translate into Emotional Language)

감정 코드를 찾았다면, 이제 그것을 고객의 말투로 번역해야 한다.

이 단계는 '사실의 언어'를 '감정의 언어'로 바꾸는 과정이다.

예를 들어,

- "프로세스가 복잡하다." → "일을 진행할수록 길을 잃는 기분이다."
- "처리속도가 느리다." → "기다리는 동안 신뢰가 점점 사라진다."
- "효율이 떨어진다." → "애써도 성과가 따라오지 않는다."

이처럼 감정의 언어는 설명이 아니라 체험을 말한다.

고객의 입장에서 그 감정이 어떻게 느껴지는지를 보여 주는 것이다.

3) 감정 스토리 설계(Design the Emotional Story)

마지막 단계는 감정의 언어를 **스토리로 엮는 일**이다. 즉, 감정의 흐름을 시간의 구조로 재구성하는 것이다.

"처음엔 새로운 시스템에 기대가 컸습니다. 하지만 반복되는 오류와 복잡한 절차 속에서, 그 기대는 피로로 바뀌었습니다. 이제 고객은 기능보다 '안정감'을 원합니다."

이 한 단락이 바로 '감정화된 Pain Point'다. 여기에는 불편(Shock) → 좌절(Empathy) → 기대(Resolution)로 이어지는 감정의 곡선이 있다. 그 감정 곡선을 따라가면, 고객의 문제는 단순한 이슈가 아니라 **감정의 여정**으로 바뀐다.

고객의 Pain Point를 감정화한다는 것은 문제를 설명하는 것이 아니라 **그들의 마음속 현실을 보여주는 일이다.** EDIS(Emotional Driven Impact Structure)의 Empathy 단계에서 이 과정은 '데이터 중심 기획'을 '감정 중심 설계'로 전환시키는 핵심이다. 즉, 공감형 기획자는 문제를 분석하는 사람이 아니라, **감정을 번역하는 사람**이다.

감정 코드 추출: 문제의 이면에 숨은 감정을 찾아라

고객이 "이 시스템이 불편해요."라고 말할 때, 그 말은 단순한 기능적 불만이 아니다. 그 짧은 문장 안에는 "나는 통제력을 잃었어요."라는 감정의 신호가 숨어 있다.

또 "프로세스가 너무 복잡해요."라는 말의 이면에는 "나는 지금 길을 잃은 기분이에요."라는 감정이 자리한다. 즉, **문제는 현상이 아니라 감정의 표현**이며, 고객이 내는 모든 불만은 '감정적 피드백'의 한 형태다.

기획자는 데이터를 분석하기 전에 먼저 그 데이터가 **어떤 감정에서 비롯된 신호인가**를 읽어야 한다. 수치와 현상은 결과일 뿐, 그 결과를 만들어낸 원인은 감정이다. 그래서 공감형 기획자는 문제의 '원인'을 기술적으로 분석하기보다, 문제의 '감정'을 정서적으로 해석한다.

감정 코드를 추출하는 세 가지 질문

감정의 신호를 읽기 위해서는 단순한 분석이 아니라, 감정 중심의 질문이 필요하다. 다음 세 가지 질문은 고객의 말 속에서 감정의 본질을 찾아내는 가장 실질적인 도구다.

- **"이 문제는 무엇을 잃게 만드는가?"**

→ '상실의 감정'을 찾아라.

고객이 느끼는 불편의 본질은 기능의 불완전함이 아니라, 그로 인해 **무언가를 잃었다는 감정**이다.

예를 들어, 응답 속도가 느릴 때 고객은 "나는 기다리고 있다."는 무력감을 느낀다. 그건 단순히 지연의 문제가 아니라, **통제감을 잃은 감정**이다. 시스템이 자신의 리듬을 방해할 때, 고객은 기술이 아닌 '자신'을 불신하게 된다.

- **"이 문제는 왜 불편한가?"**

→ '좌절의 감정'을 찾아라.

불편함은 구조적 결함보다 감정적 피로에서 온다. 절차가 복잡할 때 사람들은 "길을 잃은 느낌"을 받는다. 이 감정은 단순한 혼란이 아니라, **무질서 속에서 길을 잃은 피로감**이다. 즉, 불편의 본질은 기능이 아니라 **감정의 소모**에 있다.

- **"이 문제는 누구의 자존심을 건드리는가?"**

→ '위협의 감정'을 찾아라.

성과가 낮거나 시스템이 반복적으로 오류를 일으킬 때, 사람들은 "내가 무능해 보인다."거나 "언제 또 멈출지 모르겠다."는 불안을 느끈다. 이는 단순한 성과 저하가 아니라 **자존감과 신뢰의 위협**이다. 사람은 자신이 '통제할 수 없는 상황'에서 가장 강한 불안을 느낀다.

이처럼 기술적 문제 뒤에는 언제나 감정 코드가 숨어 있다.

- 응답 지연에는 **'통제감 상실'**,
- 복잡한 절차에는 **'혼란감'**,
- 반복 업무에는 **'피로감'**,
- 시스템 오류에는 **'불안감'**,
- 낮은 성과에는 **'자존감 위협'**이 자리한다.

즉, 문제는 기능이 아니라 **감정의 언어로 해석될 때 비로소 진짜 원인이 보인다.** 문제를 해결하려면 먼저 그 이면의 감정을 읽어야 한다.

기획의 출발점은 데이터가 아니라 **감정의 신호를 해독하는 일**이다. **EDIS(Emotional Driven Impact Structure)**의 Empathy 단계는 바로 이 지점에서 시작된다. 감정을 읽는 순간, 비로소 진짜 설계가 시작된다.

▌감정 언어 변환: 문제를 '사람의 말'로 다시 써라

공감의 언어는 기술적 분석에서 나오지 않는다. 그 출발점은 언제나 **사람의 시선**, 즉 문제를 겪는 당사자의 감정에서 시작된다. 기획자가 공감

이기는 제안을 위한 설득의 알고리즘

을 설계하려면 먼저 기술 언어를 **감정 언어로 번역**해야 한다. 그 순간, 단순한 문제 설명이 감정의 이야기로 바뀌고, 기획서는 더 이상 '기능 보고서'가 아니라 **사람의 경험 보고서**가 된다.

기술 언어 → 감정 언어

대부분의 기획서나 제안서는 문제를 이렇게 표현한다.

"서비스 응답 속도가 느리다."
"프로세스가 복잡하다."
"오류가 자주 발생한다."
"매뉴얼이 어렵다."

이 문장들은 논리적으로 정확하지만, 감정적으로는 공감되지 않는다.

이유는 간단하다. 이 문장들에는 **사람이 없다.** 시스템과 절차는 등장하지만, 그 안에서 '사람이 느끼는 감정'은 보이지 않는다.

감정의 언어로 바꿔 쓰면 문장은 즉시 달라진다.

- "서비스 응답 속도가 느리다." →
  "고객은 기다림 속에서 불안해진다."
- "프로세스가 복잡하다." →
  "사용자는 스스로 통제할 수 없다는 무력감을 느낀다."
- "오류가 자주 발생한다." →
  "작은 실패가 반복되며 신뢰가 무너진다."

- "매뉴얼이 어렵다." →

  "설명보다 공감이 필요하다."

이렇게 단어 몇 개만 바꿔도 문장은 완전히 다른 인상을 준다. 기술적 문장이 인간적 서사로 바뀌고, 설명의 언어가 **감정의 언어로 변환**된다. 이 차이가 바로 설득의 차이다.

감정 언어 변환의 세 가지 원칙

감정의 언어로 바꾸기 위해서는 단순히 '따뜻한 표현'을 쓰는 것이 아니라, **감정이 움직이는 구조를 설계**해야 한다. 다음 세 가지 원칙을 기억하자.

첫째, 형용사보다 '움직임이 있는 동사'로 말하라.

감정은 정적인 상태가 아니라 동적인 흐름이다. 그래서 단순한 형용사가 아닌 '동적 동사'를 사용하는 것이 좋다. 감정은 고정된 상태가 아니라 **흐름, 변화, 움직임**이다. 따라서 "불편하다."보다 **"발걸음을 멈춘다.", "기운이 빠져 간다.", "선택의 이유를 놓쳐 버린다."** 같은 '행동 기반 동사 표현'이 더 강력하다.

둘째, 문장의 주어를 '사람'으로 바꿔라.

공감은 시스템이 아니라 사람에게서 일어난다.

"시스템이 멈춘다." 대신 "사용자는 망설인다.", "직원은 잠시 손을 멈춘다."라고 써야 한다. 문장의 중심에 **사람을 주어로 세우는 순간**, 문장은 논리의 문장에서 감정의 문장으로 전환된다.

      이기는 제안을 위한 설득의 알고리즘

셋째, 감정의 결과로 문장을 마무리하라.

감정은 끝나지 않으면 기억되지 않는다. 따라서 문장의 끝에는 반드시 감정의 '결과'를 남겨야 한다.

예를 들어,

"이 불편함은 결국 신뢰의 문제로 이어진다."

이 문장은 단순한 사실 설명이 아니라 감정의 흐름을 완결시킨다.

결말이 감정으로 닫히면, 문장은 논리보다 오래 기억된다.

결국 감정 언어로 바꾼다는 것은 단어를 꾸미는 일이 아니다. 그것은 **문제를 사람의 입장에서 다시 느끼는 일**이다. 기획자는 데이터를 쓰는 사람이 아니라, **감정을 번역하는 사람**이다. EDIS(Emotional Driven Impact Structure)의 Empathy 단계에서 이 감정 언어 변환은 논리의 설득을 **감정의 설득으로 전환**시키는 핵심 기술이다.

감정 스토리 설계: 문제를 이야기로 보여 줘라

공감형 제안은 단순히 "문제를 보고하는 문서"가 아니다. 그것은 고객의 감정을 따라 흐르는 이야기의 구조다. 즉, 데이터의 나열이 아니라, **감정이 변화하는 여정**을 설계하는 일이다.

공감형 제안의 기본 구조

공감형 제안은 세 개의 장면으로 구성된다. 이 세 장면은 각각 **공감**

(Empathy) → **재현**(Reflection) → **변화**(Transformation)의 감정 흐름을
가진다.

1) 첫 장면 — 공감(Empathy): 고객의 감정을 알아차려라

이야기의 시작은 문제의 진단이 아니라 감정의 인식이다. 고객이 느끼
는 답답함, 불안, 피로, 혼란 같은 감정에 먼저 닿아야 한다. 이 단계에서
중요한 것은 '이해'가 아니라 '인정'이다.

"그건 충분히 그렇게 느끼실 만합니다."

이 한 문장이 고객의 마음을 여는 열쇠다. 감정의 첫 터치 없이 논리를
꺼내면, 제안은 문을 두드리기도 전에 닫힌다.

2) 두 번째 장면 — 재현(Reflection): 감정을 다시 느끼게 하라

감정의 연결은 '설명'이 아니라 '재현'을 통해 이루어진다. 고객이 느끼
는 불편과 좌절을 다시 체험할 수 있도록 구체적인 장면이나 사례를 보여
줘야 한다.

"사용자는 단 한 번의 클릭으로 하루를 잃습니다."
"그 버튼을 누를 때마다, 작은 한숨이 쌓입니다."

이런 문장은 데이터를 넘어서 감정의 현장을 복원한다. 고객은 그 장면
속에서 자신을 본다. 그리고 "그래, 그게 바로 내 이야기야."라는 감정적
동일화가 일어난다. 이때 제안은 정보가 아니라 '경험'이 된다.

 이기는 제안을 위한 설득의 알고리즘

3) 세 번째 장면 — 변화(Transformation): 감정의 회복을 보여줘라

이야기의 마지막은 언제나 변화다. 공감형 제안은 문제를 끝내는 것이 아니라 **감정을 회복하는 장면**으로 마무리된다.

"이 문제를 해결하면, 당신은 다시 안심할 수 있습니다."

"기술이 아니라, 마음의 여유를 돌려드리는 것이 우리의 목표입니다."

이 문장들은 단순한 해결책이 아니라 감정의 비전을 보여준다.

공감이 끝나면 희망이 시작된다. 고객이 감정의 미래를 '느낄 수 있을 때', 제안은 설득이 된다.

결국 Pain Point는 단순한 문제의 보고가 아니라, **감정이 움직이기 시작하는 이야기의 첫 장면**이다. 그 감정을 따라 이야기를 설계할 때, 제안서는 단순한 보고서가 아닌 감정의 서사로 완성된다.

Shock가 감정을 '열었다면', Empathy는 그 감정을 '이야기로 걷게 한다'. 그리고 그 여정의 끝에서, 고객은 문제를 '이해'하는 것이 아니라 **함께 '느끼게' 된다.**

▌사례 — 감정 스토리형 제안서 문장

예를 들어 이런 문장을 보자.

"우리는 '시스템 개선'을 약속하지 않습니다. 대신, 고객이 다시 '안심하고 클릭할 수 있는 순간'을 약속드립니다."

이 문장은 기능적 해결책을 말하지 않는다. 여기서 핵심은 '안심'이라는

감정의 회복이다. 고객이 진짜로 원하는 것은 더 빠른 응답 속도나 더 편리한 UI가 아니라, **다시 믿고 사용할 수 있는 감정의 안정감**이다. 이 문장은 그 감정을 정확히 짚어내고 있다.

평가자는 기술적 완성도보다 감정의 진정성에 반응한다. "이 회사는 시스템이 아니라 사람을 이해하고 있구나."라는 인식이 생기는 순간, 논리적 신뢰를 넘어 감정적 신뢰가 형성된다.

결국 설득은 데이터가 아니라 감정에서 완성된다. 기술의 제안이 아니라 감정의 약속이 있을 때, 그 제안은 머리에 남지 않고 마음에 남는다.

발표나 영상에서의 응용

감정 스토리의 원리는 발표나 영상에서도 그대로 적용된다. 공감형 스토리는 형식이 달라져도 감정의 이동 — 불안에서 안심으로, 혼란에서 확신으로, 긴장에서 신뢰로 — 이라는 흐름을 중심으로 작동한다.

발표에서는 감정의 변화를 이미지로 보여 주는 것이 핵심이다. 슬라이드의 문장보다 발표자의 표정, 목소리, 시선이 감정의 전환을 시각화한다. 예를 들어, 발표 초반의 긴장된 표정이 점차 미소로 바뀌는 순간, 청중은 '문제가 해결되고 있다'는 감정적 신호를 느낀다. 그 변화의 한 장면이 곧 스토리다.

영상에서는 대사보다 리액션이 공감을 만든다. 인물의 표정, 침묵, 눈빛, 그리고 잠시 멈추는 호흡 같은 요소가 감정의 리듬을 만든다. 시청자는 사건을 이해하기보다, 인물의 감정을 복제하면서 몰입한다. 즉, 영상의 공감은 정보가 아니라 **감정의 리듬**으로 전달된다.

제안서에서는 감정의 회복을 문장으로 완성한다. "그들의 불안은 사라

   이기는 제안을 위한 설득의 알고리즘

지고, 대신 신뢰가 자리 잡았습니다." 이 한 문장은 스토리의 결론이자 감정의 여운이다. 보고서의 마침표가 아니라, **감정의 안정감을 남기는 엔딩**이다.

결국 발표든, 영상이든, 제안서든 중요한 것은 형식이 아니라 감정의 흐름이다. 감정이 시작되고, 움직이고, 회복되는 그 여정을 보여주는 순간, 청중과 독자는 더 이상 '듣는 사람'이 아니라 '이야기의 공저자'가 된다.

감정화 워크시트: 당신의 Pain Point를 감정 언어로 바꿔 보라

기획이나 제안에서 다루는 Pain Point(문제점)는 단순히 데이터로 정리된 항목이 아니다. 그 안에는 언제나 사람이 느낀 감정이 숨어 있다. 이 감정을 찾아내고 언어로 바꾸는 과정을 단계별로 정리하면, 문제는 더 이상 보고서의 문장이 아니라 감정이 움직이는 이야기로 바뀐다.

먼저, 문제를 있는 그대로 적어 본다.

예를 들어 고객이 "시스템이 너무 자주 멈춘다."라고 말했다고 하자. 이 문장은 단순한 불만처럼 들리지만, 그 속에는 "불안하다.", "예측할 수 없다.", "언제 또 멈출지 모른다."는 감정이 숨어 있다.

다음으로, 그 감정을 사람의 언어로 바꾼다.

"언제 멈출지 몰라 늘 긴장하며 일한다." 이 문장은 기술적 문제를 인간의 경험으로 번역한 표현이다. 시스템의 결함이 아니라 사용자의 '감정 상태'를 보여 준다. 이렇게 바꾸는 순간, 문장은 단순한 기능적 설명에서 감정적 공감으로 전환된다.

마지막으로, 그 감정을 회복시키는 제안 문장을 만든다.

"우리는 시스템을 안정화시켜, '긴장 대신 신뢰'의 환경을 만듭니다."

이 한 문장은 문제 해결을 넘어 감정의 회복을 약속한다. 단순한 기술적 개선이 아니라, 사용자의 일상이 다시 안심으로 돌아가는 미래를 보여준다.

이 과정을 통해 Pain Point는 데이터가 아닌 감정의 이야기로 변한다. 그리고 바로 그때, 제안서는 '기술의 문서'가 아니라 '사람의 언어'로 읽히기 시작한다.

▌ 실무 적용 팁 — Empathy를 문장으로 만드는 법

공감을 문장으로 표현할 때는 복잡한 기법보다, 감정이 살아 있는 단순한 원칙을 따르는 것이 가장 효과적이다. 공감은 문장의 구조가 아니라 **느낌의 순서**로 완성된다.

첫째, '무엇을'보다 '왜'를 먼저 써라.

"왜 이 문제를 해결해야 하는가?" 이 질문의 답은 언제나 감정 안에 있다. "왜"를 먼저 묻는 순간, 문장은 논리의 보고서가 아니라 감정의 이야기로 바뀐다.

예: "우리는 효율성을 높이기 위해 이 시스템을 개선합니다." → "사람
들이 더 이상 피로감을 느끼지 않도록, 이 시스템을 바꿉니다."

이 한 문장만으로도 중심이 '기술'에서 '사람'으로 이동한다.

둘째, 문장을 줄이되 감정을 남겨라.

공감 문장은 짧을수록 강하다. 다만 정보는 덜어내도, 감정은 남겨야
한다.

"효율성을 높인다."보다 "불필요한 피로를 덜어 준다."가 훨씬 따뜻하
다. 단어의 개수는 늘었지만, 감정의 온도는 높아졌다. 공감은 설명이 아
니라 **느낌의 전달**이다.

셋째, 감정의 언어를 문장 끝에 배치하라.

문장은 마지막 단어로 기억된다.

"이 시스템은 안정적입니다."보다 "이 시스템은 사용자에게 안정감을
줍니다."가 더 오래 남는다. 감정 단어가 문장의 끝에 남으면, 독자의 마
음속에 여운이 맴돈다.

넷째, 모든 Pain Point에는 회복의 서사를 덧붙여라.

공감은 문제의 확인이 아니라, 감정의 회복을 약속하는 것이다.

"그 불편함을 줄이는 것이 아니라, 그 감정을 회복시키는 것입니다."

이 문장은 '해결'에서 '회복'으로, '기능'에서 '감정'으로 초점을 이동시킨다.

결국 Empathy 문장은 논리의 문장이 아니라 **감정의 설계 문장**이다.

단어를 바꾸는 것이 아니라, 말의 온도를 바꾸는 일 — 그것이 진짜 공
감형 기획의 시작이다.

Pain Point는 감정의 지도다

Pain Point(문제점)를 이해한다는 것은 단순히 문제의 원인을 파악하는 일이 아니다. 그것은 고객의 마음을 읽고, 그 마음 속에서 어떤 감정이 길을 잃고 있는지를 찾아내는 과정이다. 하지만 진짜 공감은 거기서 한 걸음 더 나아간다. 문제를 '논리'로 분석하는 것이 아니라, 그 문제를 '감정'으로 해석하고 다시 설계할 수 있을 때, 비로소 공감이 살아난다.

Shock가 청중의 발걸음을 멈추게 만드는 장치라면, Empathy는 그들을 이야기 속으로 들어오게 하는 힘이다. Shock는 감정의 문을 여는 순간이고, Empathy는 그 문 안으로 들어와 함께 머무르게 하는 과정이다. 즉, "당신의 이야기를 내가 대신 말해주는 순간" ― 그때 설득은 이미 시작된다.

공감형 기획자는 문제를 단순히 해결하려는 기술자가 아니다. 그는 사람의 감정을 복원하는 설계자다. 문제를 다루는 것이 아니라 감정을 다루며, 데이터가 아닌 마음의 지도를 그린다.

그래서 진짜 설득은 이렇게 시작된다.

"그들의 불만을 해결하지 말고, 그들의 감정을 회복시켜라."

이 한 문장이 바로 **Empathy 단계의 핵심**이며, **EDIS(Emotional Driven Impact Structure)**의 두 번째 축, 그리고 감정 설계의 심장이다.

이기는 제안을 위한 설득의 알고리즘

Chapter 4

Tuning by Solution
— 전환의 순간을 설계하라

감정의 곡선이 절정일 때, 해답을 던져라

Shock가 주목을 만들고, Empathy가 연결을 만든다면, **Tuning Point**는 행동의 방향을 만든다. 이 시점은 단순히 이야기가 전환되는 순간이 아니라, 감정이 논리로 바뀌는 결정적 교차점이다. 감정의 흐름이 충분히 고조되었을 때, 청중의 마음속에는 자연스러운 질문이 생긴다.

"그래서, 이 문제를 어떻게 바꿀 수 있습니까?"

이 질문이 바로 **Tuning의 신호**다. 사람들은 감정적으로 충분히 몰입했을 때 비로소 '이제 무엇을 해야 하는가'를 스스로 묻기 시작한다. Shock와 Empathy가 감정의 흐름을 만들었다면, Tuning은 그 감정의 방향을 정한다.

기획자는 이 순간을 놓치지 않아야 한다. 감정의 곡선이 가장 높이 올라간 바로 그 절정의 타이밍 — 그때가 논리가 들어갈 수 있는 유일한 문이다. 즉, Tuning Point는 설득의 **골든 타임**이다.

이 장에서는 바로 그 순간, 감정이 논리로 전환되는 리듬을 어떻게 읽고, 어떻게 해답의 메시지로 연결할 것인가를 다룬다. 감정의 파동을 멈추지 않고, 자연스럽게 '해결'로 이끄는 설계. 그것이 바로 EDIS(Emotional Driven Impact Structure)에서 말하는 **Tuning의 본질**이다.

Tuning Point는 '조율의 순간'이다

해법은 언제나 논리로 설명되지만, 설득은 반드시 공감으로 조율되어

 이기는 제안을 위한 설득의 알고리즘

야 한다. Shock가 시선을 멈추게 하고, Empathy가 마음을 붙잡았다면, 이제 청중의 내면에는 새로운 질문이 생긴다. "그래서, 우리는 어떻게 균형을 되찾을 것인가?" 이 질문에 응답하는 바로 그 순간이 Tuning Point다.

Tuning은 단순히 다음 장면으로 넘어가는 단계가 아니다. 그것은 감정의 파동이 최고조에 이르렀을 때, 그 에너지를 논리로 전환시키는 '감정의 조율'이다. Shock와 Empathy를 통해 청중의 감정이 충분히 흔들리고 공명했다면, 이제 **그 에너지를 한 방향으로 모아줄 '조율의 언어'가 필요**하다. 그 언어는 해답이면서 동시에 위로여야 하고, 논리이면서 감정의 안정감을 주는 메시지여야 한다.

Tuning Point의 본질은 '감정의 균형을 회복하는 일'이다. 혼란에서 조화로, 긴장에서 기대로 감정을 이동시키는 순간, 청중은 논리 이전에 '이제 길을 찾았다'는 심리적 안도감을 느낀다. 따라서 기획자는 이 타이밍을 결코 흘려보내서는 안 된다. 이 지점에서 던져지는 한 문장은 이후의 모든 설득의 방향을 결정한다.

Tuning은 감정과 논리의 합주다. 감정의 리듬이 무르익은 순간, 핵심 솔루션을 한 문장으로 명확히 제시해야 한다. 이때 그 문장은 기술적 설명이 아니라 감정의 회복을 선언하는 언어로 표현되어야 한다. "우리는 시스템을 혁신합니다."가 아니라 "우리는 불안한 경험을 예측 가능한 신뢰로 바꿉니다."라고 말할 때, 청중은 논리보다 감정으로 먼저 수긍한다.

즉, Tuning Point는 감정이 논리를 품는 순간이며, 설득의 리듬이 새롭게 정돈되는 지점이다. 기획자는 이 단계에서 해법을 '설명'하지 않고, 감정을 '조율'해야 한다. 그 해법이 만들어낼 감정의 회복 리듬 — 안정, 기대, 그리고 신뢰 — 이 세 감정의 주파수가 맞춰지는 순간, 설득은 다시 생명력을 얻고, 청중의 마음은 논리 위에서 조용히 움직이기 시작한다.

▍Tuning Point의 정의 — 논리와 감정이 '하모니'를 이루는 순간

Tuning Point는 단순히 문제의 해답을 제시하는 구간이 아니다. 그것은 Shock와 Empathy를 통해 고조된 감정의 흐름이 논리와 만나는 교차점이자, 공감과 이성이 서로 맞물리며 하나의 울림을 만들어내는 순간이다. 이 시점에서 청중은 더 이상 정보를 '이해'하는 단계에 머물지 않는다. 그들은 감정을 통해 논리를 받아들이며, 해법에 대한 '정서적 안도감'을 느낀다.

공감이 충분히 축적된 그 절정의 순간, 단 한 문장으로 핵심 솔루션을 제시하면, 그 문장은 논리적 설득이 아니라 감정적 공명의 형태로 작동한다. 즉, Tuning Point란 '논리를 전달하는 구간'이 아니라 **논리와 감정이 조율되어 하모니를 이루는 구간**'이다.

이 장면을 설계할 때, 우리는 **EDIS(Emotional Driven Impact Structure)**의 5단 흐름을 다음과 같은 리듬으로 정렬해야 한다.

- **Shock**: 문제의 '낯섦'을 열어 주목을 만든다.
- **Empathy**: 문제를 '나의 이야기'로 변환해 감정을 연결한다.
- **Tuning Point**: 공감과 논리의 균형을 이루며, 핵심 솔루션을 한 문장으로 조율한다.
- **Resolution(Value)**: 조율된 해법의 가치를 의미로 정리해 확신으로

전환한다.

- **Echo**: 그 조율의 여운, 즉 균형의 잔향을 남긴다.

따라서 Tuning Point의 핵심 과업은 오직 하나다. 감정과 논리의 흐름이 가장 아름답게 교차하는 바로 그 순간, 핵심 솔루션을 한 문장으로 조율하여 청중의 마음속 '이해-감정의 밸런스'를 회복시키는 것이다. 그 균형이 잡히는 순간, 설득은 정보의 전달에서 감정의 공명으로, 그리고 논리의 언어에서 신뢰의 언어로 전환된다.

왜 '조율'인가 — 무너진 공감을 다시 세우는 감정의 복원점

Tuning Point는 논리적 결론을 내리는 단계가 아니다. 그것은 감정이 다시 살아나는 순간이며, 공감의 리듬이 정돈되어 설득의 방향을 바로 세우는 감정의 복원점이다. Shock가 주목을 일으키고, Empathy가 감정을 깊게 흔들었다면, 그 여진 속에서 사람의 마음은 잠시 불안정한 상태에 머문다. 바로 그때 필요한 것이 **'조율(Tuning)'**, 즉 흔들린 감정을 가다듬고, **현실의 무게감과 미래의 기대감을 조율하여 동시에 복원시키는 과정**이다.

조율이란 단순히 톤을 맞추는 일이 아니다. 그것은 감정의 진폭을 조절해 "이제 괜찮다."는 심리적 안정을 만들어내는 기술이다. 공감으로 열린 마음을 안정된 현실로 연결해주지 않으면, 감정은 흩어지고 논리는 들어설 자리를 잃는다. 따라서 **Tuning Point는 감정이 다시 중심을 찾는 순간,**

설득의 균형이 회복되는 지점이다.

이 조율이 제대로 이루어지려면 세 가지 감정 요소가 맞물려야 한다.

- **균형감(Balance)** — 감정의 방향이 현실로 닿아야 한다. 청중이 느끼는 변화는 "언젠가 가능할 미래"가 아니라 **"지금 당장 체감할 수 있는 변화"**여야 한다. 너무 멀리 있는 꿈은 감동을 주지만, 당장 가능한 변화만이 신뢰를 준다.
- **신뢰(Trust)** — 감정이 진짜로 안정되려면 근거가 필요하다. 말로만 하는 약속이 아니라, 실제로 작동할 수 있다는 믿음이 생겨야 한다. "이건 말이 아니라 실행 가능한 해법이구나." 이 확신이 생기는 순간 감정은 논리와 다시 하나가 된다.
- **공명(Resonance)** — 조율의 마지막은 미래의 감정을 '그림처럼' 보여주는 일이다. 청중의 머릿속에 "앞으로 이렇게 달라질 것이다."라는 장면이 그려지는 순간, 감정은 자연스럽게 미래로 이동한다.

이 세 가지가 동시에 작동할 때, 청중은 마음속에서 조용히 이렇게 느낀다.

"그래, 이제 진짜 변화가 시작되는구나."

바로 그 한순간, 감정은 다시 균형을 되찾고, 논리는 그 감정 위에 자리를 잡는다. 이것이 바로 Tuning이 필요한 이유이며, 설득이 완성되는 감정의 복원점이다.

  이기는 제안을 위한 설득의 알고리즘

조율을 설계하는 3P 프레임

감정을 다시 조율하려면 복잡한 분석이나 기술적 언어가 아니라, 감정의 흐름을 되살리는 구조적 언어가 필요하다. EDIS(Emotional Driven Impact Structure)에서는 이를 **3P 프레임**이라고 부른다. 이 세 단계는 감정이 혼란에서 안정으로, 공감에서 신뢰로, 신뢰에서 행동으로 이동하는 '감정 복원 구조'다.

- **Pulse(맥박)** — 감정의 리듬을 되찾는 말이다.

  Shock와 Empathy를 지나며 요동친 감정의 진폭을 다시 일정한 박동으로 되돌리는 단계다. 청중에게 "우리는 이제 같은 속도로 호흡하고 있다.", "당신의 감정을 이해했고, 이제 그 감정 위에서 이야기하고 있다."는 신호를 주어야 한다. 예를 들어 "우리는 다시 같은 박동으로 움직이고 있습니다."라는 문장은 감정의 온도를 안정시키고, '공감의 언어'를 통해 리듬을 맞춘다. Pulse는 단순히 따뜻한 표현이 아니라, 감정의 톤과 주파수를 일치시키는 심리적 리셋이다.

- **Proof Seed(씨앗 증거)** — 신뢰를 심는 근거의 언어다.

  감정이 안정되면, 그 감정이 현실로 이어질 '작은 근거'가 필요하다. 이때 제시되는 Proof Seed는 거대한 데이터가 아니라 작지만 확실한 사실, 즉 "이 변화가 실제로 작동했던 사례가 있습니다."와 같은 현실적 증거다. 사람은 논리보다 '작동하는 사실'에 안심한다. Proof Seed는 그 안심을 심어주는 감정의 근거이며, 감정과 신뢰의 다리를 잇는 역할을 한다.

- **Path(경로)** — 변화를 실천으로 옮기는 현실의 언어다.

  감정이 회복되고, 신뢰가 생겼다면 이제 청중은 '무엇을 어떻게 해야 하는가'를 알고 싶어 한다. Path는 바로 그 구체적 경로를 제시하는 단계다. "앞으로 90일 동안 이렇게 바꿔 나가겠습니다."라는 문장은 감정을 행동으로 연결한다. Path가 있을 때 설득은 비로소 감정의 안정에서 행동의 전환으로 이동한다.

이 세 가지는 따로 존재하지 않는다. **Pulse**가 감정을 살리고, **Proof Seed**가 신뢰를 심으며, **Path**가 그 감정을 현실로 이끈다. 세 요소가 하나의 흐름으로 설계될 때, 사람의 감정은 다시 균형을 되찾고, 설득은 감동이 아니라 실행으로 이어진다.

즉, Tuning Point의 성공은 감정을 '가라앉히는 일'이 아니라 '다시 살아 움직이게 하는 일'이다. 3P 프레임은 그 감정의 맥박을 되찾고, 신뢰의 씨앗을 심으며, 행동의 길을 여는 설계도다.

▌타이밍 — 감정 곡선의 '하모닉 타임'에 솔루션을 맞춰라

아무리 훌륭한 솔루션이라도 타이밍이 어긋나면 설득은 불협음이 된다. Tuning Point는 논리의 순간이 아니라, 감정이 최고조에 이른 직후의 미세한 조율의 순간이다. 이 시점은 감정이 과열되지도, 식지도 않은 절묘한 균형의 지점 — 바로 **감정 곡선의 하모닉 타임**이다. 그때 던져지는 한 문장은 논리의 해답이 아니라, 감정의 해소로 들린다.

　　　이기는 제안을 위한 설득의 알고리즘

1) 감정 포화의 신호

감정이 포화되면 청중의 반응에는 분명한 징후가 나타난다.

- **정적의 순간**: 방 안이 고요해지고, 사람들의 시선이 발표자에게 집중된다. 모두가 숨을 고르며 감정의 흐름을 따라가고 있다.
- **내적 공명**: 표정이 달라진다. 눈빛이 흔들리거나, 미묘한 회상의 기색이 보인다. 이는 공감이 '이해'에서 '자기 감정의 재생'으로 넘어갔다는 신호다.
- **'맞아'의 리듬**: 고개를 끄덕이거나, 낮은 한숨을 쉬거나, 살짝 미소를 짓는 등 감정의 미묘한 반응이 나타난다.

이 세 가지가 동시에 포착되는 순간이 바로 Tuning의 타이밍이다. 그때는 논리적 설명을 늘어놓을 때가 아니다. **10~20초 안에 핵심 솔루션을 한 문장으로 제시해야 한다.** 이 타이밍은 '뜨거운 공감'과 '차분한 이해'가 교차하는, 감정과 논리의 가장 미세한 접점이다.

2) Tuning 타이밍의 세 가지 규칙
- **60/40 룰**: 감정의 공명(공감 축적)에 60%, 논리의 조율(해법 제시)에 40%를 배분하라. **대부분의 설득이 실패하는 이유는 감정의 온도가 충분히 오르기 전에 논리를 밀어 넣기 때문이다.** 감정이 먼저 익어야 논리가 자연스럽게 흡수된다.
- **One-Breath Rule**: 해법은 반드시 한 호흡, 한 문장으로 제시하라. 장황한 설명보다 한 문장의 균형이 감정의 흐름을 깨지 않는다. 예를

들어 "우리는 모든 문제를 바꾸려 하지 않습니다. 다만, 가장 불편한 부분부터 조율하겠습니다." 이 한 문장은 정보가 아니라 신뢰의 선언으로 들린다.

- **Edge First Principle**: 해결의 한계를 먼저 말하라. 사람들은 완벽한 약속보다 진솔한 인식을 신뢰한다. 한계를 먼저 인정하면 공감의 주파수가 안정되고, 이후 제시되는 해법의 신뢰도가 높아진다.

Tuning Point의 타이밍은 설득의 '리듬 포인트'다. 너무 이르면 감정이 미완으로 남고, 너무 늦으면 공감이 식는다. 하모닉 타임은 그 둘의 경계, 즉 감정의 온도와 논리의 구조가 완벽히 조화를 이루는 순간이다. 그때 던져지는 한 문장은 해답이 아니라 **균형의 언어**, 즉 설득의 음악적 완성이다.

▋한 문장 조율문 — 감정과 논리를 맞추는 해답의 구조

Tuning Point에서 던져지는 첫 문장은 단순한 해답이 아니라, 감정과 논리가 만나는 중심음이다. 그 한 문장은 앞서 Shock와 Empathy로 형성된 감정의 흐름을 안정시키며, 동시에 논리의 방향을 부드럽게 열어주는 '조율의 언어'다. 이 한 문장이 감정의 불협음을 조정하고, 설득의 조화를 만들어 낸다.

조율문의 기본 공식

[**고객 감정의 본질**]을 [**조율 동사**]로 맞추어, [**회복될 감정 가치**]를 실현

합니다.

예를 들어,

- "혼란스러운 의사결정을 명료함으로 조율해, 안심할 수 있는 선택을 만듭니다."
- "지친 업무 리듬을 자동의 흐름으로 정돈해, 집중의 감정을 되살립니다."
- "복잡한 보고 과정을 단순화해, 팀의 에너지를 회복합니다."

이 문장들은 공통된 구조를 가진다. 먼저 '현재의 감정 상태'를 포착하고, '조율 동사'로 그 감정을 움직이며, 마지막에는 '회복된 감정의 가치'를 제시한다. 즉, 해법을 말하는 동시에 감정의 안정과 기대를 동시에 설계하는 것이다.

조율문의 언어 원칙(3D Principle)

- **Directional(방향성)**: 무엇을 바꾸는가보다, 어디로 조율되는가를 말하라. 조율은 **변화의 방향을 제시**하는 감정의 나침반이다. "문제를 해결한다."가 아니라 "혼란을 명료함으로 다듬는다."
- **Dynamic(동사 중심)**: 정적인 향상보다 동적인 감정의 조율을 표현하라. '향상한다', '제고한다' 같은 말은 멈춰 있다. 대신 '다듬는다', '맞춘다', '돌려준다', '되살린다' 같은 동사형 언어가 감정의 움직임을 만든다.
- **Dense(압축)**: 감정-조율-가치의 세 요소를 12~15단어 안에 담아라.

짧고 밀도 있는 문장은 감정의 여운을 남긴다.

금지어와 권장어 — 감정이 느껴지는 언어로 바꿔라

감정 중심 제안이나 발표에서 가장 흔한 실수는 기술적이거나 추상적인 언어를 그대로 사용하는 것이다. 이런 문장은 머리로는 이해되지만, 마음에는 남지 않는다.

예를 들어 "효율성을 향상합니다."라는 문장은 추상적이다. 무엇이, 어떻게, 누구에게 영향을 주는지 감정적으로 와닿지 않는다. 대신 "업무 리듬을 간결하게 맞춥니다."라고 하면, '효율'이라는 개념이 '리듬'이라는 감각으로 번역되어 실제로 느낄 수 있는 변화로 전환된다.

또한 "AI 알고리즘을 적용합니다."는 기술적으로는 정확하지만 감정이 비어 있다. "판단 과정을 직관적으로 정렬합니다."라고 바꾸면 기술이 아니라 '사람의 경험'을 중심에 둔다. 기술의 목적이 아니라, 그 기술이 만들어낼 '감정의 변화'를 보여주는 것이다.

마찬가지로 "만족도를 제고합니다." 같은 표현도 결과 중심의 언어일 뿐이다. 감정이 없다. 대신 "안심하고 선택할 수 있게 조율합니다."라고 말하면, 결과보다 '감정의 상태'를 강조하게 된다. 상대가 느낄 수 있는 안정감과 신뢰, 즉 감정의 가치가 드러난다.

Tuning Point의 핵심은 복잡한 설명이 아니라, 단 하나의 감정 리듬을 맞추는 일이다. 그 리듬은 "무엇을 바꿨다."가 아니라, "이제 마음이 안정되었다."로 이어져야 한다. 그래서 조율의 문장은 논리적 결론이 아니라, 감정과 논리가 서로의 주파수에 맞춰 울리는 순간 — 설득이 음악이 되는

   이기는 제안을 위한 설득의 알고리즘

바로 그 한 문장이다.

반발을 잠재우는 '날이 있는 조율'

조율(Tuning)이라는 말을 들으면 사람들은 종종 이렇게 반문한다. "그건 결국 타협 아니야?", "좋게만 말하네. 실제로 가능할까?" 이런 반응은 자연스럽다. 왜냐하면 조율이란 본질적으로 '균형'을 다루는 개념이기 때문이다. 하지만 진짜 조율은 타협이 아니다. 그것은 **감정의 공감과 논리의 근거가 동시에 작동하는 설득의 정점**이다. 부드러운 말 속에도 반드시 단단한 논리의 '날(Edge)'이 있어야 한다. 감정만으로는 설득이 흐물해지고, 논리만으로는 마음이 닫힌다. 감정의 온기와 논리의 냉기가 적절히 교차할 때 설득은 비로소 신뢰의 온도를 얻는다.

1) 사전 반론을 미리 잠재워라

조율의 가장 강력한 전략은 '예상된 반론'을 선제적으로 다루는 것이다. 사람들은 본능적으로 "이게 진짜 가능할까?", "현실적으로 괜찮을까?"를 생각한다. 따라서 Tuning 단계에서는 이 질문을 숨기지 말고, 오히려 꺼내서 다루어야 한다.

예를 들어 이렇게 말할 수 있다.

"속도가 느려지지 않을까 걱정하실 수 있습니다. 그래서 병렬 처리 구조를 적용해 실제 지연을 거의 느끼지 않도록 했습니다."

"현장에서 적응이 어려울까 우려하실 수 있습니다. 그래서 2주 단위로 피드백을 받아 바로 반영하는 체계를 만들었습니다."

"리스크가 크지 않을까 걱정하실 수 있습니다. 그래서 단계별로 점검하고, 문제가 생기면 바로 되돌릴 수 있는 안전장치를 넣었습니다."

이런 문장은 청중의 마음속에 숨겨진 불안을 대신 말해 준다. 그리고 그 불안에 대한 구체적이고 현실적인 대응을 함께 제시함으로써, 청중은 이렇게 느낀다.

"이 사람은 이미 내 걱정을 알고 있구나."

그 한순간, 설득은 논리로 이루어지는 것이 아니라 신뢰로 이루어진다. 조율의 언어는 상대를 방어하게 만들지 않고, 오히려 마음의 문을 연다.

2) 완벽 대신 신뢰를 선택하라

Tuning의 본질은 '완벽함'을 약속하는 것이 아니라 '현실적인 신뢰'를 주는 것이다. 설득은 이상을 말할 때보다 현실을 인정할 때 강해진다.

예를 들어 이렇게 말할 수 있다.

"우리는 완벽함보다 일관성을 선택했습니다. 대신 핵심 기능은 매주 다시 점검하고 다듬겠습니다."

이 문장은 겸손하지만 동시에 강하다. 완벽을 가장한 허상 대신, 꾸준함과 책임감을 보여준다. 사람들은 완벽한 시스템보다 **일관된 의지와 실행의 성실함**에서 더 큰 신뢰를 느낀다.

'날이 있는 조율'이란 부드러운 말 속에 단단한 의도를 숨기는 기술이다. 그것은 공격이 아니라 안정된 자신감이다. 감정의 공감으로 마음을 열고, 근거의 날로 신뢰를 세우는 것 — 이것이 진짜 Tuning의 언어다. 즉, 조율은 타협이 아니라 **감정의 신뢰를 구조화하는 정밀한 설득의 기술**이다.

Tuning Point는 '해답'이 아니라 '공명이 시작되는 순간'이다

Tuning Point는 단순히 "정답을 제시하는 단계"가 아니다. 그것은 마음이 울리기 시작하는 순간, 즉 **공감이 논리로 이어지는 첫 진동**의 지점이다. 사람은 해답을 들었을 때가 아니라, **그 해답이 자신의 감정에 닿을 때** 설득된다. 그래서 Tuning의 목적은 설명이 아니라 **공명**이다. 논리가 감정을 대체하는 것이 아니라, 감정이 논리를 초대하는 것이다.

이 공명의 순간을 만들려면 세 가지가 필요하다.

1) 한 문장으로 감정의 리듬(Pulse)을 제시하라

긴 설명보다 "이제부터 달라질 수 있다."는 확신을 담은 짧고 명료한 문장이 더 강하다. 그 한 문장은 청중의 감정 곡선 위에 '균형의 박자'를 만들어 낸다.

예를 들어, "우리는 불안한 반복을 멈추고, 예측 가능한 하루를 회복하겠습니다."

이 한 문장 안에 변화의 리듬, 감정의 회복, 실행의 방향이 모두 담긴다.

2) 작은 근거(Proof Seed)를 보여줘라

공감이 쌓였을 때, 신뢰는 거대한 논리가 아니라 **작은 증거**에서 시작된다. "이미 비슷한 환경에서 같은 방식으로 개선이 이루어졌습니다."

이 한마디는 '가능성'을 '현실감'으로 바꾼다. 사람들은 감정의 고조 이후, 자신이 느낀 희망을 실제로 붙잡을 수 있는 손잡이를 원한다. 그 손잡이가 바로 작은 증거다.

3) 짧은 실행의 경로(Path)를 보여줘라

Tuning Point는 감정을 안정시키는 동시에, 그 감정이 **현실로 흐를 수 있는 길**을 보여 줘야 한다.

"앞으로 90일 안에, 가장 불편한 과정을 우선 바꾸겠습니다."

이 문장은 거창하지 않지만, 즉각적인 믿음을 준다. 실행은 설득의 마지막 리듬이다.

감정의 곡선이 최고점에 이르렀을 때, 이 세 가지 — 감정의 리듬(Pulse), 작은 근거(Proof Seed), 짧은 경로(Path) — 를 하나의 문장 안에 담아 던져라. 그 문장이 공명을 만들고, 공명은 신뢰의 파동으로 번진다. 그 순간 설득은 '이해의 언어'에서 '공명의 언어'로 바뀌며, Tuning Point는 해답이 아니라 **마음이 함께 울리기 시작하는 순간**으로 완성된다.

문제 → 통찰 → 솔루션으로 이어지는 '조율의 법칙'

"좋은 해법은 문제에서 태어나지 않는다. 조율된 통찰에서 태어난다." Shock와 Empathy 단계를 거쳐 감정이 충분히 열리고 연결되면, 청중의 마음속에는 하나의 질문이 생긴다. "그래서, 진짜 문제는 뭐였을까?" 이 질문이 바로 Tuning Point의 출발점이다. 감정이 논리로 넘어가기 직전, 인식이 '현상'에서 '본질'로 이동하는 순간, 우리는 곧바로 해답을 제시하기보다 감정과 논리를 맞추는 조율을 먼저 해야 한다. 문제를 다르게 바라보는 통찰의 순간, 설득은 비로소 시작된다.

대부분의 제안이 실패하는 이유는 단순하다. 고객이 한 말을 그대로 되풀이하기 때문이다. "업무 프로세스가 복잡하다."는 말에는 "그래서 우리는 간소화 시스템을 구축하겠습니다."라는 답이 돌아온다. "데이터가 분산

　　　　　　　　　　이기는 제안을 위한 설득의 알고리즘

되어 있다."는 말에는 "그래서 우리는 통합 플랫폼을 만들겠습니다."라는
논리가 따라붙는다. 논리적으로 완벽하지만 감정적으로는 아무런 변화가
없다. 왜냐하면 고객이 문제를 말할 때 느꼈던 감정의 주파수가 그대로 남
아 있기 때문이다. 말은 바뀌었지만 느낌은 그대로인 것이다. 이런 제안은
"이해는 되지만, 마음이 움직이지 않는다."는 반응으로 귀결된다. 머리로
는 납득하지만 가슴으로는 반응하지 않는 것이다. 진짜 설득은 문제를 반
복하는 것이 아니라, 그 문제 속 감정을 새롭게 조율하는 데서 시작된다.

공감형 설계자는 고객의 말을 그대로 옮기지 않는다. 그 말 속에 숨겨
진 감정의 뿌리를 찾아내고, 그 감정을 다시 정의하여 새로운 방향으로
조율한다. 예를 들어 고객이 "시스템이 너무 느려요."라고 말할 때, 그건
단순한 불만이 아니라 '통제감을 잃은 감정'이다. 이 말을 "나는 시스템의
리듬을 잃었다."로 바꾸면, 문제는 속도의 문제가 아니라 리듬의 문제로
재정의된다. 또 "절차가 너무 복잡해요."라는 말은 피로감의 표현이다.
"이 일은 나의 에너지를 분산시킨다."로 바꾸면, 핵심은 단순화가 아니라
에너지의 회복이 된다. "정책이 자주 바뀌어요."라는 말에는 불안감이 깔
려 있다. "나는 예측할 수 없는 박자에 갇혀 있다."로 조율하면, 문제는 절
차가 아니라 리듬의 불안정으로 바뀐다.

이처럼 고객의 말을 감정으로 재정의하는 순간, 문제는 '현상'에서 '이
유'로, 데이터에서 사람의 마음으로 옮겨 간다. 그리고 그때 비로소 우리
는 해결책의 리듬, 즉 감정의 균형을 되찾을 방향을 세울 수 있다. 조율은
기술이 아니라 감정의 해석이다. 문제를 분석하는 것이 아니라, 그 문제
속에서 흔들린 마음의 주파수를 다시 맞추는 일이다. 설득은 언제나 이
조율의 순간에서 시작된다.

▌통찰(Insight)은 문제를 '다르게 보게 하는 조율의 눈'이다

통찰은 단순한 분석이 아니다. 분석이 데이터를 나누고 비교하는 일이라면, 통찰은 그 안에서 의미와 감정을 정렬하는 일이다. 통찰은 이렇게 묻는 순간부터 시작된다. "이 현상은 왜 계속 반복될까?" 데이터는 '무엇이 일어나고 있는가?'를 보여 주지만, 통찰은 '왜 그런 일이 일어나는가?'를 느끼게 한다. 즉, 통찰은 논리의 결과가 아니라 감정과 논리가 만나는 조율의 지점이다. 그 순간, 기획은 단순한 분석 보고서가 아니라 사람의 마음을 움직이는 방향으로 바뀐다.

통찰은 갑자기 떠오르는 아이디어가 아니다. 그것은 사고의 방향을 조율해 가는 과정 속에서 만들어진다. 첫 단계는 관찰이다. "지금 무엇이 일어나고 있는가?"라는 질문은 눈앞의 현상을 정확히 보는 일이다. 예를 들어 "업무 시스템이 복잡하다."는 말은 단순한 사실의 진술에 불과하다. 다음 단계는 해석이다. "왜 이런 감정이 반복되는가?"를 묻는 순간, 구조의 문제가 아니라 감정의 문제가 드러난다. 마지막 단계는 의미화다. "이 감정의 핵심은 무엇인가?"를 묻는 순간, 감정의 본질적 주파수가 보인다. 예를 들어 "직원이 스스로 판단할 여유가 없다."는 말은 단순히 시스템이 복잡하다는 불만이 아니라, 심리적 자율성을 잃은 상태를 의미한다. 이 한 문장이 생기면, 기획의 초점은 기술의 개선이 아니라 자율성 회복, 즉 리듬을 되찾는 감정 설계로 이동한다. 이렇게 문제를 보는 사고의 단계가 '보는 것'에서 '느끼는 것'으로, 그리고 '느끼는 것'에서 '이해하고 조율하는 것'으로 확장된다.

많은 기획이 실패하는 이유는 문제를 표면 그대로 진단하고 끝내기 때문이다. "업무 시스템이 복잡하다."라는 말은 겉으로 보면 맞는 말이다. 그러나 그 안을 들여다보면 더 깊은 문제가 숨어 있다. 조율형 통찰을 거치면 문장은 이렇게 바뀐다. "직원이 스스로 판단할 여유가 없다." 이 한 문장으로 기획의 방향이 완전히 달라진다. 초점은 기술의 단순화가 아니라, 심리적 자율성을 회복시키는 일로 옮겨간다. 기존의 접근 방식이 "프로세스를 자동화하자."였다면, 통찰 이후의 접근은 "의사결정권을 현장으로 돌려주자."가 된다. 관리 중심의 구조가 자율 중심의 구조로 바뀌는 것이다. 목표도 달라진다. 기존의 목표가 효율성 향상이었다면, 조율 이후의 목표는 리듬 회복과 몰입 회복이다. 결과 역시 다르다. 기존의 접근은 "일은 빨라졌지만, 피로는 남는다."로 끝난다. 하지만 통찰형 접근은 "일은 유연해지고, 사람은 살아난다."로 이어진다. 효율을 넘어 지속 가능한 동기와 감정의 회복이 이루어지는 것이다.

겉으로 보이는 문제는 대부분 감정이 깨진 결과다. "시스템이 복잡하다."는 말은 구조의 문제가 아니라 판단 리듬이 흐트러진 상태일 수 있다. 그래서 시스템을 아무리 단순하게 만들어도 피로감은 사라지지 않는다. 왜냐하면 핵심은 '속도'가 아니라 '통제감을 잃은 감정'에 있기 때문이다. 본질적인 문제는 감정의 결핍이다. 직원이 "내가 결정할 수 있다."는 감정을 잃는 순간, 효율은 오히려 떨어진다. 즉, 일의 문제는 곧 감정의 문제다. 이때 필요한 것은 새로운 기술이 아니라 감정의 리듬을 되살리는 일, 자율감과 회복감을 회복시키는 일이다.

따라서 Tuning의 순간은 논리적으로 정리되는 단계가 아니라 감정의 방향이 바뀌는 순간이다. "시스템을 어떻게 바꿀까?"에서 "사람이 어떻게 리듬을 되찾을까?"로 초점을 옮기는 그 순간, 기획의 언어가 달라지고, 솔루션의 방식이 달라지고, 평가의 기준까지 바뀐다. 문제를 정의하는 한 문장이 기획의 전체 방향을 바꾼다. "업무 프로세스가 복잡하다."는 문장을 "일의 리듬이 깨져 있다."로 바꾸는 것만으로도 초점은 구조에서 감정으로, 효율에서 몰입으로 이동한다. 해결책도 달라진다. "프로세스 자동화" 대신 "결정권 회복과 피드백 순환"이 중심이 된다. 성과의 기준 역시 "처리 속도 향상"이 아니라 "자율성과 만족감의 회복"으로 전환된다.

결국 이 모든 변화는 기획의 관점을 시스템 중심에서 사람 중심으로 다시 맞추는 일이다. Tuning은 효율을 다듬는 과정이 아니라, 감정의 리듬을 되살리는 과정이다. 기술의 문제가 아니라, 사람의 감정 속에 생긴 불협화음을 다시 조율하는 일이다. 통찰은 그 조율의 눈이며, 기획이 다시 사람의 리듬 위에서 숨 쉬게 만드는 시작점이다.

▌솔루션은 문제의 반대가 아니라 '조율된 통찰'의 결과다

많은 사람들은 이렇게 생각한다. "문제의 반대편에 해답이 있다." 그래서 대부분의 해법은 이런 식으로 단순하게 정리된다. 느리면 빠르게, 복잡하면 단순하게, 부족하면 늘리자. 이런 문장은 논리적으로는 옳다. 그러나 사람의 감정을 움직이지는 못한다. 왜냐하면 사람은 '빠르다'거나 '단순하다'는 사실 때문에 만족하지 않기 때문이다. 진짜 만족은 이렇게 느낄 때 생긴다. "이제는 내가 다시 주도권을 가졌어." 즉, 해법의 본질은 속도나 구조가 아니라, 감정이 회복되는 경험에 있다.

문제가 "시스템이 느리다."라면, 해법은 단순히 "속도를 높인다."가 아

 이기는 제안을 위한 설득의 알고리즘

니다. "기다리지 않아도 된다는 신뢰감"을 만들어야 한다. 문제가 "절차가 복잡하다."라면, 해법은 "단순화한다."가 아니라 "내가 이 일을 주도하고 있다."는 확신을 주는 것이다. 문제가 "업무가 반복된다."라면, 해법은 "자동화한다."가 아니라 "의미 있는 일에 집중할 수 있는 자유"를 주는 것이다. 결국 좋은 솔루션은 문제의 반대말을 찾는 게 아니라, 그 문제 속에 숨어 있던 감정을 다시 조율하는 일이다. 논리로는 '개선'이지만, 감정으로는 '회복'이다.

좋은 해법은 억지로 논리를 쌓아 만들어 내는 게 아니다. 그것은 감정의 흐름이 제대로 맞춰졌을 때 자연스럽게 흘러나오는 결과다. 예를 들어 "고객은 시스템이 느리다고 느낀다."라는 문제를 보자. 겉으로는 단순한 기술 이슈처럼 보이지만, 그 안에는 "나는 이 상황을 통제하지 못하고 있다."는 감정이 숨어 있다. 이 감정을 읽어 내는 순간, 해결책은 자연스럽게 이렇게 바뀐다. "사용자가 스스로 제어할 수 있는 구조를 만들자." 이제 해법의 초점은 속도가 아니라 '주도권 회복의 경험'으로 옮겨진다.

이처럼 문제를 관찰하고, 감정을 해석하고, 그 감정의 리듬에 맞춰 솔루션을 만드는 구조가 바로 조율된 통찰의 과정이다. 논리의 설계가 아니라 감정의 설계, 기술의 개선이 아니라 감정의 회복이다. 문제 → 감정 → 해법으로 이어지는 이 자연스러운 흐름이 생길 때, 사람은 설명이 아니라 납득으로 반응한다. 이것이 바로 Tuning Point의 핵심이며, 설득이 감정의 리듬 위에서 완성되는 순간이다.

문제 → 통찰 → 솔루션을 설계하는 3단계 'Tuning 프레임'

Tuning 단계는 단순히 문제를 해결하는 과정이 아니다. 그것은 문제를

'감정의 언어'로 다시 보고, 그 감정을 이해한 뒤, 회복의 방향으로 조율하는 3단계의 정교한 감정 설계다. 이 과정을 거치면, 해법은 더 이상 논리의 결과가 아니라 공명의 결과로 탄생한다.

첫 번째 단계 — 문제의 감정화

문제를 기술적으로 정의하지 말고, 감정의 언어로 다시 써야 한다. "프로세스가 복잡하다."는 말은 기술적 진단이지만, "혼란스럽다."는 표현은 사람의 체감이다. "사용하기 불편하다."는 표현을 "지친다."로 바꾸는 순간, 문제는 데이터가 아니라 사람의 느낌이 된다. 감정의 언어로 바꾼다는 것은 단순히 단어를 바꾸는 일이 아니라, 문제의 시선을 사람의 경험으로 되돌리는 일이다. 기술의 문장에서 사람의 목소리가 들리기 시작하는 순간, 진짜 조율이 시작된다.

두 번째 단계 — 통찰의 재정의

문제를 감정의 언어로 본다면, 그 다음은 그 감정이 왜 생겼는지를 찾아야 한다. 즉, 감정의 원인을 '감정의 주파수'처럼 분석하는 일이다. 예를 들어 "지친다."는 감정의 밑바닥에는 "이 과정에서 내가 통제할 수 있는 부분이 없다."는 무력감이 깔려 있다. 이 한 문장이 나오면 문제의 초점이 기술적 불편에서 심리적 불균형으로 이동한다. 그리고 그 순간 기획의 중심축은 '개선'이 아니라 '회복'이 된다. 감정의 원인을 읽어내면, 솔루션은 자연스럽게 논리보다 사람의 리듬 위에서 설계된다.

　　　　　　　　　　　　이기는 제안을 위한 설득의 알고리즘

세 번째 단계 — 솔루션의 감정 회복 설계

마지막 단계는 해법을 단순한 '반대말'로 만들지 않는 것이다. 진짜 해법은 감정이 회복되는 지점을 설계하는 데 있다. 예를 들어 "사용자가 직접 선택할 수 있는 여유를 주는 UX 구조를 만든다."는 접근은 "복잡하다 → 단순화한다."가 아니라, "통제할 수 없어서 불안하다."를 "스스로 선택할 수 있어서 안심된다."로 전환하는 일이다. 즉, 기능을 바꾸는 것이 아니라 감정을 되돌리는 설계다. 이 단계에서 비로소 사람은 시스템이 아니라 경험으로 설득된다.

이 세 단계를 완성하면, 자연스럽게 Tuning Point의 핵심 구조인 **Pulse-Proof Seed-Path**로 이어진다. 감정의 리듬을 되살리는 **Pulse**, 신뢰를 심는 작은 증거 **Proof Seed**, 그리고 변화를 구체화하는 실행의 경로 **Path**. 이 세 축이 맞물릴 때, 감정은 안정을 되찾고 논리는 공명을 얻는다. 즉, Tuning은 기술을 조율하는 일이 아니라 감정을 회복시키는 설계의 기술이다.

사례 — 문제를 '조율'한 순간, 제안의 반응이 달라졌다

한 지방자치단체에서 행정정보 시스템 구축 사업 제안 경쟁이 열렸다. 대부분의 업체는 동일한 프레임으로 접근했다. "우리는 데이터를 더 빠르게 처리할 수 있습니다." 즉, 모든 제안이 효율성과 속도를 중심으로 한 기술 경쟁이었다. 문장마다 성능, 처리량, 자동화, 알고리즘 같은 단어가 반복되었지만, 그 안에서 사람의 감정은 사라져 있었다.

그런데 단 한 팀이 문제를 완전히 다르게 바라봤다. 그들은 이렇게 말했다. "시민은 행정이 느리다고 말하지만, 사실 그들이 느끼는 건 '보이지 않는다'는 답답함입니다." 이 한 문장이 제안의 방향을 완전히 바꿔놓았다. 다른 팀들이 속도를 높이는 방향으로 문제를 풀려 했다면, 이 팀은 문제의 본질을 '시간'이 아닌 '감정'으로 재정의했다. 그리고 그 감정을 조율해 새로운 해법을 제시했다 — '보이게 하는 것(Visualization)'.

그들의 제안서는 이렇게 시작됐다. "모든 행정 절차를 눈에 보이게 하겠습니다. 시민이 기다리는 동안 행정이 어떻게 움직이고 있는지를 한눈에 볼 수 있도록, 투명한 대시보드를 구현하겠습니다." 즉, 단순히 더 빠르게 처리하는 시스템이 아니라, 시민이 '기다림을 이해할 수 있게 만드는 시스템'을 설계한 것이다. 그 한 문장이 '불만'을 '이해'로, '답답함'을 '신뢰'로 바꿔 놓았다.

결국 이 팀이 최종 선정되었다. 이유는 기술이 더 뛰어나서가 아니었다. 그들은 문제 속에 숨어 있던 감정을 정확히 읽었고, 그 감정을 회복시킬 수 있는 조율의 언어로 제안을 만들었다. 그 결과, 제안서는 기술 보고서가 아니라 감정이 설계된 이야기로 작동했다. 이것이 바로 Tuning Point의 힘이다 — 문제를 다르게 보고, 감정을 조율하는 순간, 제안의 울림이 달라진다.

감정 통찰에서 솔루션으로 이어지는 Tuning 문장 패턴

Tuning Point는 단순히 "이렇게 하겠습니다."라고 말하는 결심의 단계

     이기는 제안을 위한 설득의 알고리즘

가 아니다. 그것은 감정을 읽고, 그 감정 속에서 의미를 정리하며, 실행의 리듬으로 전환시키는 감정-논리의 전환점이다. 즉, 해법을 '설명하는 순간'이 아니라 '공명이 행동으로 변하는 순간'이다. 이 전환의 흐름은 다음 세 문장으로 완성된다.

1) 감정의 인식

"우리는 이 문제를 기술적인 결함이 아니라, 사람 사이의 감정이 끊어진 문제로 보았습니다."

이 문장은 문제를 기능이나 효율이 아닌 감정의 단절로 다시 본다. 문제를 바라보는 시선의 깊이가 달라지는 순간, 청중은 "이들은 단순히 분석하는 사람이 아니라, 느끼는 사람이다."라고 인식한다.

2) 통찰의 전환

"그래서 해법은 기능을 더하는 게 아니라, 신뢰를 다시 회복하는 데서 시작했습니다."

이 한 문장은 논리의 축을 '개선'에서 '회복'으로 바꾸는 언어적 조율이다. 기술을 말하는 대신 감정의 에너지를 다루는 순간, 설득의 방향이 달라진다. 청중은 이 전환의 문장에서 '이해'보다 '납득'을 경험한다.

3) 실행의 선언

"그 결과, 이 시스템은 단순히 문제를 고치는 구조가 아니라, 사람이 다시 주도권을 가지는 구조가 되었습니다."

이 문장은 감정의 회복이 실제 실행으로 이어졌음을 보여 준다. 즉, '감정이 현실로 작동하는 구조'가 만들어졌다는 선언이다. 이 한 문장이 감정의 곡선을 논리의 결과로, 공감을 실행의 신뢰로 전환시킨다.

이 세 문장은 각각 감정(Emotion), 통찰(Insight), 실행(Action)의 흐름으로 연결되어 있으며, 이 순서 자체가 EDIS 구조의 Tuning 단계 핵심을 완벽히 구현한다. 여기에 한 문장을 덧붙이면 실행의 리듬까지 완성할 수 있다.

"이 리듬을 현실에서 작동시키기 위해, 우리는 90일 안에 감정의 맥박(Pulse), 근거(Proof Seed), 실행 경로(Path)를 정렬하겠습니다."

이 한 줄로 감정의 공명이 실행의 궤도로 옮겨가며, 설득은 단순한 감정 전달이 아니라 '감정이 움직이는 시스템'으로 완성된다.

▌해법의 시작은 '문제를 다르게 보는 조율의 눈'이다

좋은 해법은 단순히 더 나은 답에서 나오지 않는다. 진짜 해법은 문제를 새롭게 바라보는 시선, 즉 감정과 논리를 정확히 맞추는 **조율의 눈**에서 시작된다. Shock가 감정을 흔들고, Empathy가 그 감정을 연결했다면, Tuning Point는 그 감정과 논리를 하나로 정렬시키는 단계다. 이때 설득은 기술의 언어를 벗어나 인간의 감정과 리듬 위에서 완성된다. 결국 이렇게 말할 수 있다.

"문제는 기술이 아니라 감정에서 시작된다. 그리고 해법은 논리가 아니라 조율된 통찰에서 태어난다."

이제 이 통찰을 현실로 옮기는 세 가지 과정이 남는다. 그것이 바로 **맥**

　　　　　　　　　이기는 제안을 위한 설득의 알고리즘

박(Pulse), 근거(Proof Seed), 경로(Path)다.

1) 통찰의 맥박(Pulse)을 제시하라

'맥박'은 감정이 반응하는 순간이다. 듣는 사람이 "그래, 바로 그거야!" 하고 느끼는 찰나의 포인트가 있다. 그게 바로 통찰의 맥박이다. 통찰은 데이터 속에서 발견되는 게 아니라, 데이터가 감정의 언어로 바뀌는 순간에 나타난다.

예를 들어,

(X) "업무 효율을 20% 높이겠습니다."
(O) "사람이 스스로 리듬을 되찾을 때, 성과는 자연히 오른다."

두 번째 문장은 수치를 말하지 않지만, 감정의 심장박동(Pulse)을 울린다. 듣는 이는 논리가 아니라 리듬으로 납득한다. 아무리 논리가 완벽해도, 이 '느낌의 박동'이 없다면 사람은 움직이지 않는다. 감정이 반응해야 이해가 시작된다.

2) 작동 근거(Proof Seed)를 제시하라

맥박은 감정을 움직인다. 그러나 감정은 불안정하다. 그 감정이 오래 지속되려면, 작고 확실한 신뢰의 근거가 필요하다. 그것이 바로 **Proof Seed**, 즉 '증거의 씨앗'이다.

이건 거대한 통계나 화려한 지표가 아니다. "그 말이 실제로 작동한다." 는 것을 보여주는 작고 구체적인 사실 하나면 충분하다.

예를 들어,

"이 방식은 3개 팀에서 이미 실험해 2주 만에 효과를 확인했습니다."

"업무 복잡도를 줄이는 대신 결정권을 위임했을 때, 해결 속도가 1.5배 빨라졌습니다."

Pulse가 감정의 문을 연다면, Proof Seed는 그 문이 닫히지 않도록 신뢰의 기둥을 세운다. 감정과 신뢰가 균형을 이룰 때, 설득은 비로소 구조로 작동하기 시작한다.

3) 90일 경로(Path)로 현실에 붙여라

마지막 단계는 통찰이 말에서 끝나지 않도록 만드는 일이다. 감정이 실제 행동으로 옮겨가려면, 그것이 현실 속에서 움직일 수 있는 '리듬'을 가져야 한다. 이때의 단위가 바로 90일 경로(Path)다.

보통 3개월이면 사람의 감정이 습관과 행동으로 전환되기 시작한다. 그래서 이렇게 말할 수 있다.

"처음 30일은 현장의 감정 리듬을 인터뷰로 파악합니다.

60일 차에는 자율 개선 모델을 시범 적용하고,

90일 차에는 지속 피드백 루프를 가동합니다."

이 90일의 흐름은 **감정이 비전에서 행동으로 이어지는 다리**가 된다. 감정의 변화가 실제 움직임으로 구체화되는 순간, 설득은 완성된다.

사람은 논리로 이해하지만, **맥박으로 믿고 리듬으로 따라간다.**

- 통찰(Pulse)은 감정을 반응시키고,
- 근거(Proof Seed)는 신뢰를 세우며,

　　　　　이기는 제안을 위한 설득의 알고리즘

- 경로(Path)는 변화를 현실로 이끈다.

이 세 가지가 하나의 리듬으로 맞물릴 때, 사람은 "이건 할 수 있겠다."는 정서적 확신을 느낀다. 그때 설득은 더 이상 설명이 아니라, **느낌으로 작동하는 구조**가 된다.

▌'그래서 이게 해법이다'를 설득력 있게 말하는 구조(조율 버전)

좋은 해법은 설명으로 만들어지지 않는다. 그건 지금까지 쌓인 감정의 연장선 위에서 자연스럽게 흘러나오는 조율된 말이다. 즉, 논리의 언어가 아니라 감정의 리듬 위에서 태어난다.

청중이 충분히 공감하면, 마음속에 이런 질문이 생긴다.

"그래서, 당신은 이 문제를 어떻게 다시 맞추려고 하나요?"

이 순간이 바로 **Tuning Point의 정점**이다. 이때 던지는 단 한 문장이 당신의 메시지를 단순한 '정보'에서 '설득'으로, 그리고 '이야기'에서 '해답'으로 바꾼다.

해법은 결론이 아니라 감정의 응답이다

많은 발표나 제안서는 이렇게 말한다.

"그래서 우리의 결론은 이것입니다."

하지만 청중에게 그 문장은 감정의 끝이 아니라, 감정이 끊긴 공백처럼 들린다.

왜 그럴까?

그들은 논리의 결론을 기다리는 게 아니라, 지금까지 자신이 느낀 감정에 대한 응답을 기다리고 있기 때문이다. 즉, 해법은 "이제 끝났다."는 신호가 아니라, "이제부터 감정이 어떻게 회복되는가?"를 보여 주는 감정의 다리다. 이때 중요한 건 논리의 완벽함이 아니라, 감정의 타이밍이다. 감정이 충분히 고조되고, 공감이 깊이 쌓인 바로 그 순간에, 한 문장으로 리듬을 맞추어야 한다.

좋은 해법 문장은 이렇게 시작된다.

"그렇습니다. 그래서 우리는 이 리듬을 이렇게 다시 맞췄습니다."

또는

"그 감정을 바꾸기 위해, 우리가 내린 조율의 결론은 이것입니다."

이 문장들은 겉으로는 차분하고 논리적인 어조를 가지지만, 그 속에는 감정의 온도와 리듬이 살아 있다. 듣는 사람은 그 차이를 즉시 느낀다.

"이건 계산된 말이 아니라, 나를 이해한 답이구나." 그 순간 청중의 뇌는 논리를 '분석'하지 않고, 감정으로 '동의'한다. 즉, 해법이 '이해'가 아니라 '납득'으로 전환되는 것이다.

Tuning Point의 본질은 감정의 리듬을 잇는 해법의 언어다.

이 리듬을 잃지 않으면, 그 한 문장은 단순한 설명이 아니라 마음속에 닿는 조율의 결론이 된다. 그 순간, 청중은 더 이상 '듣는 사람'이 아니라 '동의한 사람'이 된다.

 이기는 제안을 위한 설득의 알고리즘

"그래서"는 단순 연결이 아니라 '조율 시작'의 신호다

"그래서"라는 말은 문장과 문장을 단순히 이어주는 접속어가 아니다. 그 한 단어가 등장하는 순간, 공감으로 흐르던 감정의 리듬이 미세하게 바뀌며, 감정에서 논리로 넘어가는 전환의 문이 열린다. 청중의 마음은 그전까지 Shock와 Empathy를 거치며 충분히 공감의 영역 속에 머물러 있다. 그들은 당신의 이야기를 단순히 듣는 게 아니라, 그 안의 감정을 느끼며 '같이 체험하고 있는 상태'다. 그런데 바로 이때, 당신이 "그래서"라고 말하는 순간, 그들의 내면은 즉각적으로 반응한다. "아, 이제 해답이 나오겠구나." 그 한 단어가 청중에게 던지는 메시지는 단순히 논리적 연결이 아니라, "이제 당신의 감정에 내가 응답하겠다."는 신호다. 이 순간이 바로 **Tuning의 시작**이다.

하지만 이 타이밍을 잘못 잡으면 설득의 리듬은 금세 흐트러진다. 너무 일찍 말하면 감정의 파도가 충분히 고조되지 않은 상태에서 해답을 던지게 되어, 청중은 "이야기가 아직 덜 익었다."는 느낌을 받는다. 반대로 너무 늦게 말하면 공감의 에너지가 식고, 집중이 풀리며, 감정의 긴장감이 사라진다. 따라서 "그래서"는 감정의 곡선이 가장 높이 오른 순간, 즉 청중의 마음이 "이해"보다 "기대"로 기울어 있는 찰나에 단호하지만 부드럽게 던져야 한다. 그 한마디가 감정과 논리의 경계선을 넘기고, 설득의 에너지를 다음 단계로 이어 준다.

이때의 "그래서"는 단순한 결론의 신호가 아니다. 그것은 지금까지 공감으로 쌓아온 감정을 **논리적 해법으로 전환시키는 첫 박자**, 즉 리듬의 전환점이다. 그래서 잘 던진 "그래서"는 해답보다 먼저 신뢰를 만든다. 그 한 단어가 가진 리듬이 청중의 감정과 정확히 맞아떨어질 때, 사람들은 설명이 아니라 '안심'을 느낀다. "이제 내 이야기가 끝까지 이어지겠구나." 그때부터 그들은 논리를 듣는 것이 아니라, 해답의 리듬에 몸을 맡긴다.

이 순간, 이렇게 말할 수 있다.

"그렇습니다. 이 문제의 핵심 조율은 단순합니다."

또는

"우리는 그 감정을 바꾸는 단 하나의 조율 포인트를 찾았습니다."

이 한 문장은 논리적인 설명이 아니라 감정의 연속이다. 청중은 이미 감정적으로 준비가 되어 있으며, 당신의 "그래서"는 그 준비된 감정 위에 놓이는 마지막 화음처럼 들린다. 논리로 이해되는 게 아니라 감정으로 납득된다. 그래서 "그래서"는 결론이 아니라 감정과 논리가 하나로 맞물리며 울림을 만들어내는 첫 음이다.

▌설득력 있는 해법 문장은 '감정 + 전환(조율) + 의미'의 3박자다

좋은 해법은 논리의 정교함으로 완성되지 않는다. 그 문장 안에는 반드시 **세 가지 리듬**, 즉 감정의 공감, 전환의 조율, 의미의 확장이 함께 흐르고 있어야 한다. 이 리듬이 맞아야 청중은 논리로 이해하는 것이 아니라, 감정으로 납득한다.

첫 번째 박자는 **감정의 인정**이다.

해법을 제시하기 전에, 청중의 감정을 한 번 더 짚어 주는 것이다.

　　　　　　　　　　이기는 제안을 위한 설득의 알고리즘

"이 문제는 단순한 시스템 오류가 아니라, 사람들의 마음이 지쳐서 생긴 결과였습니다."

이 한 문장이 들어가는 순간, 청중은 당신의 말을 결론으로 듣지 않는다. 그건 자신이 느꼈던 감정의 연장선, 즉 공감의 흐름 속에서 이어지는 말로 받아들인다. 이 짧은 인식의 인정이 해법을 '냉정한 보고'에서 '따뜻한 응답'으로 바꿔 준다.

두 번째 박자는 **전환의 선언**, 즉 **조율의 시작**이다.

이제 감정의 여운을 유지한 채, 공감에서 해법으로 건너가는 다리를 놓아야 한다.

"그래서 우리는 기술이 아니라, 신뢰의 회복이라는 방식으로 접근했습니다."

이 문장은 논리적인 설명이 아니라, 조율의 신호다. 공감의 리듬을 끊지 않고, 자연스럽게 다음 단계로 넘어가게 한다. 즉, "이제 우리가 그 감정에 응답하겠습니다."라는 약속의 문장이다. 청중은 이 말을 듣는 순간, 자신의 감정이 안전하게 다음 단계로 안내되고 있다는 느낌을 받는다.

세 번째 박자는 **의미의 확장**이다.

단순히 "무엇을 했다."가 아니라, "왜 그것이 중요한가?"를 감정적으로 마무리하는 단계다.

"이것은 단순한 기능 개선이 아니라, 관계를 회복하는 일입니다."

사람은 해법의 논리 구조를 기억하지 않는다. 그 해법이 자신에게 어떤 감정을 남겼는지를 기억한다. 따라서 마지막 문장은 논리의 종결이 아니라, 감정의 여운이 되어야 한다. 이때의 의미는 기술적 가치가 아니라 인간적 가치, 즉 "이 변화가 내 삶을 어떻게 다르게 느끼게 할 것인가"에 있다.

결국, 설득력 있는 해법 문장은 **감정의 인정 → 전환의 선언 → 의미의 확장**이라는 세 박자 위에서 완성된다. 이 세 리듬이 자연스럽게 맞물릴 때, 그 문장은 단순한 결론이 아니라 감정이 납득되는 해법이 된다. 즉, 머리로는 이해되고, 마음으로는 '그럴 수밖에 없다'고 느껴지는 순간 — 그때 설득은 비로소 완성된다.

▌해법을 제시할 때의 언어적 원칙(조율의 원칙)

좋은 해법은 단어 하나, 어조 하나에도 조율의 리듬이 살아 있어야 한다. 논리는 명확해야 하지만, 감정의 흐름을 거스르지 않아야 한다. 따라서 해법을 말할 때는 다음 세 가지 언어 원칙을 기억하라.

첫째, 단정하되 강요하지 말라.

"우리는 이것이 정답입니다."라는 문장은 듣는 사람의 생각을 닫게 만든다. 하지만 "우리는 이 방향이 가장 현실적이고, 동시에 가장 인간적이라고 생각합니다."라고 말하면 다르다. 이 문장은 단단하면서도 부드럽다. 청중은 '명령'에 반발하지만, '확신'에는 설득된다. 조율된 해법의 언어는 힘으로 누르지 않고, 신뢰로 끌어당긴다.

둘째, 구체적이되 짧아야 한다.

　　　　　　　　이기는 제안을 위한 설득의 알고리즘

감정의 리듬은 긴 문장을 견디지 못한다. 해법을 말할 때는 한 문장에 한 개념만 담아라.

"복잡한 절차를 줄이고, 단 한 번의 클릭으로 끝나게 합니다."

이런 문장은 명확하고 간결하며, 감정을 논리로 부드럽게 끌어올린다. 불필요한 수식어나 장황한 설명은 감정의 호흡을 깨뜨린다. 짧지만 명료한 문장은 감정의 파동 위에 논리를 자연스럽게 올려놓는다.

셋째, 시각화하라.

해법은 말로 설명될 때보다, 머릿속에 '그림'으로 떠오를 때 더 강력하다.

"이제 고객의 기다림은 0.5초입니다."

이 문장은 숫자를 사용했지만, 그 숫자는 단순한 데이터가 아니라 감각이다. '0.5초'라는 시간은 청중의 머릿속에 명확한 장면을 만든다.

즉, 논리의 수치를 감정의 이미지로 바꿔 주는 언어다. 시각화 된 문장은 믿음을 낳는다. 왜냐하면 사람은 보이는 것을 더 쉽게 '실재'로 받아들이기 때문이다.

결국, 해법을 말할 때의 언어는 확신은 있으되 강요하지 않고, 명확하되 짧으며, 논리이되 감각적으로 보여야 한다. 이 세 가지 조율의 원칙이 맞춰질 때, 해법의 문장은 설명이 아니라 '공명'이 된다. 그 순간 청중은 이해하지 않아도 납득하고, 동의하지 않아도 '이 방향이 맞다'고 느낀다. 그게 바로 조율된 해법의 언어가 가진 힘이다.

▌해법 제시의 감정 리듬: 긴장 → 정적 → 확신(낮은 톤)

해법을 말하는 순간은 단순한 설명이 아니다. 그건 감정의 리듬을 조율하는 장면이며, 청중의 마음이 감정에서 논리로 넘어가는 전환의 순간이다. 이 리듬을 제대로 설계하면, 해법은 논리로 이해되는 것이 아니라 감정으로 느껴진다.

사람은 '정답'을 들을 때 설득되는 것이 아니라, '이제 해결될 것 같다'는 **감정의 균형감**을 느낄 때 움직인다. 따라서 해법의 순간은 정보의 전달이 아니라 감정의 조율이다.

리듬의 첫 단계는 **긴장감의 유지**다. 공감의 장면이 끝나자마자 곧바로 해법을 말하면, 감정의 흐름이 단절된다. 감정의 여운은 바로 끊지 말고 잠시 머물게 해야 한다. 이 짧은 멈춤이 바로 감정의 집중을 만들어 낸다.

"그 문제, 사실 우리 모두 한번쯤은 겪어 봤을 겁니다."
이 한 문장은 청중의 마음을 다시 당신 쪽으로 돌려세운다. 이 순간, 공간은 고요해지고 시선이 당신에게 모인다.

공감이 완전히 사라지지 않은 상태에서 다음 단계로 넘어가려면, 이 '짧은 긴장감'이 반드시 필요하다. 이건 불안이 아니라 몰입을 위한 긴장이다. 청중의 감정이 열린 상태로 다음 리듬을 맞을 준비를 하는 구간이다.

두 번째 단계는 **정적 뒤의 전환**이다. 잠시의 침묵이 감정의 포화를 만든다. 그 직후에 던지는 한 문장은 그 어떤 논리보다 강한 울림을 남긴다.

"그렇습니다. 그리고 우리가 찾은 해법은 바로 이것입니다."

이 문장은 단순한 연결이 아니라, 감정에서 논리로 넘어가는 **조율의 문**이다. 정적 뒤에 나오는 말은 청중의 뇌가 '새로운 의미'를 받아들일 준비가 된 상태에서 들리기 때문에, 훨씬 더 강하게 각인된다.

해법의 문장은 내용보다 타이밍으로 설득된다. 멈춤 이후의 말은 그 자체로 무게가 생긴다. 감정의 여운이 충분히 쌓인 직후에 던져야만, 청중의 내면에 "그래, 이제 이야기의 균형이 잡히는구나."라는 심리적 안정을 만든다. 이게 바로 조율의 타이밍이다.

세 번째 단계는 **확신의 어조**다. 이제는 목소리를 높일 필요가 없다.

감정이 이미 최고조에 도달했기 때문에, 더 큰 소리는 불협화음이 된다. 오히려 속도를 살짝 늦추고, 톤을 낮추는 것이 좋다. 단호하지만 차분한 어조 — 그게 감정의 리듬을 안정시키는 조율의 음이다. 낮은 톤은 감정의 진정성을 전달한다.

"우리는 완벽함을 약속하지 않습니다. 다만, 당신이 다시 신뢰할 수 있는 리듬을 만들겠습니다."

이런 문장은 소리를 높이지 않아도 깊게 울린다. 사람은 강한 주장보다 **조용한 확신**에서 더 큰 신뢰를 느낀다. 그건 '정보의 무게'가 아니라 '감정의 온도' 때문이다.

결국 해법을 제시하는 순간의 리듬은 **긴장에서 정적을 거쳐 확신으로 흐르는 세 박자**다. 감정의 파동이 완전히 안정되는 이 구조 속에서, 청중은 논리적으로 이해하기보다 감정적으로 납득한다. 그제서야 당신의 해법은 결론이 아니라 **감정이 납득되는 해답**이 된다.

사람들은 그 순간 이렇게 느낀다. "이건 내 문제를 해결하는 기술이 아니라, 내 감정을 회복시켜 주는 해법이구나." 그때 비로소 설득은 논리의 끝이 아니라 감정의 조율로 완성된다.

▮ 해법 문장을 설계하는 단계(조율 프로토콜)

좋은 해법 문장은 단순히 "무엇을 할 것이다."를 설명하는 문장이 아니다. 그건 지금까지 쌓여온 감정의 리듬을 끊지 않고, 자연스럽게 공감에서 논리로 이어지게 만드는 **감정 조율의 과정**이다. 이때 중요한 건 해법을 '말하는 순서'가 아니라, **감정이 움직이는 순서**다. 즉, 논리보다 리듬이 먼저다.

그 리듬은 네 단계로 설계된다.
첫 번째 단계는 감정의 마무리(Pulse)다.
공감의 여운을 그대로 끊어내지 말고, 그 감정을 한 번 정리하며 마무리해야 한다.
"지금까지 우리는 고객이 느끼는 불안의 맥박을 함께 보았습니다."
이 문장은 지금까지의 공감을 다시 정돈해 청중의 감정을 '안정된 상태'로 돌려놓는다. 감정이 정리되어야 논리가 들어갈 자리가 생긴다.
이건 단순한 요약이 아니라, 감정의 호흡을 정리하는 행위다. 공감이

　이기는 제안을 위한 설득의 알고리즘

끝난 뒤 곧바로 논리를 던지는 건 감정의 흐름을 끊는 것이다. Pulse 단계는 "이제 공감이 끝났지만, 우리는 여전히 같은 리듬 위에 있다."는 신호를 주는 말이다.

두 번째 단계는 전환의 선언(Bridge)이다.

이 단계에서 해법의 문으로 들어가는 다리를 놓는다.

"그래서 우리는 이 불안을 해결할 가장 근본적인 방법을 찾았습니다."

이 문장은 단순한 연결이 아니다. 공감의 파동이 해법의 리듬으로 자연스럽게 이어지게 하는 **감정의 다리**다. 이 짧은 전환 문장이 있느냐 없느냐에 따라, 청중은 해법을 '설명'으로 듣느냐, '응답'으로 느끼느냐가 달라진다. Bridge는 청중에게 이런 메시지를 전달한다.

"이제 우리는 같은 감정을 느꼈고, 그 감정에 대한 해답을 함께 찾으려 합니다." 이 문장 하나로 감정의 끈이 유지된 채 논리의 장으로 넘어갈 수 있다.

세 번째 단계는 해법의 한 문장(Solution Line)이다.

이제 핵심 해법을 짧고 명확하게 제시한다. "우리는 기다림의 불안을 즉시성의 경험으로 바꾸었습니다." 이 한 문장은 기술의 언어가 아니라 **감정의 언어**로 써야 한다. 즉, '무엇을 했다'가 아니라 '어떤 감정이 바뀌었다'를 말해야 한다. 해법의 문장은 논리로 설명하는 문장이 아니라 감정으로 납득시키는 문장이다. 그 다음, 구체적인 근거(Proof Seed)나 수치, 사례는 보조 자료로 제시한다. 핵심 해법 문장은 절대 한 문장 이상으로 늘리지 말 것. 그 문장은 조율의 순간, 감정의 결론이 되어야 한다.

네 번째 단계는 해법의 의미(Value)다.

이제 감정이 완전히 닫히는 장면이다. "이제 사용자는 시스템을 믿는

것이 아니라, 스스로를 믿는 경험을 하게 됩니다." 이 문장은 단순한 결론
이 아니라 **감정의 완성**이다. 논리적으로는 해결이 끝났지만, 감정적으로
는 이제 비로소 회복이 일어난다. 해법의 의미를 한 문장으로 정리할 때,
청중은 그 해법이 단순한 개선책이 아니라 **사람의 감정을 회복시키는 답**
임을 느낀다. 요약하면, 해법 문장은 다음과 같은 감정의 흐름으로 설계
해야 한다.

감정 정리 → 전환 선언 → 핵심 해법 → 의미 완성

이 네 단계가 매끄럽게 이어지면, 해법은 설명이 아니라 **조율된 설득**이
된다. 그 문장 안에는 논리의 명료함과 감정의 여운이 동시에 존재하게
된다.

그때 청중은 이렇게 느낀다.

"이건 단순히 문제를 해결하려는 말이 아니라, 내 감정을 이해한 답이
구나."

그 순간, 해법은 논리로 이해되는 것이 아니라 감정으로 납득된다.

▌청중이 '이건 진짜 해법이다'라고 느끼는 순간

사람은 논리를 듣고 "맞다."고 느끼지 않는다. 그들은 머리로 판단하기
전에, **감정이 정리되는 순간**에 **"그래, 이거야."**라고 느낀다. 즉, 설득의 본
질은 논리적 이해가 아니라 **감정의 해소**다. 좋은 해법의 힘은 정교한 데
이터나 완벽한 설명에서 나오는 것이 아니라, 그동안 얽혀 있던 감정의

　　　　　　　　　　　이기는 제안을 위한 설득의 알고리즘

매듭이 풀릴 때 오는 **정서적 해방감**에서 나온다.

청중이 해법을 들으며 느끼는 진짜 반응은 이런 것이다.

"맞아요, 나도 그렇게 느꼈어요."

이건 논리의 동의가 아니라, 감정의 일치다.

그리고 그 다음 문장이 이렇게 이어진다.

"그래요, 그게 진짜 해법이네요."

이 순간, 그들은 당신의 말을 '논리적 결론'이 아니라 **감정의 해답**으로 받아들인다. 즉, 설득은 머리에서 끝나지 않는다. 마음에서 완성된다.

Tuning Point의 목적은 바로 이 **감정의 전환**을 만드는 것이다. 공감으로 열리고, 통찰로 정리된 감정이 해법 앞에서 완전히 해소될 때, 청중은 비로소 납득한다. 그 납득은 "이해한다."가 아니라 "이건 내 감정에 맞는 해법이다."라는 확신이다. 그 순간 청중의 마음속에서는 이런 변화가 일어난다.

논리의 동의 → 감정의 합의 → 신뢰의 확신

Tuning Point의 진짜 목적은 '정답을 제시하는 것'이 아니다. 그건 **이해가 아니라 공감으로 해법을 받아들이는 순간**을 만드는 것이다. 즉, 설득이 끝나는 지점이 아니라, 마음이 납득되는 순간, 그때 비로소 청중은 이렇게 말한다. "그래, 이건 설명이 아니라 **진짜 해법**이야."

'그래서 이게 해법이다'는 감정 조율의 마지막 문장이다

Tuning Point는 단순한 제안의 기술이 아니다. 그건 감정이 최고조에 이르렀을 때 던지는 **한 문장의 확신**, 즉 감정의 리듬을 완성하는 **조율의 마지막 음**이다. 이때 청중이 바라보는 것은 '무엇을 제시했는가?'가 아니다. 그들은 눈으로는 발표자를 보고 있지만, 사실은 마음으로 이렇게 묻고 있다.

"이 사람은 정말 내 감정을 이해하고, 진심으로 조율했는가?"

해법이 진짜로 설득력을 가지는 순간은 논리의 완벽함이 아니라, 그 말 속에서 **감정이 정리되는 온도**가 느껴질 때다. 즉, 따뜻한 납득이 차가운 논리를 이기는 순간이다. 그 한 문장은 이렇게 들려야 한다.

"이것이 우리가 찾은 해법입니다. 복잡한 기술이 아니라, 사람의 마음을 다시 맞추는 방법입니다."

이 문장이 울리는 순간, 청중의 감정은 긴장에서 안도로, 그리고 안도에서 수락으로 이동한다. 그들은 논리적으로 이해하는 것이 아니라, "그래, 이제 이 사람의 해법이라면 맡길 수 있겠다."는 정서적 신뢰로 반응한다. 이게 바로 감정의 조율이 완성되는 순간이다.

하지만 설득은 여기서 끝나지 않는다. 그 직후, 조율의 울림을 **현실로 이어주는 두 개의 문**이 열려야 한다.

- **Proof Seed** ─ 작은 근거의 제시

  "이 조율은 이미 작은 현장에서 효과를 보았습니다." 이 한 문장은 '말의 진심'을 '현실의 증거'로 바꾼다. 감정으로 열린 신뢰를 구체적인 사례로 지지해 주는 것이다.

- **Path** — 실행의 경로 제시

"앞으로 90일 동안 단계별로 이 리듬을 완성하겠습니다." 이 문장은 감정의 여운을 **행동의 계획**으로 변환시킨다. 이때 설득은 더 이상 감정의 공감에 머무르지 않는다. 그건 청중이 **실행을 선택하는 감정적 결심**으로 이어진다.

결국, "그래서 이게 해법이다."는 문장은 설득의 끝이 아니라 감정의 조율이 행동으로 이어지는 **전환점**이다. 그 한 문장이 던져진 이후, Proof Seed와 Path가 잇따라 나오면 감정의 울림은 신뢰로, 신뢰는 행동으로 이어진다.

이 순간, 설득은 멈추는 것이 아니라 움직이기 시작한다. 즉, 당신의 말이 끝나는 곳에서 **상대의 행동이 시작되는 것**, 그것이 바로 Tuning Point의 진정한 완성이다.

▌실전 사례: '한 문장 솔루션'으로 반응을 바꾼 제안서

모든 제안에는 수백, 수천 개의 문장이 있지만, 청중의 마음을 바꾸는 문장은 단 하나다. 그 한 문장이 던져지는 순간, 발표장의 공기가 바뀌고, 심사위원의 펜이 멈춘다. 그 문장은 수많은 슬라이드보다 강하고, 열 페이지의 기술 설명보다 더 깊이 감정을 울린다. 그 문장이 바로 Tuning Point의 문장, **'한 문장 솔루션'**이다. 이 한 문장은 공감에서 논리로, 감정에서 신뢰로 넘어가는 조율의 축이 된다.

다음은 실제 제안서, 발표, 영상 기획에서 '한 문장 솔루션'이 어떻게 감정의 흐름을 유지하며 논리를 조율했는지를 보여주는 사례들이다.

사례 1. "행정의 효율이 아니라, 신뢰의 지속성입니다."

지방자치단체의 '스마트 행정 플랫폼 구축 사업'. 대부분의 업체가 내세운 메시지는 같았다. "데이터 기반의 효율적 행정" 정확하고 논리적이었지만, 감정의 박동은 없었다. 그러나 한 팀은 발표 중반, 짧은 정적(1~2초) 뒤 이렇게 말했다.

"이 프로젝트의 진짜 목적은 효율이 아니라, 시민의 신뢰를 지속시키는 것입니다."

그 한 문장이 발표장을 정지시켰다. 시선이 발표자에게 집중되고, 심사위원장의 펜이 멈췄다. 초점은 기술에서 감정으로, 효율에서 신뢰로 이동했다. 감정의 주파수를 맞춘 이 조율을 위한 한 줄이 제안의 방향을 바꿨고, 결과는 1위였다. 기술보다 감정을 먼저 이해한 팀이 선택된 것이다.

사례 2. "우리는 시스템을 만드는 게 아니라, '기다림'을 없앱니다."

한 금융사의 비대면 서비스 제안. 대부분의 제안서가 "고객 경험 혁신, UX 개선, AI 자동화"를 이야기했다. 모두 옳은 말이지만 감정의 결이 없었다. 그러나 한 발표자는 느린 호흡으로 말했다.

"우리가 만드는 건 시스템이 아닙니다. 우리는 '기다림'을 없애는 경험을 만듭니다."

그 순간 심사위원의 표정이 바뀌었다. 아무도 '기다림'을 기술이 아닌

　　　　　　　　　　　이기는 제안을 위한 설득의 알고리즘

감정으로 본 적이 없었기 때문이다. 이 팀은 속도(기술)가 아니라 기다림(감정)을 본질로 보았다. 이후의 모든 설명 — 데이터, 구조, AI — 는 이 한 문장의 감정 논리 위에 자연스럽게 쌓였다.

사례 3. "우리는 데이터를 모으는 것이 아니라, '사람의 판단'을 돕습니다."

국방 C4I 제안의 핵심은 정확한 데이터와 실시간 판단이었다. 하지만 한 팀은 발표 첫 페이지에서 이렇게 선언했다.

"우리는 데이터를 모으는 것이 아닙니다. 사람의 판단이 더 명확해지도록 돕는 시스템을 만듭니다."

그 순간 군 관계자들의 반응은 달라졌다. "맞아요, 결국 판단은 사람이 하죠." 고개가 끄덕여졌다. 이 문장은 기술 언어를 인간의 언어로 바꾼 조율이었다. 초점은 '데이터 정확도'에서 '판단의 확신감'으로 옮겨졌고, 논리가 감정의 리듬 위에 올라섰다.

사례 4. "이 사업은 보안의 문제가 아니라, '신뢰의 연속성'입니다."

공공 클라우드 보안 강화 사업 제안. 대부분의 제안이 방화벽, 인증, 암호화 같은 기술 스펙을 나열했다. 그러나 한 팀은 Tuning 문장으로 발표를 열었다.

"이 사업은 보안의 문제가 아니라, 신뢰가 끊기지 않게 하는 문제입니다."

발표의 톤이 즉시 달라졌다. 기술의 언어가 인간의 언어로 변하자, 청중의 상상 속에 "사고가 나도 신뢰는 이어지는 구조"가 그려졌다.

그 문장 하나로 기술의 신뢰성을 '감정의 지속성'으로 전환시킨 것이다. 이 팀은 기술 점수에서는 평균적이었지만, 감정 점수에서는 압도적이었다.

사례 5. "우리는 성능을 높이는 게 아니라, '불안을 줄입니다.'"

한 제조사의 품질관리 시스템 제안이었다. 대부분의 발표자가 효율, 속도, 자동화를 반복했다. 그러나 한 발표자는 잠시 멈춘 뒤 낮은 톤으로 천천히 말했다.

"우리는 성능을 높이는 게 아니라, 엔지니어의 불안을 줄이는 시스템을 만듭니다."

잠깐의 침묵이 흘렀다. 그 침묵은 무관심이 아니라 **집중의 신호**였다. 기술 설명은 그 이후에 따라왔다. 청중의 감정은 이미 움직였다. 그들은 '자동화'를 들은 것이 아니라, '마음의 안정'을 들었다. 그 한 문장이 기술의 제안을 인간의 위로로 바꿨다.

이 다섯 사례는 모두 같은 진리를 보여준다. **한 문장 솔루션은 해법의 결론이 아니라 감정의 조율점이다.** 논리를 먼저 쌓지 말고, 감정의 리듬을 먼저 맞춰라. 그 한 문장이 던져지는 순간, 설득은 설명이 아니라 울림이 된다.

▍한 문장 솔루션을 위한 3단 준비: 조율 프로세스

좋은 해법은 장황한 설명으로 설득하지 않는다. 핵심은 단 한 문장이 상대의 판단 리듬을 정리하고 감정의 긴장을 해소하도록 설계하는 일이

 이기는 제안을 위한 설득의 알고리즘

다. 이를 위해서는 기능적 서술을 덜어내고, 문제의 본질을 감정의 관점에서 재정의한 뒤, 그 재정의를 실행 방향과 연결하는 조율이 필요하다. 다음의 세 단계는 **EDIS(Emotional Driven Impact Structure)**의 흐름 중 Shock-Empathy를 지나 Tuning Point로 진입할 때, 해법 문장을 안정적으로 꺼내기 위한 최소 절차다. 여기서 목표는 "무엇을 제공하는가"가 아니라 "상대가 무엇을 느끼고 어떻게 결정하게 되는가"를 중심에 두는 것이다.

감정을 끝까지 따라가라

표면의 기능적 진술에 머물면 해법은 늘 설명의 반복이 된다. "느리다, 복잡하다, 불안하다." 같은 현상 언어를 출발점으로 삼되, 그 이면의 감정 신호가 무엇인지 끝까지 추적해야 한다. "이 문제가 왜 상대를 힘들게 만드는가?", "무엇이 상대의 통제감·예측가능성·자기 효능감을 훼손하는가?"를 스스로 묻고 답을 기록한다.

시스템 지연이라면 '기다림' 자체보다 '예측 불가능성'이 핵심일 수 있고, 절차 복잡성의 본질은 화면 수나 클릭 횟수가 아니라 '내가 주도하고 있다는 확신의 부재'일 수 있다. 이렇게 감정 원인을 언어화 하면 해법의 초점이 속도·단순화 같은 일반론을 벗어나 '안도, 명료함, 주도감' 같은 심리적 회복 지점으로 이동한다. 감정을 끝까지 따라가는 과정은 곧 문제 정의의 재구성이며, 여기서 얻은 문장 한 줄이 이후 모든 근거와 설계의 기준선이 된다.

감정을 바꾸는 한 단어를 찾아라

조율의 중심 주파수는 늘 단어 하나에서 비롯된다. '불안→신뢰', '혼란 → 명료', '지침 → 여유', '수동 → 주도', '불투명 → 가시성'처럼 감정 상태의 전환을 압축하는 단어를 고르고, 그 단어로 판단 · 행동의 변화를 설명할 수 있는지 점검한다. 이 한 단어는 해법 문장에 들어가 상대의 경험을 재구성하는 핵심 축이 되며, 이후 지표(KPI) · 검증 시나리오 · UX 원칙을 정렬하는 기준 역할도 한다.

예를 들어 전환 단어가 '신뢰'라면 근거는 가용성 · 복구시간 · 오탐 감소 같은 지표로, 설계 원칙은 가시화 · 예고 · 되돌리기로, 커뮤니케이션은 "안심하고 선택할 수 있는 상태"로 자연스럽게 연결된다. 전환 단어가 모호하면 해법은 산란하고, 단어가 명료하면 데이터와 실행은 하나의 방향으로 수렴한다.

그 단어로 한 문장을 만들어라

이제 전환 단어를 중심으로 해법을 한 문장에 압축한다. 형식은 간단하다. "우리는 ___을 만드는 것이 아니라, 사람들이 ___을 느끼게 하는 경험을 설계합니다." 또는 "___한 상황을 ___한 상태로 조율해, ___의 감정을 회복합니다."와 같이 결과적 경험과 감정 회복을 동시에 선언하라. 중요한 것은 기술명 · 기능목록이 아니라 '감정→의미→행동'의 연쇄가 선명하게 보이도록 쓰는 일이다. 문장은 12-15단어 내외로 응집하고, 동사 중심으로 리듬을 만든다(맞춘다, 정렬한다, 되돌려준다, 가시화한다 등). 이 문장은 발표에서는 정적 뒤에 낮은 톤으로, 제안서에서는 1페이지 상단의 선언부로, 영상에서는 첫 내레이션으로 배치해 Tuning Point의 기

    이기는 제안을 위한 설득의 알고리즘

준음으로 사용한다. 이어서 작은 증거(Proof Seed)와 90일 경로(Path)를 접속하면, 감정의 조율이 신뢰와 실행으로 매끄럽게 이행된다. 예를 들면 "우리는 '기다림'을 0.5초의 예측가능한 흐름으로 조율해, 사용자의 신뢰를 회복합니다."처럼 결과 경험(예측가능한 흐름)과 회복 감정(신뢰)을 한 번에 제시하는 구성이 바람직하다.

정리하면, 좋은 해법 문장은 감정을 읽고(문제의 감정화), 전환 단어를 세우고(조율의 주파수 확정), 그 단어로 한 문장을 조율하는(해법의 기준음 선언) 세 단계만으로도 충분히 만들어진다. 이 과정을 거치면 설명은 짧아지고 납득은 깊어진다. 상대는 기능의 나열이 아니라 자신의 감정이 정리되는 감각을 먼저 경험하고, 그 다음에 데이터를 근거로 수락한다. EDIS(Emotional Driven Impact Structure)의 관점에서 볼 때 이 한 문장은 Shock-Empathy로 열린 감정의 곡선을 Tuning Point에서 안정시키는 핵심 장치이며, 곧바로 Resolution과 Echo로 이어지는 감정의 연속성을 보장하는 출발점이다. 결국 "한 문장 솔루션"은 문장력이 아니라 조율력의 산물이다. 감정을 끝까지 추적하고, 전환을 한 단어로 명명하고, 그 단어에 실행의 통로를 연결하는 것 — 이 세 가지가 갖춰지는 순간, 해법은 논리로 설명되기 전에 이미 마음으로 수락된다.

한 문장이 모든 것을 바꾼다 — 조율의 결정타

Shock가 시선을 붙잡고, Empathy가 마음을 열었다면, Tuning Point는 단 한 문장으로 그 감정의 방향을 정렬한다. 이 한 문장은 논리의 계산이 아니라 감정의 주파수를 맞추는 순간이다. 청중은 논리를 통해 이해하지 않는다. 그들은 마음이 울릴 때 납득한다. 따라서 Tuning Point의 한 문장은 정보가 아니라 **리듬**으로 설득해야 한다.

사람들은 문장을 머리로 기억하지 않는다. 그 문장이 남긴 **감정의 울림**으로 기억한다.

"우리는 효율을 말하지 않습니다. 우리는 신뢰를 설계합니다."

이 짧은 문장은 기술적 설명도, 수치도 담고 있지 않지만 청중의 감정을 조율한다. 효율이라는 논리적 가치가 '신뢰'라는 정서적 가치로 바뀌는 순간, 제안의 초점은 시스템에서 사람으로 이동한다.

이것이 바로 **조율의 결정타**, 즉 한 문장 솔루션의 힘이다. 그 한 문장이 던져지는 순간, 청중의 마음속 리듬이 바뀌고 공기의 온도가 달라진다. 수백 페이지의 제안서보다 강한 이유는 그 문장이 감정을 정리하기 때문이다. 논리의 결론이 아니라 감정의 해소, 그리고 신뢰의 회복이 일어나는 순간이다.

그리고 그 한 문장이 던져진 직후, Proof Seed(작은 증거)와 Path(실행의 경로)로 연결된다면, 감정의 조율은 머무르지 않는다. 그건 곧 **행동의 리듬**으로 이어진다. 감정이 정돈되고, 신뢰가 생기고, 실행이 시작되는 순간, 설득은 완성되는 것이 아니라 **움직이기 시작한다.**

　　　　　　　　　이기는 제안을 위한 설득의 알고리즘

Chapter 5

Resolution
— 해결을 통한 안도

감동의 완성, Resolution Message의 조건:
기대효과를 감정화하라

"기대효과는 숫자로 끝나지 않는다. 그것은 감정의 회복으로 완성된다." Shock가 시선을 붙잡고, Empathy가 마음을 열었으며, Tuning Point가 희망의 방향을 보여주었다면, 이제 마지막 단계는 감정을 정리하고 의미를 완성하는 일이다. 그것이 바로 **Resolution**, 감동의 완성이다.

설득의 마지막은 더 이상 정보를 전달하는 단계가 아니다. 청중은 이미 논리를 이해했고, 근거를 확인했다. 그들이 진짜로 알고 싶은 것은 단 하나다.

"이 이야기가 내게 어떤 감정으로 남을까?"

Resolution Message는 바로 그 질문에 대한 대답이다. 즉, '무엇을 얻을 수 있는가'가 아니라 '어떤 감정으로 변할 수 있는가'를 보여주는 문장이다. 이 메시지가 있을 때, 제안은 단순한 결과 보고서가 아니라 **감정의 여운을 남기는 이야기**가 된다.

좋은 Resolution Message는 숫자가 아니라 온도로 남는다. 성과의 크기가 아니라 **감정의 회복**으로 기억된다.

"이제 우리는 더 빨리 일하는 조직이 아니라, 더 편안하게 몰입하는 조직이 되었습니다."

이 문장은 단순한 변화의 설명이 아니라 감정의 귀결이다. 성과가 아니라 의미, 효율이 아니라 몰입, 속도가 아니라 여유로 감정의 초점이 옮겨질 때, 설득은 끝나는 것이 아니라 **상대의 마음속에 자리 잡는다.** 그때 비로소 설득은 논리의 종결이 아니라 감정의 완성, 즉 **감동의 Resolution**이 된다.

Resolution Message란 무엇인가
─ 감정이 머무는 마지막 장면

Resolution은 단순한 결론이 아니다. 그것은 이야기의 끝이 아니라, 감정이 비로소 **안정되는 순간**이다. 앞에서 Shock가 시선을 붙잡고, Empathy가 마음을 열었으며, Tuning이 감정과 논리를 조율했다면, 이제 Resolution은 그 모든 감정의 흐름이 하나의 의미로 **정리되어 마음속에 머무는 단계**다. 논리로 쌓아온 신뢰가 감정으로 자리를 잡고, 이해가 공감으로 바뀌며, 설명이 여운으로 변하는 그 지점이 바로 **Resolution**이다.

해법(Tuning)이 청중의 머리를 움직였다면, Resolution은 청중의 마음을 정리한다. 이 시점에서 청중은 이미 "그래, 이건 맞는 말이야"라고 느끼고 있다. 하지만 설득은 거기서 끝나지 않는다. 그 다음 순간, 청중의 내면에는 또 다른 질문이 생긴다. "그래서, 나는 어떤 기분으로 이 이야기를 받아들여야 하지?" 바로 이 질문에 답하는 문장이 **Resolution Message**다.

Resolution Message는 단순히 결론을 내리는 문장이 아니다. 그것은 청중의 감정이 멈추고, 안도할 수 있는 **감정의 쉼표**를 만드는 문장이다. 논리의 끝이 아니라 감정의 안착이며, 이해의 종결이 아니라 **수락의 시작**이다.

예를 들어, "이 프로젝트는 단순한 효율 향상이 아니라, 사람들이 다시 '믿을 수 있는 구조'를 만드는 일입니다." 이 한 문장은 청중의 머리를 설득하지 않는다. 대신, 마음속의 불안과 긴장을 풀어주며, "이 이야기를 이렇게 받아들이면 되겠구나"라는 **감정의 방향**을 제시한다.

즉, Resolution은 결과를 말하는 단계가 아니라 **감정이 쉴 자리를 만**

드는 **순간**이다. Shock가 움직임을 만들고, Empathy가 연결을 만들며, Tuning이 균형을 만들었다면, Resolution은 그 모든 감정의 흐름이 하나의 조화로 정리되는 마지막 장면이다.

설득의 진짜 완성은 설명이 멈출 때가 아니라, 감정이 머무를 때 일어난다. 그 한 문장이 따뜻한 온도로 청중의 마음을 감싸 안을 때, 그들은 논리로 이해한 것을 넘어 감정으로 받아들이게 된다. 그 순간, 설득은 더이상 '이해의 과정'이 아니라 '감동의 귀결'이 된다.

▌논리적 결론이 아닌 '감정적 기대효과'를 설계하라

많은 제안서와 발표는 마지막에 '기대효과'를 나열한다. "운영 효율 25% 향상", "비용 10% 절감", "처리속도 3배 향상" 이런 문장들은 정확하고 논리적이지만, 대부분 청중의 마음에는 남지 않는다. 이유는 단순하다. 그 수치가 청중의 **감정적 보상**으로 연결되지 않기 때문이다.

사람은 숫자로 설득되지 않는다. 진짜 설득은 계산의 순간이 아니라 **감정의 그림이 그려지는 순간**에 일어난다. 청중은 '얼마나 좋아질까'를 알고 싶은 게 아니라, '어떤 기분으로 바뀔까'를 느끼고 싶어한다. 따라서 기대효과는 숫자의 언어가 아니라 **감정의 언어**로 다시 써야 한다.

"운영 효율 25% 향상"은 이렇게 바뀔 수 있다.

"불안이 사라지고, 신뢰가 돌아온다."

"비용 10% 절감"은 이렇게 바꿀 수 있다.

  이기는 제안을 위한 설득의 알고리즘

"복잡한 절차가 사라지고, 일의 리듬이 살아난다."

"처리속도 3배 향상"은 이렇게 말할 수 있다.

"고객은 기능이 아니라, 배려를 경험한다."

이 문장들의 공통점은 숫자가 아닌 **감정의 변화**를 보여 준다는 점이다. 논리적 기대효과는 '무엇이 개선되었는가'를 말하지만, 감정적 기대효과는 '사람이 어떻게 달라졌는가'를 보여준다. 전자는 보고서의 결론이지만, 후자는 마음속 설득의 완성이다.

기대효과는 결산표의 수치로 끝나서는 안 된다. 그것은 사람의 마음이 움직인 결과, 즉 감정의 회복으로 완성되어야 한다. 그때 비로소 설득은 설명이 아니라 **감동의 여운**으로 남는다.

감정형 기대효과를 만드는 3단 접근법

Resolution Message는 논리적 효과를 감정의 문장으로 번역하는 기술이다. 단순히 '무엇이 개선되었다'고 말하는 것이 아니라, '그 결과 사람의 감정이 어떻게 바뀌었는가'를 보여주는 것이다. 즉, 숫자를 마음의 언어로 옮기는 과정이다. 이를 위해 다음 세 단계를 따른다.

첫째, 수치적 결과를 감정적 의미로 변환하라.

"효율성 25% 향상" 같은 문장을 그대로 쓰지 말라. 그 수치가 누구의 감정을 어떻게 바꾸는지를 설명해야 한다. 예를 들어 "업무 효율 25% 향상"

은 "직원은 매일 퇴근 시간을 예측할 수 있게 된다."로, "고객 불만 30% 감소"는 "고객은 이제, 이 서비스를 기다리지 않는다."로 바꾼다. 숫자는 정보지만, 감정으로 번역될 때 비로소 **설득의 언어**가 된다.

둘째, 기능적 이득을 감정적 회복으로 재구성하라.

논리는 '개선'을 말하지만, 감정은 '회복'을 원한다. 기대효과를 설명할 때는 "무엇이 좋아진다."가 아니라 "무엇이 회복된다."로 말해야 한다.

예를 들어 "업무 속도가 빨라진다."는 "사람들이 다시 일의 리듬을 느낀다."로, "시스템이 안정된다."는 "불안한 눈빛이 사라진다."로 바꾼다. 기능의 향상이 아니라 감정의 회복이 청중의 기억 속에 남는다.

셋째, 감정의 종착점은 '안정'이다.

모든 설득의 마지막 감정은 '안정'이다. 해결된 문제는 단순히 효율의 상승이 아니라 **회복된 신뢰와 되찾은 자존감**이다. Resolution Message는 그 안정감을 시각적으로, 청각적으로, 감정적으로 완성해야 한다.

"이제 고객은 멈추지 않습니다. 시스템이 아니라, 사람이 다시 움직이기 시작했습니다."

이 문장은 논리의 결론이 아니라 감정의 귀결이다. 청중은 이 말을 듣고 "이 프로젝트는 기술이 아니라 사람을 회복시켰다."는 메시지를 느낀다.

결국, 감정형 기대효과란 **결과를 보여주는 문장**이 아니라 **감정을 남기는 문장**이다. 논리로 이해시키는 대신, 감정으로 납득시키는 문장. 그 한 문장이 설득의 마지막 리듬을 완성한다.

 이기는 제안을 위한 설득의 알고리즘

Resolution Message를 설계하는 문장 구조
— 감정이 머무는 마지막 리듬

좋은 Resolution 문장은 단단하지만 따뜻해야 한다. 논리의 마침표가 아니라 감정의 쉼표여야 하며, 이 문장 안에서 설득은 끝나는 것이 아니라 마음속으로 스며든다. Resolution Message는 청중이 논리로 이해한 것을 감정으로 받아들이게 만드는 마지막 문장 구조다. 그 구조는 다음 네 단계로 정리된다.

1) 결과의 요약 — '이제 우리는…'

이 문장은 단순히 문제 해결을 선언하는 문장이 아니다. "이제 우리는 문제를 해결했습니다."가 아니라 "이제 우리는 변화를 시작했습니다."라고 말해야 한다. 이 문장은 논리의 마무리가 아니라 감정의 출발점이다. 청중은 '끝났다'가 아니라 '새로운 움직임이 시작된다'는 에너지를 느낀다.

2) 감정의 회복 — '사람들은 이제…'

이 문장은 청중이 직접 감정을 이입할 수 있는 문장이다. "사람들은 더 이상 기다리지 않습니다.", "사용자는 자신이 통제할 수 있다고 느낍니다." 이 부분은 데이터나 시스템이 아니라 사람의 마음을 다룬다. Resolution의 중심은 바로 이 구간이다. 감정이 풀리고 안도감이 스며드는 순간, 청중은 비로소 '이 이야기는 내 이야기다'라고 느낀다.

3) 의미의 확장 — '이 변화는 결국…'

이 문장은 논리를 초월한 의미의 층을 만든다. "이 변화는 기술의 진보가 아니라, 신뢰의 복원입니다." 이 한 문장은 프로젝트의 목적을 넘어, 청중이 마음속에서 '왜 이 변화가 필요한가'를 스스로 되새기게 한다. 즉, 논리가 남긴 여백을 감정의 의미로 채워 넣는 구간이다. 이때 제안의 가치가 기능에서 철학으로, 설명에서 공감으로 바뀐다.

4) 비전의 여운 — '그리고 우리는…'

마지막 문장은 단순한 마무리가 아니라 Echo(여운)로 이어지는 다리다. "그리고 우리는, 이 경험이 다시 새로운 기준이 될 것을 믿습니다." 이 문장은 청중이 발표가 끝난 후에도 마음속에서 반복하게 되는 문장이다. 결론을 닫는 대신, 여운을 남기며 감정의 잔향을 확장시킨다.

이 네 단계 — **결과의 요약, 감정의 회복, 의미의 확장, 비전의 여운** — 은 논리의 구조를 감정의 흐름으로 번역한 완성형 설계다. 좋은 Resolution은 '정보의 끝'이 아니라 '감정의 지속'이다. 청중은 이 문장을 듣고 결론을 기억하지 않는다. 대신 그 문장이 남긴 **감정의 온도**를 기억한다. 그 온도가 바로 설득의 마지막 장면이다.

감정의 언어로 기대효과를 말하라
— 머리가 아닌 마음에 남는 설득

논리의 언어는 정확하게 설명하지만, 감정의 언어는 오래 기억된다. 그

 이기는 제안을 위한 설득의 알고리즘

래서 Resolution 단계에서는 데이터를 나열하기보다 감정을 회복시키는 말이 훨씬 강력하다. 사람은 '얼마나 좋아졌는가?'보다 '어떤 기분이 바뀌었는가?'를 기억하기 때문이다.

따라서 기대효과는 기능의 변화가 아니라 감정의 회복으로 표현되어야 한다. "회복한다.", "되찾는다.", "다시 느낀다.", "안심한다.", "신뢰한다.", "함께한다.", "웃는다." 같은 단어들은 단순한 개선을 감정의 변환으로 바꿔준다. 이 단어들이 들어가는 순간, 제안의 결론은 기술이 아니라 인간이 된다.

논리의 문장은 이렇게 말한다.

"데이터 처리 속도가 2배 빨라집니다."

하지만 감정의 문장은 이렇게 바꿀 수 있다.

"이제, 멈춰 있던 하루가 다시 흐르기 시작합니다."

숫자 대신 장면이 떠오르고, 설명 대신 느낌이 남는다.

또 다른 예를 보자. "고객의 대기시간이 줄어듭니다."라는 문장은 보고용으로는 좋지만, 청중의 마음에는 닿지 않는다. 대신 이렇게 말하면 된다.

"이제 고객은 기다림 대신 신뢰를 느낍니다."

이 문장은 동일한 사실을 전달하지만, 전혀 다른 감정을 남긴다. 하나는 논리로 계산하게 만들고, 다른 하나는 마음속에서 이미 '그려지게' 만든다.

이 차이는 숫자의 문제가 아니라 **언어의 온도**다. 논리로 설명하면 청중은 머릿속에서 계산하지만, 감정으로 말하면 청중은 마음속에서 상상한다. 즉, 기대효과는 데이터로 보여주는 것이 아니라 **느낌으로 들려줘야 한다.** 그때 비로소 설득은 머리를 넘어 마음에 닿고, 기억이 아니라 **공감으로 남는다.**

Resolution Message의 리듬 — "정적 → 요약 → 비전"

Resolution은 발표의 끝이 아니다. 그것은 감정이 천천히 정리되는 구간, 설득의 마지막 호흡이다. 논리의 절정이 아니라, 감정이 안정되고 의미가 마음에 남는 순간이다. 이때 중요한 것은 말의 속도가 아니라 **리듬**이다. 단어보다 호흡, 설명보다 여운이 감정을 완성한다.

1) 정적 — 잠깐의 멈춤

말을 이어가기 전에 한 박자 멈춰라. 청중의 마음은 공감의 여진 속에 있다. 그 여운을 흡수할 시간을 주어야 한다. 이 짧은 정적은 단순한 침묵이 아니라, 감정을 정리하는 공간이다. 이 순간에 발표자는 말하지 않지만, 청중의 마음은 가장 크게 움직인다. 정적은 설득의 '숨'이다.

2) 요약 — 한 문장으로 의미를 압축하라.

이제 이야기의 본질을 한 문장으로 정리한다. 복잡한 설명은 불필요하다. 단단하고 명확하게, 감정의 핵심을 정리해야 한다.

"우리는 문제를 고친 것이 아니라, 사람의 감정을 회복시켰습니다."

이 한 문장은 정보가 아니라 울림이다. 해법의 논리를 닫는 동시에, 감정의 결론을 여는 말이다. 청중은 이 한 문장에서 "이 이야기가 왜 의미 있었는가?"를 느낀다.

3) 비전 — 감정을 미래로 연결하라.

이제 감정의 문을 열어, 청중이 앞으로의 장면을 그리게 하라.

　　　　　　　　　　　이기는 제안을 위한 설득의 알고리즘

"이 경험은 한 번의 프로젝트가 아니라, 앞으로의 기준이 될 것입니다."

이 문장은 논리의 결론이 아니라 감정의 예고다. 청중은 이 말을 들으며 자신의 미래를 상상하고, 그 안에서 안도와 확신을 동시에 느낀다.

이 리듬을 기억하라 — **정적 → 요약 → 비전.**

Resolution은 결론의 속도가 아니라 감정의 깊이로 완성된다. 천천히, 단호하게, 그리고 따뜻하게 말하라. 그렇게 말할 때, 설득은 발표가 끝난 후에도 마음속에 남는다. 그것이 바로 감정 설계의 마지막 한 호흡, **EDIS**의 네 번째 축 **Resolution의 리듬**이다.

제안서 · 영상 · 발표별 Resolution Message 적용법 — 말이 아닌 여운으로 완성하라

Resolution은 발표든 제안서든 영상이든, 감정이 천천히 안정되는 마지막 장면이다. 형식은 달라도 본질은 같다. 그것은 정보를 마무리하는 순간이 아니라, 감정을 정리하고 의미를 남기는 시간이다. 설득은 말로 끝나지 않는다. 여운으로 완성된다.

1) 발표 — 리듬으로 감정을 정리하라

발표의 Resolution은 청중의 감정을 안정시키는 리듬의 순간이다. 마지막 문장에서는 속도를 줄이고, 목소리의 톤을 낮추어야 한다. 감정이 차분히 흘러가게 해야 한다. 마지막 슬라이드는 문장보다 이미지 중심으로 구성하고, 필요하다면 짧은 침묵으로 감정의 정리를 돕는다. 예를 들어 이렇게 말할 수 있다.

"이제 고객의 불안은 사라졌습니다."

(3초 정적)

"그리고, 그 자리에 신뢰가 피어납니다."

이 짧은 정적과 낮은 톤이 청중의 감정을 정돈하고, 말보다 깊은 설득을 만든다. 발표의 마지막은 설명이 아니라 **호흡**이다.

2) 제안서 ― 감정적 가치를 수치 옆에 배치하라

제안서의 마지막 페이지에는 반드시 **감정적 가치**를 명시해야 한다. 논리와 감정이 함께 놓일 때, 문장은 비로소 완성된다. 예를 들어,

운영 효율 30% 향상 → **일의 자신감 회복**

고객 불만 25% 감소 → **고객의 안심감 형성**

이렇게 기능적 결과 옆에 감정적 효과를 병치하면, 숫자가 이야기로 바뀐다. 수치는 논리를 설명하고, 감정의 언어는 기억을 남긴다. 좋은 제안서는 데이터로 설득하지 않고, **감정으로 납득**시킨다.

3) 영상 기획 ― 마지막 10초, 여운으로 마무리하라

영상의 Resolution은 해법을 설명하는 장면이 아니라, 감정이 머무는 장면이다. 해법 이후 마지막 10초는 대사를 줄이고, 이미지와 음악이 감정을 완성하게 해야 한다. 감정의 잔향을 남길 한 문장만으로 충분하다. 예를 들어,

“이제 그들의 하루는 다시 시작됩니다.”

이 한 문장은 영상이 끝난 뒤에도 감정의 파동을 남긴다. 시청자는 논리를 기억하지 않는다. 그러나 이 마지막 문장의 온도는 오랫동안 마음에 남는다.

결국, Resolution Message의 본질은 여운이다.

발표에서는 리듬으로, 제안서에서는 감정적 가치로, 영상에서는 장면의 여운으로 설득을 마무리한다. 감정의 문을 천천히 닫는 이 마지막 한 장면이 바로 설득의 진짜 완성이다.

말이 끝난 후에도 감정이 남는 것, 그것이 바로 **Resolution Message의 힘이다.**

▌감정형 Resolution의 심리적 효과
▌— 마음이 스스로 '괜찮다'고 말하는 순간

감정형 Resolution은 청중의 마음과 생각을 자연스럽게 정리시켜 준다. 논리적인 설득이 "판단하라"는 신호를 보낸다면, 감정의 Resolution은 "이제 괜찮다."는 안도감과 안정감을 준다. 그것은 이성의 종결이 아니라, 마음의 회복이다.

이 순간 청중의 내면에서는 아주 미묘한 변화가 일어난다. 그들은 이렇게 느낀다.

"이 이야기는 내 이야기다."

바로 그 인식이 일어나는 순간, 설득은 이미 완성된다. 더 이상의 설명이나 근거는 필요하지 않다. 청중은 "그들의 말이 맞네"라고 이성적으로 판단하지 않는다. 대신 이렇게 느낀다.

"그래, 나도 원래 그렇게 느끼고 있었어."

이건 논리적인 동의가 아니라 **감정의 일치**다. 말과 마음의 진동수가 같아지는 순간, 청중은 판단하지 않고 수용한다. 바로 이 감정적 수락이 설득의 진짜 완성이다.

즉, Resolution은 '이해의 끝'이 아니라 **안도의 시작**이다. 설득이 머리에서 마음으로, 판단에서 공감으로 옮겨가는 마지막 단계. 그 순간 청중의 마음속에서는 조용한 목소리가 들린다.

"그래, 이제 됐어."

이 한마디의 내면적 수락이 바로 감정형 설득의 가장 깊은 효과이자, **EDIS 감정설계**의 네 번째 축, **Resolution의 심리적 완결점**이다.

변화의 그림을 그리는 비전 제시법 ― 감정을 미래로 확장하라

"사람은 논리로 확신하지 않는다. 자신이 '그 미래를 본다'고 느낄 때 확신한다." 설득의 마지막 단계는 감정의 완성에서 끝나지 않는다. 그 감정을 내일로, 즉 행동으로 확장시켜야 한다. 지금까지의 감정이 머무는 것이 아니라, '움직이게' 만들어야 한다. 그때 필요한 것이 바로 **비전 (Vision)**이다.

비전은 단순한 "우리의 목표"가 아니다. 그것은 청중이 스스로 참여할 수 있는 **감정의 그림**이다. 논리로 설명되는 계획이 아니라, 마음속에 '그리고 싶은 장면'을 만드는 것이다. 좋은 비전은 미래를 설명하지 않는다. **보이게 한다.** 청중이 머릿속으로 "이런 세상이 가능하겠구나."를 그리게 만들 때, 그들은 이미 그 변화의 일부가 된다.

따라서 비전을 제시할 때 중요한 것은 "무엇을 이룬다."가 아니라 "그때 우리는 어떤 기분일까?"이다. 예를 들어,

"우리는 데이터를 통합합니다."보다

"우리는 모두가 같은 화면을 보며 안심하는 세상을 만듭니다."가 더 강하다.

전자는 논리의 목표지만, 후자는 감정의 미래다.

비전이란 청중의 감정이 향하는 **방향의 등불**이다. Shock가 마음을 흔들고, Empathy가 마음을 잇고, Tuning이 마음을 조율했다면, Resolution의 비전은 그 감정을 **미래로 이어주는 다리**다. 이때 설득은 단순히 '이해받는 일'에서 '함께 믿게 되는 일'로 바뀐다.

즉, 비전이란 이렇게 완성된다.

"당신이 그 미래를 느끼는 순간, 우리는 이미 함께 그곳으로 가고 있다."

▎비전은 "데이터"가 아니라 "그림"이다
▎— 숫자가 아닌 장면으로 설득하라

많은 발표자와 제안서가 마지막에 이렇게 말한다.

"우리는 향후 5년간 시장 점유율 1위를 달성하겠습니다."

하지만 사람은 숫자로 미래를 믿지 않는다. 숫자는 분석의 언어일 뿐, 확신의 언어가 아니다.

비전은 논리의 목표가 아니라 **감정의 장면**으로 제시되어야 한다. 사람들은 "어떤 숫자가 가능한가?"보다 "그 숫자가 만들어 낼 풍경이 어떤가?"에 반응한다. 즉, 데이터는 두뇌를 자극하지만, 그림은 마음을 움직인다.

예를 들어,

"고객 만족도 20% 상승"이라는 문장은 정보다.

그러나 이렇게 바꾸면 그림이 된다.

"이제 고객센터에는 불만 대신 감사 메시지가 더 많이 울립니다."

이 한 문장은 청중의 눈앞에 '미래'를 보여 준다. 숫자는 잊히지만, 장면은 남는다.

좋은 비전은 **'보여지는 말'** 이다. 논리적 미래를 '이해시키는 것'이 아니라, 감정적 미래를 '그리게 하는 것'이다. 사람은 이해한 미래보다, **이미 본 미래**를 믿는다.

따라서 비전은 데이터로 설명하는 것이 아니라, 상상력으로 느끼게 해야 한다.

"몇 퍼센트"가 아니라 "그때 사람들의 표정이 어떻게 달라질까?"를 묘사하라. 그때 청중은 숫자를 계산하는 대신, 스스로 미래의 한 장면 속으로 들어간다. 바로 그 순간, 비전은 목표가 아니라 **공감의 미래**가 된다.

 이기는 제안을 위한 설득의 알고리즘

좋은 비전은 '이루어진 미래'를 현재형으로 말한다
― 가능성을 '지금'으로 끌어당겨라

비전은 "될 것이다(will)"의 언어가 아니라 "이미 되고 있다(is)"의 언어로 말해야 한다. 사람은 미래의 가능성보다, **현재처럼 느껴지는 미래**에 움직인다. 즉, "우리는 그렇게 될 것입니다."라는 말은 아직 멀게 느껴지지만, "지금 우리는 그 변화를 만들어가고 있습니다."는 말은 이미 그 안에 자신이 존재하는 듯한 몰입을 만든다.

비전의 문체 하나가 감정의 온도를 바꾼다.

- "우리는 새로운 시대를 준비하고 있습니다." → "우리는 이미 그 시대를 살고 있습니다."
- "우리는 고객을 이해하려고 노력할 것입니다." → "우리는 고객의 마음을 이미 듣고 있습니다."

현재형의 비전은 단순한 언어의 선택이 아니다. 그건 감정의 리듬을 '기대'에서 '확신'으로 바꾸는 기술이다. 청중은 "언젠가"라는 말에 동의하지 않는다. 하지만 "이미"라는 말에는 참여한다.

현재형 비전은 가능성을 멀리서 바라보는 것이 아니라, **지금 이 순간 그 변화 속에 함께 있다는 감정적 착각**을 만들어낸다.

따라서 비전은 '나중에 될 일'로 말하지 말고, '이미 시작된 변화'로 말해야 한다. 그때 청중은 비전을 **미래의 약속이 아니라 현재의 실감**으로 받아들인다.

이것이 감정 설계형 비전 언어의 핵심이다.

"비전은 예언이 아니라, 지금을 확장하는 문장이다."

비전의 목적은 '동의'가 아니라 '동행'이다
— 설득이 아닌 초대로 완성하라

비전 제시는 설득의 연장이 아니다. 그것은 새로운 **초대의 시작**이다. 즉, 청중에게 "이 방향이 맞습니까?"라고 묻는 것이 아니라, "이 길을 함께 걸어가시겠습니까?"라고 손을 내미는 순간이다.

논리적 비전은 청중의 **동의**를 얻는다. 하지만 감정적 비전은 청중의 **동행**을 끌어낸다. 설득은 머리를 움직이지만, 초대는 발을 움직인다. 그 차이가 바로 비전의 힘이다.

비전이 성공적으로 전달될 때, 청중의 반응은 이렇게 달라진다.

"좋은 아이디어네요." → "이건 내가 함께할 수 있겠다." 이 변화는 단순한 의견의 전환이 아니라, **정체성의 전환**이다. 그 순간 청중은 '관찰자'에서 '참여자'로 바뀌고, 프로젝트는 '당신의 일'이 아니라 '우리의 여정'이 된다.

따라서 비전의 목적은 합리적 수락이 아니라 감정적 합류다. 좋은 비전이란 "설득하는 말"이 아니라 "함께 걷게 만드는 말"이다. 그 한 문장이 청중의 마음속에서 이렇게 울려야 한다. "이건 옳은 길이야."가 아니라 "이건 **우리의 길**이야."

비전 제시의 3단 구성
— 감정에서 가능성으로, 그리고 동행으로

비전은 단순히 미래를 설명하는 말이 아니다. 그것은 지금까지의 감정을 정리하고, 앞으로의 가능성을 보여 주며, 함께 나아가자는 초대를 완성하는 감정의 구조다. 비전이 진정한 울림을 가지려면, 반드시 **감정의 회상 → 가능성의 제시 → 초대의 문장**이라는 세 단계를 따라야 한다.

첫 번째 단계는 **감정의 회상**이다. 지금까지 함께해 온 여정을 되짚으며, 청중의 마음속에 감정의 온도를 다시 불러일으킨다.

"우리는 불안에서 출발했습니다. 그리고 신뢰를 회복했습니다."

이 문장은 청중의 마음을 '이야기의 처음'으로 돌려놓는다. 설득의 여정을 감정적으로 정리하며, '지금 여기까지 함께 왔다'는 동질감을 형성한다.

두 번째 단계는 **가능성의 제시**다. 회복된 감정이 앞으로 만들어낼 변화를 그려 보여 주는 순간이다.

"이 신뢰가 새로운 표준이 될 것입니다."

이 한 문장은 감정의 안정 위에 가능성의 씨앗을 심는다. 청중은 미래를 '예측'하는 것이 아니라 '느낀다.' 바로 이때 비전은 논리의 예언이 아니라 감정의 미래로 바뀐다.

세 번째 단계는 **초대의 문장**이다.

"이 여정을 여러분과 함께 이어 가겠습니다."

이 문장은 결론이 아니라 **공동의 선언**이다. 청중을 '청취자'에서 '동행자'로 바꿔 놓는 전환점이다.

이 세 문장이 자연스럽게 이어질 때, 발표나 제안의 끝은 결론으로 닫히지 않는다. 대신 감정의 여운과 함께, "우리의 이야기가 이제부터 다시 시작된다."는 확신으로 열린다. 이것이 바로 감정에서 가능성으로, 그리고 동행으로 이어지는 비전의 완성 리듬이다.

▌비전을 감정으로 설계하는 3가지 원칙
▌ㅡ 숫자보다 장면, 개념보다 표정, 나보다 우리

비전은 데이터를 설명하는 계획이 아니라, **감정을 공유하는 이야기다.** 좋은 비전은 머리로 계산되지 않고, 마음속에 '그려진다.' 즉, 숫자와 개념으로 말하는 것이 아니라, 장면과 표정, 그리고 관계로 전해야 한다. 그때 사람들은 "가능하다."가 아니라 "이미 느껴진다."고 말한다.

첫째, 숫자가 아니라 장면으로 말하라.

"2030년까지 1,000만 이용자 확보"라는 목표는 정확하지만, 감정이 없다. 대신 이렇게 말해 보라.

"지하철에서, 버스에서, 누구나 우리 서비스를 자연스럽게 쓰고 있는 장면."

사람은 숫자를 기억하지 않지만, **풍경은 기억한다.** 비전은 통계가 아니라, 상상할 수 있는 장면으로 전달되어야 한다.

둘째, 개념이 아니라 표정으로 말하라.

"고객 경험의 혁신"은 추상적이다.

하지만 "고객이 미소를 짓는 순간, 그게 혁신입니다."는 생생하다. 사람

　　　　　　　　　이기는 제안을 위한 설득의 알고리즘

은 '혁신'이라는 단어에 감동하지 않는다. 그러나 **누군가의 표정에서 느껴지는 감정**에는 본능적으로 반응한다. 비전은 논리적 개념이 아니라 감정의 장면으로 전해야 한다.

셋째, 나의 비전이 아니라 '우리의 미래'로 말하라.

"우리는 시장의 선도자가 되겠습니다."라는 말은 여전히 '**우리 vs 다른 사람**'의 구도를 남긴다. 하지만 이렇게 바꾸면 감정의 결이 완전히 달라진다.

"우리 모두가 이 변화를 만드는 세대가 될 것입니다."

이 문장은 **공동체의 자부심과 참여감**을 일으킨다. 비전은 주인공이 '나'에서 '우리'로 바뀌는 순간 살아난다.

결국 감정형 비전은 **장면으로 보여주고, 표정으로 느끼게 하고, 관계로 확장되는 미래의 이야기**다. 그 비전이 사람들의 머리에 남지 않아도 괜찮다. 대신 그들의 마음속에는 이런 여운이 남을 것이다. "그래, 그 미래는 우리 모두의 이야기야."

비전의 언어에는 '온도'가 있어야 한다
― 차가운 분석 위에 따뜻한 말의 온도를 얹어라

비전은 언제나 냉철한 분석 위에서 출발한다. 시장의 흐름, 기술의 방향, 조직의 전략, 모든 것은 논리적으로 설계된다. 그러나 그 비전이 사람의 마음에 닿으려면, 마지막 한 문장은 반드시 따뜻해야 한다. 논리의 구조 위에 감정의 온도를 얹을 때, 비전은 머리로 이해되는 계획이 아니라 마음으로 느껴지는 방향이 된다.

비전의 언어에는 '온도'가 있다. 차가운 말은 이성적인 신뢰를 얻지만, 따뜻한 말은 정서적인 공감을 만든다. 둘 중 어느 하나만으로는 부족하다. 분석은 신뢰를 세우지만, 온도는 사람을 움직인다. 결국 설득의 끝은 이성의 합리보다 감정의 납득에 있다.

예를 들어 보자.

"우리는 기술의 혁신을 추구합니다."

이 문장은 정확하고 명확하다. 하지만 마음은 움직이지 않는다.

대신 이렇게 말해 보라.

"우리는 기술을 통해 사람과 사람을 다시 잇습니다."

이 문장은 같은 의미를 말하면서도 완전히 다른 울림을 만든다. 혁신의 방향보다 혁신의 이유가 들리고, 기술의 진보보다 인간의 회복이 느껴진다. 그 한 단어의 온도 차이가 청중의 감정곡선을 바꾼다.

또 다른 예로,

"우리는 성장할 것입니다."라는 말은 비즈니스의 언어다.

그러나 "우리는 함께 자라날 것입니다."라는 문장은 관계의 언어다.

전자는 성과를 이야기하지만, 후자는 사람을 이야기한다.

'성장'이라는 단어가 조직의 목표를 말한다면,

'자라남'이라는 단어는 사람의 경험을 이야기한다.

이 미묘한 언어의 온도 차이가 청중의 신뢰를 '동의'에서 '공감'으로 바꾼다.

비전의 언어를 설계할 때 중요한 것은 차가운 논리를 버리는 것이 아니라, 그 논리를 감쌀 수 있는 따뜻한 감정의 온도를 더하는 일이다. 데이터

　　　　　　　　이기는 제안을 위한 설득의 알고리즘

와 전략은 비전의 뼈대이지만, 온도는 그 비전에 생명을 불어넣는다. 결국 비전은 냉철할수록 정확해지고, 따뜻할수록 강해진다. **분석으로 설득하고, 온도로 남겨라. 그때 비전은 머리가 아니라 마음에 새겨진다.**

▌발표에서의 비전 제시
▌— 마지막 1분이 감정을 미래로 연결한다

발표의 마지막 1분은 단순히 결론을 말하는 시간이 아니다. 그건 논리의 마침표가 아니라 감정이 미래로 확장되는 구간이다. 청중은 이미 당신의 논리를 이해했고, 수치를 기억했다. 이제 그들이 기다리는 건 "이 이야기가 나에게 어떤 감정으로 남을 것인가"이다. 따라서 마지막 1분은 반드시 비전의 언어로 설계되어야 한다. 즉, 설명이 아니라 **공감의 확장**이 되어야 한다.

이 구간을 구성하는 가장 자연스러운 구조는 세 문장이다.

첫 번째 문장은 **감정의 회상**으로 시작한다.

지금까지 함께 걸어온 여정을 되짚으며, 공감의 리듬을 다시 불러온다.

"우리는 불안에서 출발했습니다."

이 문장은 이야기의 시작을 정리하며 감정의 출발점을 다시 소환한다.

두 번째 문장은 **가능성의 선언**이다.

지금까지의 노력이 무엇을 바꾸었는지, 어떤 의미로 성장했는지를 명확히 제시한다.

"그리고 신뢰를 회복했습니다."

이 문장은 단순한 결과 보고가 아니다. 청중의 감정이 안도와 확신으로 전환되는, 감정 곡선의 중심점이다.

마지막 문장은 **초대의 어조**로 마무리한다.

이 문장은 청중을 논리적 '청자'에서 감정적 '참여자'로 바꾼다.

"이제 그 신뢰를, 여러분과 함께 새로운 표준으로 만들어가겠습니다."

이 말이 던져지는 순간, 청중은 단순히 동의하지 않는다. 그들은 마음속으로 "그래, 나도 함께하고 싶다."라고 느낀다.

이 세 문장의 구조 — 감정의 회상, 가능성의 선언, 초대의 어조 — 는 발표의 마지막 1분을 감정 → 의미 → 비전으로 이어주는 완전한 곡선을 만든다. 이 곡선이 완성되는 순간, 당신의 발표는 단순한 보고가 아니라, 사람들의 마음속에서 계속 이어지는 '이야기의 시작'이 된다.

제안서에서의 비전 제시
— 마지막 페이지는 문서가 아니라 미래의 풍경이어야 한다

제안서의 마지막 장은 계획의 목록으로 끝나서는 안 된다. 그 페이지는 '향후 추진계획'이 아니라, '이미 이루어진 미래의 장면'을 보여주는 곳이다. 즉, "우리가 무엇을 할 것이다."가 아니라 "이 일이 끝났을 때 세상이 어떻게 달라질 것이다."를 그려줘야 한다. 비전은 수치가 아니라 풍경으로 전해야 하며, 로드맵이 아니라 '감정이 느껴지는 미래의 장면'으로 남아야 한다.

많은 제안서가 마지막에 이렇게 쓴다.

"향후 5년간 단계별 추진 로드맵을 제시합니다."

그러나 청중은 표나 일정표에서 감동하지 않는다.

그들은 그 5년이 지난 후, '어떤 세상이 만들어질 것인가'를 보고 싶어 한다. 따라서 문서의 마지막 페이지는 표가 아니라 그림, 계획이 아니라 느낌, 즉 '변화된 삶의 장면'을 보여주는 **미래의 스토리보드**가 되어야 한다.

예를 들어, 이렇게 써 보라.

"아침 출근길, 스마트 관제 시스템이 자동으로 교통 흐름을 조정합니다. 시민은 신호를 기다리지 않습니다. 안전은 기술이 아니라 일상이 되었습니다."

이 세 문장은 단순한 설명이 아니라, 미래를 '보이게' 만든다. 청중의 머릿속에는 변화된 도시의 풍경이 펼쳐지고, 그 안에서 기술은 배경이 되고 사람은 주인공이 된다.

이런 문장은 제안서를 '읽는 문서'에서 '그려지는 문서'로 바꾼다.

비전은 글로 쓰는 것이 아니라 **상상으로 설득하는 일**이다.

마지막 페이지가 계획이 아니라 풍경이 될 때, 당신의 제안서는 논리의 문서가 아니라 감정의 시각 경험으로 남는다.

그 순간, 청중은 이렇게 느낀다.

"이건 가능성이 아니라, 이미 눈앞에 와 있는 미래다."

영상에서의 비전 제시
— 마지막 10초가 감정을 미래로 데려간다

영상의 마지막 10초는 '정보의 끝'이 아니라 '비전의 시작'이다.

이 구간에서는 설명이 필요 없다. 이미 메시지는 충분히 전달되었다.

이제 남은 것은 감정의 정리와 미래의 상상이다. 따라서 마지막 장면은 말보다 **이미지, 음악, 그리고 단 한 문장의 내레이션**으로 완성되어야 한다.

"이제 우리는,

사람의 신뢰가 기술의 중심이 되는 세상을 향해 갑니다."

이 한 문장은 데이터나 스펙보다 훨씬 강력하다. 왜냐하면 청중은 논리를 이해하는 것이 아니라, 감정을 느끼기 때문이다. 그 문장이 울려 퍼지는 순간, 영상은 끝나지만 감정은 계속 이어진다. 그 여운이 청중의 마음속에서 반복 재생된다.

좋은 영상은 마지막 장면에서 멈추지 않는다. 화면이 어두워진 후에도, 음악의 잔향과 문장의 의미가 청중의 내면에 머문다.

그 여운이 바로 **다시 보고 싶은 영상**', 즉 메시지가 아닌 '**감정의 기억으로 남는 비전**'을 만든다.

비전 제시의 심리적 효과
― '기억의 방향'을 남겨라

사람은 발표나 제안서를 다 듣고 난 뒤, 무엇을 정확히 들었는가 보다 **그때 어떤 감정을 느꼈는가**, 그리고 **그 감정이 어디로 향했는가**를 더 오래 기억한다. 즉, 기억은 정보의 흔적이 아니라 감정의 방향으로 남는다. 그래서 비전은 단순한 정보의 결말이 아니다. 그것은 청중의 기억이 향하는 방향, 즉 감정이 머무는 자리이자 앞으로 나아가는 길이다.

좋은 비전은 수치나 계획을 나열하지 않는다.

"5년 뒤 시장 점유율 1위" 같은 말은 머리에는 남아도 마음에는 닿지 않는다.

진짜 비전은 **청중이 스스로 마음속에 그릴 수 있는 미래의 감정**을 남긴다. 그 감정은 구체적인 약속보다 더 강력하다. 왜냐하면 사람은 논리로 확신하지 않고, 감정으로 계속 움직이기 때문이다.

그 한 문장, 그 한 장면이 청중의 마음속에서 조용히 반복될 때, 설득은 그 자리에서 끝나지 않는다. 그건 청중의 마음속에서 **계속 자라나는 감정의 씨앗**이 된다. 즉, 비전은 결론이 아니라 여정의 연장선이다.

말은 멈추지만, 감정은 계속 흐른다.

논리는 끝나지만, 감정은 미래로 이어진다.

그때 비전은 하나의 문이 된다.

지금의 설득이 내일의 감정으로 이어지는,

기억이 머무는 문, 그리고 마음이 걸어가는 방향이다.

Chapter 6

Echo
— 감동과 여운

Echo Ending
— 여운이 기억을 지배한다

사람은 논리를 잊지만, 여운은 잊지 않는다.

아무리 완벽하게 구성된 발표라도, 아무리 정교하게 쓰인 제안서라도 시간이 지나면 그 안의 논리와 수치는 희미해진다. 그러나 마지막에 남은 한 문장, 한 장면, 한 감정은 청중의 마음속에서 오래 반복된다. 그것이 바로 여운(Echo)의 힘이다.

당신의 발표, 제안서, 영상이 사람들의 기억 속에 얼마나 오래 남을지는 사실상 마지막 10초에 달려 있다. 설득은 상대가 "이해했습니다."라고 말하는 순간에 끝나지 않는다. 진짜 설득은 감정이 멈추지 않고 천천히 정리되는 그 순간, 마음이 고요히 안정되는 그 찰나에 완성된다. 그 감정의 흔적이 바로 **Echo Ending**, 즉 여운의 설계다.

마지막의 한 문장, 한 장면, 한 감정은 단순한 결론이 아니라 메시지를 **기억으로 바꾸는 전환점**이 된다. 그 문장이 청중의 머릿속에서 반복되고, 그 장면이 다시 떠오르며, 그 감정이 천천히 남을 때, 당신의 이야기는 끝난 것이 아니라 청중의 기억 속에서 새롭게 살아난다.

결국 설득의 마지막은 설명이 아니다. 그것은 **잔향의 설계**, 말이 멈춘 뒤에도 감정이 계속 울리는 구조를 만드는 일이다. 진짜 Echo Ending은 목소리가 아닌 **감정의 잔상**으로 남는다. 좋은 발표와 제안은 완벽하게 끝나는 것이 아니라 조용히 남는다. 말은 멈췄지만 마음은 아직 움직이고 있다. 그 여운이 바로 설득을 완성시키는 마지막 리듬이다.

      이기는 제안을 위한 설득의 알고리즘

Echo는 메시지가 아니라 '감정의 반복'이다

사람은 발표나 제안서의 내용을 정확히 기억하지 못한다. 대부분의 데이터, 구조, 문장은 시간이 지나면 잊힌다. 그러나 그 내용을 들었을 때 느꼈던 감정은 남는다. 발표를 들으며 '안심됐다', '신뢰가 생겼다', '이건 현실적인 해결책이겠다'라고 느꼈다면, 시간이 지나도 그 감정만은 기억된다. 그것이 바로 **Echo**, 즉 감정의 반복이다.

Echo는 새로운 정보를 전달하기 위한 단계가 아니다. 이미 전달된 감정을 다시 한 번 정리하고 되살리는 과정이다. Shock가 놀람을 일으키고, Empathy가 이해를 형성하며, Tuning Point가 희망의 방향을 보여주고, Resolution이 안정감을 만든다면, Echo는 그 모든 감정을 **기억의 층위에 고정시키는 과정**이다.

다시 말해 Echo는 감정을 반복함으로써 설득의 인상과 신뢰를 강화하는 장치다. 논리나 데이터의 재정리가 아니라, 감정의 리듬을 한 번 더 되새기게 하는 것이다. 좋은 발표와 제안은 여기서 마무리된다. 핵심 메시지를 다시 강조하는 대신, 청중이 스스로 그 감정을 다시 느끼도록 만드는 것이다.

결국 Echo는 "이야기의 결론"이 아니라 "감정의 잔향"이다. 설득이 끝난 뒤에도 청중의 머릿속에서 감정이 반복되고, 그 반복이 기억의 형태로 남는다. 그것이 진짜 의미의 Echo이며, 설득이 오래 지속되는 이유다.

Echo는 "논리의 반복"이 아니라 "감정의 회상"이다

많은 발표자가 마지막에 이렇게 말한다.

"다시 정리하겠습니다."

"결론적으로 말씀드리면…"

하지만 이 시점에서 청중은 이미 논리의 구조를 따라오지 않는다. 발표가 끝나갈수록 그들의 관심은 정보보다 감정의 흐름으로 옮겨간다. 청중은 더 이상 '무엇을 말했는가'를 듣고 싶어하지 않는다. 대신 '이 메시지가 나에게 어떤 의미로 남는가'를 느끼고 싶어한다.

따라서 Echo는 논리의 요약이 아니라 **감정의 회상**이어야 한다.

"우리는 오늘 기술을 이야기했지만, 사실은 사람의 신뢰에 대해 이야기했습니다."

이 문장은 데이터를 요약하지 않는다. 대신 발표 전체를 하나의 감정으로 정리한다. 이때 청중은 생각하지 않는다. 그들은 단순히 느낀다. 논리가 아니라 감정의 흐름이 남는다. 그리고 그 흐름이 기억으로 바뀐다.

Echo Ending의 핵심 원리
— 감정의 리필(Re-feel)을 만들어라

감정의 여운은 단순한 반복이 아니라, 다시 느끼게 하는 경험, 즉 **Re-feel**로 완성된다. 사람은 같은 말을 들어도, 두 번째 들을 때 감정이 더 깊어진다. Echo의 목적은 바로 이 "다시 느끼게 하는 순간"을 만드는 것이다.

이 Re-feel은 세 가지 요소로 만들어진다.

첫째, **이미지**. 감정을 시각화 하면 여운은 훨씬 오래 지속된다.

"이제, 한 번도 멈추지 않는 대시보드를 상상해 보십시오."

이 한 문장은 논리를 요약하지 않아도 머릿속에 장면을 남긴다. 청중은

   이기는 제안을 위한 설득의 알고리즘

이해가 아니라 그림을 기억한다.

둘째, **리듬**. Echo 문장은 길 필요가 없다. 대신 문장 안에 자연스러운 호흡이 있어야 한다.

"문제는 사라지고, 신뢰가 자라납니다."

'사라지고', '자라납니다' — 두 단어의 대비가 감정의 파동을 만든다. 리듬은 감정을 정리하면서도 다시 일으킨다.

셋째, **침묵**. 모든 여운은 정적에서 완성된다.

마지막 문장을 던진 뒤 2~3초의 짧은 침묵을 유지하라. 그 시간 동안 감정은 머무르고, 의미는 정착된다. 말을 멈춘 그 순간이 바로 설득의 완성 시점이다.

결국 Echo는 요약이 아니라 회상이며, 반복이 아니라 감정의 리필(Re-feel)이다. 좋은 발표와 제안서는 "무엇을 말했는가?"보다 "어떤 감정을 남겼는가?"로 평가된다. 말이 끝난 뒤에도 마음속에서 감정이 다시 울린다면, 그건 논리의 성공이 아니라 Echo의 완성이다.

좋은 Echo Ending은 "요약"이 아니라 "선물"이다

좋은 결말은 내용을 다시 정리하지 않는다. 이미 논리적 요약은 앞에서 충분히 이루어졌다. 결말의 역할은 정리보다 **감정의 전달**에 있다. 즉, 청중이 당신의 말을 다 들은 후 "그래서 나는 어떤 감정을 가져갈 수 있을까?"라는 질문에 답해 주는 것이다.

좋은 Echo Ending은 마지막 정보를 주는 게 아니라, **감정을 남기는 선물**이다.

예를 들어, "오늘 우리는 시스템을 바꿨습니다."라는 문장은 정확하지만 차갑다.

대신 "이제 사람의 하루가 바뀝니다."라고 말하면, 청중은 결과보다 변화를 느낀다.

또 "우리는 업무 효율을 높였습니다." 대신 "이제, 퇴근 후의 미소가 돌아옵니다."라고 말하면, 숫자가 아닌 감정이 남는다.

이 차이는 작아 보이지만, 효과는 크다. 전자는 논리의 문장이고, 후자는 감정의 문장이다. 논리는 사람을 설득하지만, 감정은 사람을 움직인다. 따라서 좋은 Echo Ending은 내용을 요약하는 문장이 아니라, **청중이 마음속으로 가져갈 감정의 이미지다.**

결국 Echo는 "무엇을 말했다."가 아니라 "무엇을 남겼는가?"의 문제다. 말이 끝난 후에도 청중이 그 장면을 떠올리며 미소 짓는다면, 그것이 바로 성공적인 Echo Ending이다.

Echo의 언어
― 감정의 리듬으로 말하라

Echo는 논리의 언어가 아니라 **리듬의 언어다.** 논리적 문장은 직선적으로 정보를 전달하지만, 감정의 문장은 파동처럼 흐르며 여운을 남긴다. 이 파동은 길거나 복잡한 문장에서 만들어지지 않는다. 짧은 문장, 의도적인 반복, 그리고 의미의 대비로 형성된다.

예를 들어,

"이제 멈춤은 없습니다.

　　　　이기는 제안을 위한 설득의 알고리즘

기다림도 없습니다.

오직 신뢰만이 흐릅니다."

이 세 문장은 구조적으로 단순하지만, 리듬과 대비가 명확하다. 각 문장이 한 박자씩 여운을 남기며 감정의 진폭을 만든다. 바로 이 리듬이 **Echo의 핵심 구성 원리다.**

또 다른 예로,

"우리가 만든 것은 시스템이 아닙니다.

사람의 마음을 다시 움직이게 하는 구조입니다."

이 문장은 Shock에서 Resolution까지의 감정 흐름을 한 번에 되짚는다. 첫 문장은 논리의 종결처럼 들리지만, 두 번째 문장은 감정의 회복을 선언한다. 두 문장의 대비가 곧 Echo의 리듬을 완성한다.

Echo Ending의 3단 구조
― 회상, 확신, 초대

좋은 Echo Ending은 단순한 마무리가 아니다. 감정의 파동을 세 단계로 정리해, 청중이 '이야기의 끝'이 아닌 '감정의 연속'을 느끼도록 만든다.

1) 회상(Remind)

"처음에 우리가 마주했던 그 문제를 기억하시나요?"

이 한 문장은 Shock와 Empathy의 출발점을 다시 불러온다. 청중은 무의식적으로 이야기를 처음부터 되돌아보며 감정의 경로를 정리한다.

2) 확신(Reaffirm)

"그 문제는 해결되었습니다. 하지만 더 중요한 건, 우리가 다시 신뢰를 얻게 되었다는 사실입니다."

이 구간은 Tuning Point와 Resolution의 의미를 다시 강조한다. 단순히 '문제를 해결했다'가 아니라, '신뢰가 회복되었다'는 메시지를 통해 감정의 안정감을 강화한다.

3) 초대(Re-invite)

"이제 그 변화의 시작을 여러분과 함께하겠습니다."

이 마지막 문장은 결론이 아니라 제안이다. 청중을 이야기의 밖이 아닌 **감정의 연속선 위로 초대**한다.

이 세 단계를 통해 감정의 흐름은 닫히지 않는다. Echo Ending은 발표의 종결이 아니라, 설득의 확장이다. 논리의 문은 닫히지만, 감정의 문은 열려 있다. 그 열린 감정이 청중의 마음속에서 다시 울려 퍼질 때, 설득은 완전히 완성된다.

발표에서의 Echo
— "정적이 메시지가 된다."

발표의 마지막 30초는 그 어떤 구간보다 중요하다. 이 시점에서 청중은 더 이상 논리를 듣지 않는다. 그들은 발표자의 눈빛, 목소리의 온도, 그리고 짧은 정적 속에서 메시지를 느낀다. 즉, 발표의 마지막은 말이 아니라

존재감으로 완성되는 구간이다.

따라서 Echo를 전할 때는 슬라이드가 중심이 되어서는 안 된다. 그 순간의 중심은 발표자 자신이다. 화면을 넘기거나 자료를 보여주는 대신, 말의 속도를 늦추고 청중 한 명에게 시선을 고정하라. 시선이 흔들리지 않으면 감정이 집중되고, 집중된 감정은 메시지보다 오래 남는다.

"이제, 당신의 내일이 달라집니다."

이 한 문장을 던진 뒤 3초의 정적을 유지하라. 그 짧은 침묵은 발표의 여운을 만든다.

사람은 긴 문장보다 멈춘 순간을 더 오래 기억한다. 침묵은 결론보다 강하다. 정적은 감정을 정리하는 시간이며, 동시에 청중이 스스로 결론을 완성하는 공간이다. 말이 멈춘 그 순간, 청중은 발표자의 메시지를 '이해'하는 것이 아니라 '느낀다.' 결국, **Echo는 말로 전하는 것이 아니라, 정적으로 완성하는 메시지다.**

제안서에서의 Echo
― "마지막 페이지는 문장이 아니라 감정이다."

제안서의 마지막 장은 단순한 결론의 요약이 아니다. 그것은 **감정의 완성 장면**이다. 따라서 "결과 요약표"나 "성과 지표"보다 중요한 것은 **마지막 한 문장의 온도**다. 그 한 문장이 제안서를 '문서'에서 '이야기'로 바꾼다.

예를 들어,

"이 제안서의 목적은 시스템의 구축이 아닙니다.

사람들의 신뢰를 다시 세우는 것입니다."

또는,

"우리는 데이터를 다루지만, 그 속에서 결국 사람의 이야기를 만듭니다."

이러한 문장은 숫자나 기능이 아니라 **의미의 잔향**을 남긴다. 즉, 제안의 마무리는 결과가 아니라 **의도와 가치의 재확인**이어야 한다. 그 한 문장이 있을 때, 제안서는 분석 자료가 아니라 공감의 메시지가 된다.

▍영상에서의 Echo
―"마지막 장면은 문장이 아니라 숨결이다."

영상에서 Echo는 단어로 설명되지 않는다. 그건 **이미지와 음악이 감정을 완성하는 순간**이다. 해법이 제시된 후, 마지막 5초 동안은 어떤 정보도 필요 없다. 단 한 장의 장면, 그리고 한 줄의 내레이션이면 충분하다.

예를 들어,

"그날의 불안은 사라지고,

다시, 신뢰가 흐르기 시작합니다."

혹은,

"이것은 끝이 아닙니다.

새로운 시작의 첫 장면입니다."

음악이 꺼지고 화면이 어두워지는 그 짧은 시간, 시청자의 뇌는 논리를 분석하지 않는다. 그들은 단지 그 감정을 느끼며 마무리한다. 즉, 영상의 마지막은 정보 전달이 아니라 **감정의 정착**이다.

　　　　　　　　　　　이기는 제안을 위한 설득의 알고리즘

Echo가 기억을 지배하는 이유
— Peak-End Rule

인지심리학의 "Peak-End Rule"에 따르면, 사람의 기억은 '가장 강렬한 순간(Peak)'과 '마지막 감정(End)'이 전체 인상을 결정한다. 즉, 아무리 논리적으로 완벽한 내용이라도 마지막 감정이 평범하면 전체 인상도 평범하게 끝난다.

반대로, 단 한 줄의 여운이 남으면 그 발표 전체가 "감동적이었다.", "진심이 느껴졌다."고 재해석된다. 결국 Echo는 기억을 지배하는 감정의 앵커(Anchor)다.

당신의 설득이 얼마나 오래 남을지는, 마지막 한 문장의 **리듬과 온도**에 달려 있다.

Echo 문장 패턴
— 기억에 남는 문장을 만드는 법

좋은 Echo 문장은 논리를 요약하지 않는다. 대신 감정을 정리하고, 여운을 남긴다. 문장 하나로 발표나 제안서, 영상 전체의 인상을 바꿀 수 있다. 다음은 기억에 남는 Echo 문장을 만드는 네 가지 기본 패턴이다.

대조형 패턴

대조를 통해 의미의 전환점을 강조하는 구조다.

"우리는 시스템을 만들었지만,

사실은 신뢰를 복원했습니다."

이 문장은 기능적 결과와 감정적 의미를 대조하며, 청중의 사고를 '결과'에서 '가치'로 이동시킨다.

반복형 패턴

의도적인 반복을 통해 감정의 리듬을 강화하는 방식이다.

"우리는 문제를 해결했습니다.

그리고 우리는, 다시 사람을 보았습니다."

반복은 논리의 강조가 아니라 감정의 정착이다. 같은 단어가 다시 등장할 때, 청중의 감정은 확신으로 변한다.

의미 확장형 패턴

사실을 한 단계 확장해, 기술적 사건을 인간적 의미로 연결하는 문장 구조다.

"이 프로젝트는 기술의 진보가 아니라,

관계의 복원이었습니다."

이 패턴은 결과의 해석을 바꾸어, 청중이 '기술'이 아닌 '사람'을 기억하도록 만든다.

시적 이미지형 패턴

감정을 시각화 하여 장면처럼 남기는 방식이다.

"새벽의 불안이 걷히고,

다시 신뢰의 빛이 들어옵니다."

이 문장은 설명보다 이미지를 남기며, 발표의 마지막 순간을 시각적 기억으로 전환한다.

설득의 끝은 '이야기의 여운'이다

논리가 정리된다고 설득이 끝나는 것은 아니다. 설득은 감정이 남을 때 완성된다. Shock가 주목을 만들고, Empathy가 연결을 만들며, Tuning Point가 희망을 열고, Resolution이 의미를 정리했다면, Echo는 그 모든 감정을 기억으로 고정시킨다.

사람은 당신의 말을 잊을 수 있다. 하지만 그 말을 들었을 때 느꼈던 감정은 오래 남는다. 결국 설득은 '이해된 말'이 아니라 '기억된 감정'으로 완성된다.

Echo는 논리의 요약이 아니라 감정의 반복이다. 좋은 결말은 정보를 남기지 않고, 감정을 남긴다. 침묵이, 리듬이, 이미지가 여운을 만든다.

발표의 마지막 10초, 영상의 마지막 한 장면, 제안서의 마지막 문장은 모두 **Echo의 자리**다. 설득의 성공은 얼마나 잘 설명했는가가 아니라, 얼마나 오래 기억되었는가에 달려 있다.

강력한 마무리 문장 10가지 유형

"마지막 한 문장이, 전체의 인상을 결정한다."

사람은 설득의 모든 과정을 기억하지 않는다. 그러나 마지막 한 문장은 반드시 기억한다. 발표에서 그 문장은 전체의 이미지를 결정하고, 제안서에서는 그 한 줄이 성패를 가른다.

이 마지막 문장은 단순한 결론이 아니다. 그것은 감정의 인장(印章)이며, 청중의 마음에 찍히는 마지막 감정의 서명이다. 따라서 어떤 말로 끝맺느냐는 "무엇을 말했는가?"보다 더 중요하다.

강력한 마무리 문장은 청중의 이성과 감정, 현재와 미래, 사실과 의미를 모두 연결한다. 그 한 문장이 논리의 끝이 아니라 **감정의 완성**이 되어야 한다.

이 장에서는 실무적으로 바로 적용할 수 있는 "강력한 마무리 문장 10가지 유형"을 구체적인 문체 예시와 함께 정리한다. 각 문장은 단순히 멋있게 들리기 위한 문장이 아니라, **기억에 남고, 행동으로 이어지게 만드는 구조적 마무리 문장들**이다.

다음 장에서는 ① 선언형, ② 회복형, ③ 전환형, ④ 확신형, ⑤ 초대형, ⑥ 비전형, ⑦ 여운형, ⑧ 리듬형, ⑨ 시각형, ⑩ 의미형의 10가지 유형으로 나누어, 실제 제안서·발표·영상에 바로 쓸 수 있는 예시와 함께 구체적으로 설명한다.

1) 대조형(Contrast Type)

예시: "우리는 시스템을 만들었지만, 사실은 사람의 신뢰를 복원했습니다."

핵심: '논리적 대상'과 '감정적 가치'를 대비시켜 여운을 만든다.

이 문장은 단 한 번의 전환으로 청중의 인식을 **정보 → 감정, 성과 → 의미**로 이동시킨다.

활용 예시

- "우리는 기술을 완성했지만, 결국 사람을 이해했습니다."

- "이것은 개발의 기록이 아니라, 관계의 복원입니다."

2) 회복형(Restoration Type)

예시: "이제 멈춰 있던 하루가 다시 움직이기 시작합니다."

핵심: '문제의 종결'보다 '감정의 회복'을 보여준다.

이 문장은 '끝났다'가 아니라 '다시 시작된다'는 감정의 여운을 만든다.

활용 예시

- "끊어졌던 신뢰가, 다시 흐르기 시작합니다."
- "불안이 멈추고, 확신이 자라납니다."

3) 비전형(Vision Type)

예시: "이제 우리는 기술이 아닌, 신뢰의 시대를 엽니다."

핵심: 미래의 그림을 현재형으로 선언한다.

비전형 문장은 청중의 감정 곡선을 **현재 → 내일**로 확장시킨다.

활용 예시

- 사람의 하루를 바꿉니다."
- "이제, 혁신은 기술이 아니라 공감에서 시작됩니다."

4) 리듬형(Rhythmic Type)

예시: "기다림이 사라지고, 불안이 사라지고, 신뢰가 남습니다."

핵심: 짧은 문장의 반복으로 감정의 파동을 만든다.

이 문장은 논리보다 **리듬**으로 기억된다.

활용 예시

- "혼란은 줄어들고, 질서는 자라나고, 관계는 깊어집니다."
- "데이터가 쌓이고, 신뢰가 쌓이고, 내일이 바뀝니다."

5) 요약형(Compression Type)

예시: "이 프로젝트의 본질은 기술이 아니라, 신뢰입니다."

핵심: 전체 메시지를 하나의 명사로 압축한다.

이 문장은 정리가 아니라 **의미의 응축**이다.

활용 예시

- "결국, 우리의 제안은 '공감'입니다."
- "이 모든 변화의 이름은 '사람'입니다."

6) 초대형(Invitation Type)

예시: "이제, 이 여정을 여러분과 함께 시작하겠습니다."

핵심: 결론이 아니라 **감정의 동행 제안**으로 마무리한다.

청중의 합의가 아니라 **참여**를 이끌어 내는 문장이다.

활용 예시

- "이 변화의 시작을, 여러분과 함께 만들고 싶습니다."
- "이제 우리의 이야기는, 당신과 함께 계속됩니다."

7) 반전형(Reversal Type)

예시: "우리는 문제를 해결한 것이 아니라, 문제를 새롭게 정의했습니다."

핵심: 청중의 기대를 뒤집어 **지적 긴장감과 여운**을 동시에 만든다.

 이기는 제안을 위한 설득의 알고리즘

Shock의 감정을 다시 한번 일으켜, 논리의 마무리를 감정의 전환
점으로 바꾼다.

활용 예시

- "우리는 효율을 높인 것이 아니라, 인간을 회복했습니다."
- "이것은 기술의 끝이 아니라, 공감의 시작입니다."

8) 스토리 회귀형(Narrative Return Type)

예시: "처음 그 문제를 만났던 순간을 기억하시나요? 이제, 우리는 그
답을 찾았습니다."

핵심: 오프닝의 첫 장면으로 되돌아가 감정의 완결을 만든다.

스토리의 처음과 끝이 연결될 때, 청중의 감정은 **순환적 안정감**
을 느낀다.

활용 예시

- "그때의 질문, '이 문제는 왜 생겼을까?' 이제 우리는 그 질문에 답하
고 있습니다."
- "처음의 불안은 사라지고, 대신 확신이 남았습니다."

9) 은유형(Metaphor Type)

예시: "우리는 다리를 놓았습니다. 기술과 사람 사이, 불안과 신뢰 사이에."

핵심: 논리 대신 **이미지로 감정을 시각화**한다.

사람은 문장보다 장면을 기억한다.

활용 예시

- "우리는 빛을 켰습니다. 어둠 속의 불안을 비추는 빛을."

- "이 제안은 건축입니다. 신뢰라는 벽돌로 쌓은 구조물입니다."

10) 침묵형(Silence Type)

예시: "이제, 아무 말도 하지 않겠습니다. 여러분의 마음이 이미 대답했으니까요."

핵심: 마지막 감정을 '멈춤'으로 강화한다.

말로 끝내지 않고, **정적을 설득의 수단**으로 쓴다.

활용 예시:

- "더 이상 설명하지 않겠습니다. 이제, 느껴 보시기 바랍니다."
- (3초 정적) "감사합니다."

좋은 마무리는 논리를 닫는 문장이 아니라 감정을 정리하는 문장이다. **말이 끝난 뒤에도 감정이 남아 있을 때, 그 발표는 성공한 것이다.**

▍실전 사례: 발표 · 영상 · 제안서에서의 Echo 디자인

"설득의 끝은 말이 아니라, 여운의 구조다." 사람은 정보를 이해할 때 '이성'을 사용하지만, 기억할 때는 '감정'을 사용한다. 즉, 발표나 제안서, 영상에서 마지막에 남는 것은 논리의 결론이 아니라 감정의 잔향(Echo)이다. 이 마지막 10초의 감정 설계가 설득의 인상을 결정한다. 이 장에서는 실제 사례를 통해 발표, 영상, 제안서 각각에서 감정의 여운을 구조적으로 남기는 방법을 살펴본다.

발표(PT)에서의 Echo 디자인

"청중의 손이 펜에서 떨어지는 순간, 감정은 남는다."

발표에서 Echo는 '논리의 마침표'가 아니라 '감정의 완결'이다. 말이 끝나도 감정이 머무는 순간, 설득은 완성된다.

사례 1. 공공정책 발표 — '안전이 일상이 되는 도시'

서울시 '스마트 시티 통합관제' 제안 발표. 대부분의 경쟁사는 데이터 처리 속도, AI 분석 정확도 등 기술적 완벽함을 강조했다. 그러나 한 발표자는 마지막에 이렇게 말했다.

"우리가 만드는 건 시스템이 아닙니다.

시민이 불안 없이 하루를 보내는 도시입니다."

그는 이어서 말을 멈추고 약 2초간 청중을 바라보았다. 순간, 발표장은 고요해졌고 심사위원들은 고개를 들었다. 그 짧은 침묵이 감정을 정리했고, 기술 중심의 이야기에서 사람 중심의 메시지로 전환되었다. 결국 이 발표자는 경쟁자들을 압도하며 1위를 차지했다.

→ **실무 포인트:**

- 마지막 10초는 기술이 아닌 **감정의 장면**으로 설계하라.
- "기능적 목표"보다 "삶의 변화"로 마무리하라.
- 정적(침묵)은 감정의 프레임이다. 침묵의 시간을 두어 여운을 설계하라.

사례 2. 기업 제안 프레젠테이션 — '불편함이 사라진 하루'

한 통신사의 B2B 제안 프레젠테이션. 대부분의 팀이 KPI, 처리율, 성능 지표로 끝을 맺었다. 그러나 한 발표자의 마지막 슬라이드는 숫자가 없었다. 그 대신 단 한 문장만 있었다.

"내일 아침, 출근길의 불편함이 사라집니다. 그게 우리가 만드는 변화입니다."

짧고 단정한 이 문장은 데이터로 설명하던 모든 논리를 하나의 '삶의 장면'으로 압축했다. 기술의 의미가 인간의 경험으로 바뀌었고, 청중은 기능이 아닌 '변화의 감정'을 기억했다.

→ **실무 포인트:**

- 마지막 문장은 **논리 요약이 아니라 감정이 시각화 된 문장**으로 구성하라.
- 청중이 '고객의 내일'을 떠올릴 수 있도록 **이미지화 된 표현**을 사용하라.
- 발표의 마지막 순간에는 말의 속도를 늦추고, **시선과 표정까지 여운의 일부로 활용**하라.

발표의 Echo는 문장보다 **리듬과 정적의 배치**로 완성된다. 마지막 문장은 설명이 아니라 감정의 정리이며, 그 정리의 방식이 발표의 품격을 결정한다.

"마지막 10초, 논리를 멈추고 감정을 남겨라. 그 여운이 당신의 발표를 기억하게 만든다."

영상에서의 Echo 디자인

"음악이 멈춘 후에도 감정이 남아야, 영상은 완성된다."

영상에서 Echo는 대사나 자막보다 '여백의 설계'로 완성된다. 화면이 꺼진 뒤의 정적, 음악이 멈춘 뒤의 침묵, 그리고 마지막 장면이 남기는 시각적 인상 — 이 세 요소가 합쳐져 감정의 잔향을 만든다. 즉, 좋은 영상의 결말은 설명이 아니라 감정의 잔상이다.

사례 1. 브랜드 홍보영상 — '기술의 온도'

한 IT기업의 브랜딩 영상은 기술력의 우수함을 보여주는 장면들로 구성되어 있었다. 서버의 빛, 자동화 시스템, 인공지능 알고리즘이 차례로 등장한 뒤, 마지막 장면에서 모든 움직임이 멈췄다. 화면에는 단 한 줄의 문장이 떴다.

"기술이 차가울수록, 우리는 사람의 온도를 지켜야 합니다."

음악은 서서히 잦아들었고, 화면은 완전히 하얗게 비워졌다. 자막이 사라진 뒤에도 관객석은 조용했다. 아무도 말하지 않았다. 그 순간의 침묵이 바로 '감정의 구조적 여운'이었다. 이 영상은 단순히 감동을 노린 메시지가 아니라, **정적 그 자체를 하나의 장면으로 설계한 사례**다.

→ 실무 포인트:

- Echo는 **자막**이 아니라 **정적·음향·시각의 조합**으로 완성된다.
- 영상의 마지막에는 반드시 2~3초의 '여백'을 남겨 감정을 흡수시켜라.

- 마지막 문장은 **짧고 단호할수록 강하다** — 6~10단어 내에서 마무리
  하라.

사례 2. 공익 캠페인 영상 — '기다림의 자리'

한 교통안전 캠페인 영상의 마지막 장면은 신호등 앞이었다.

빨간 불 앞에서 조용히 서 있는 어린이의 뒷모습.

그리고 나레이션이 낮은 톤으로 천천히 흐른다.

"오늘도 누군가 당신을 기다립니다."

이 문장이 끝나자 음악이 완전히 멈췄다. 아무 말도, 아무 소리도 없는
3초. 그 정적 속에서 화면은 서서히 어두워졌고, 마지막에 로고 하나가
떴다. 관객들은 숨을 고르며 영상을 바라봤다.

그 3초의 침묵이 감정의 여운이자, 기억의 결말이었다.

→ 실무 포인트:

- Echo는 "마지막 대사"가 아니라 "대사가 끝난 뒤의 정적"이다.
- 감정형 영상에서는 반드시 3~5초의 감정 흡수 구간(여백)을 둬라.
- 화면이 천천히 어둡게 전환되는 **Fade Out**은 여운을 구조화하는 핵
  심 장치다.

영상에서 Echo는 말로 만드는 것이 아니라 **정적과 리듬으로 설계하는
구조적 장면**이다. 음악이 끝난 뒤에도 감정이 남는다면, 그 영상은 이미
설명을 넘어 기억으로 들어간 것이다.

"좋은 영상의 마지막은 문장이 아니라, 감정이 천천히 사라지는 **공기의**

　　　　　　　　　　　이기는 제안을 위한 설득의 알고리즘

리듬이다."

제안서에서의 Echo 디자인

"마지막 페이지는 데이터가 아니라, 감정의 마무리다." 제안서의 끝은 논리적 결론이 아니라, 감정적 신뢰의 완성이다. 수치와 그래프가 설득을 이끌 수는 있어도, 마음을 움직이는 것은 결국 '한 문장'이다. 마지막 페이지에서 남는 인상은 논리의 정리보다, 감정의 정리다.

사례 1. 공공사업 제안서 — '신뢰의 복원'

한 지방자치단체의 스마트 행정 플랫폼 구축 사업. 대부분의 경쟁사는 효율성, 데이터 표준화, 프로세스 개선 등을 강조하며 마지막 페이지를 그래프로 채웠다. 그러나 한 제안서는 달랐다. 마지막 장에는 단 한 줄의 문장이 있었다.

"이 제안의 목적은 시스템의 효율이 아닙니다.

사람과 행정 사이의 신뢰를 복원하는 것입니다."

그 아래에는 아무 도표도 없고, 단지 흐릿하게 미소 짓는 시민의 얼굴 사진 한 장이 있었다. 그 페이지는 '읽히는' 문서가 아니라 '느껴지는' 문서였다. 심사위원은 기술적 구조보다 감정의 의미를 먼저 떠올렸고, 평가 회의에서 "이 제안은 사람을 생각하고 있다."는 말이 나왔다.

→ **실무 포인트:**

- 제안서의 마지막 페이지는 '문장 하나 + 이미지 하나'로 구성하라.
- **기능적 결론** 대신 감정적 의미(신뢰, 회복, 동행)를 강조하라.

- 그래픽보다는 **여백**으로 감정을 표현하라. 그 공백이 바로 감정의 무게다.

사례 2. 기업 제안서 — '함께 만드는 내일'

한 글로벌 기업의 브랜드 협력 제안서. 대부분의 경쟁사는 시장 성장률, 파트너십 구조, 투자효과를 수치로 마무리했다. 그러나 이 기업은 마지막 페이지를 다르게 설계했다. 중앙에는 단 한 문장이 있었다.

"우리는 브랜드를 만드는 것이 아니라, 사람들의 내일을 함께 만듭니다."

페이지 하단에는 작은 글씨로 "with you, always."라는 슬로건이 들어갔다.

그 문장은 논리적 결론이 아니라 **감정적 동행**의 선언이었다. 이 한 문장으로 제안서는 계약 문서에서 공감 문서로 바뀌었고, 브랜드의 신뢰도가 한층 높게 평가되었다.

→ **실무 포인트:**
- 브랜드 제안서의 엔딩은 '동행의 감정'으로 설계하라.
- "우리는 ~가 아니라, ~을 함께한다." 구조는 **Echo의 고전적 문형**이다.
- 마지막 로고나 서명란 위에 **감정 문장 한 줄**을 배치하라. 그것이 제안의 여운이 된다.

제안서의 마지막 페이지는 **보고서의 결론이 아니라, 제안자의 태도**를 보여 주는 공간이다. 숫자보다 문장이 오래 남고, 설명보다 여백이 더 큰 설득력을 가진다.

 이기는 제안을 위한 설득의 알고리즘

"제안서의 마지막은 논리가 아니라 신뢰다. 마지막 문장 한 줄이, 그 모든 데이터를 인간적인 이야기로 바꾼다."

Echo의 구조적 원칙 3가지

1) 정리하지 말고, 남겨라

많은 발표자와 제안자가 마지막 순간에 모든 내용을 정리하려고 한다. 그러나 그 순간 감정의 온도는 빠르게 식는다. 논리적으로 완벽한 정리는 발표자에게는 만족감을 주지만, 청중에게는 감정의 단절을 만든다. Echo는 완결이 아니라 여운이다. 감정의 파동이 완전히 사라지기 전에 문장을 닫으면, 마음은 움직이지 않는다. 좋은 Echo는 일부러 여백을 남긴다. 약간의 미완성, 아직 끝나지 않은 느낌, 더 들려줄 이야기가 있을 것 같은 여운이 있을 때 청중의 마음은 그 빈자리를 채우고 싶어 진다. 이것이 감정적 설득의 지속력을 만든다. 결국 Echo는 정보를 정리하는 단계가 아니라, 감정을 남겨두는 단계다. 논리의 끝이 아니라 감정의 확장을 위한 장치이며, 청중이 스스로 마음속에서 이야기를 완성하게 만드는 심리적 구조다.

"정리된 결론은 생각을 멈추게 하지만, 남겨진 여운은 마음을 움직인다."

2) 보여 주지 말고, 느끼게 하라

마지막은 설명의 구간이 아니라 체험의 구간이다. 청중은 더 이상 새로운 정보를 원하지 않는다. 그들은 이미 논리를 이해했다. 남은 것은 '이 이야기가 내게 어떤 감정으로 남을까?'를 느끼는 것이다. 그래서 좋은

Echo는 설명하지 않는다. 논리적 정리 대신 시각적 장면, 말 대신 이미지, 문장 대신 표정이 설득을 이어간다. 예를 들어 발표에서는 말의 속도를 늦추고, 시선을 멈추며, 한 문장 후 짧은 정적을 둔다. 영상에서는 마지막 3초의 침묵과 색감의 변화가 감정을 완성한다. 제안서에서는 마지막 장의 여백과 문장 하나가 그 역할을 한다. 감정은 이해가 아니라 체험으로 기억된다. 즉, 청중이 '이해했다'고 느끼는 순간은 금방 사라지지만, '느꼈다'고 생각하는 순간은 오래 남는다. Echo는 바로 그 '느낌의 구조'를 설계하는 것이다.

"말로 설명하지 말고, 느낄 수 있게 만들어라. 감정의 기억은 체험에서 태어난다."

3) 닫지 말고, 열어라

많은 발표가 "이상으로 발표를 마치겠습니다."로 끝난다. 하지만 설득은 '끝났다'는 인식이 생기는 순간 멈춘다. 좋은 Echo는 닫는 대신 연다. 청중이 발표장을 떠나면서도 그 감정을 이어가게 만드는 문장, 그것이 진짜 마무리다. "이제 우리의 이야기는 계속됩니다.", "이 변화의 시작을 여러분과 함께하겠습니다." 같은 문장은 단순한 인사말이 아니라 감정의 통로를 연다. 청중의 감정을 '참여'의 상태로 남기는 것이다. 설득의 본질은 상대의 동의를 얻는 것이 아니라, 함께 움직이게 만드는 것이다. 닫는 결말은 감정을 종료시키지만, 여는 결말은 감정을 지속시킨다. 청중은 끝난 이야기를 잊지만, 이어지는 이야기를 기다린다. Echo는 바로 그 '기다림의 감정'을 남겨야 한다.

"결론을 닫지 말라. 감정을 계속 흐르게 하라. Echo는 마지막이 아니

　　　　이기는 제안을 위한 설득의 알고리즘

라, 다음을 여는 첫 문장이다.”

　요약하면, Echo의 구조는 ‘남기고(Leave), 느끼게 하고(Feel), 열어라(Open)’라는 세 가지 원칙으로 정리된다. 논리로는 설득을 끝낼 수 있지만, 감정으로는 설득을 계속 이어갈 수 있다. 결국 설득의 마지막은 완결이 아니라 여운이며, Echo는 그 여운을 설계하는 기술이다.

Chapter 7

실무 적용과 확장

[1] 발표기획: 발표를 드라마로 만드는 EDIS 적용법

"발표는 말의 기술이 아니라, 감정의 시나리오다."

사람들은 좋은 발표를 논리로 기억하지 않는다.

대신 이렇게 말한다.

"그 발표는 흡입력이 있었어."

"이야기가 살아 있었어."

"감동이 있었다."

즉, 좋은 발표는 정보가 아니라 감정의 흐름으로 남는다.

EDIS는 발표를 단순한 '설명'이 아닌, **감정이 움직이는 이야기 구조로** 바꿔주는 방법이다.

Shock-Empathy-Tuning-Resolution-Echo, 이 다섯 단계는 발표를 하나의 **완벽한 드라마로** 만든다.

1. 발표는 '정보 전달'이 아니라 '감정 설계'다

대부분의 발표자는 논리로 시작한다.

자료를 정리하고, 근거를 쌓고, 수치를 나열한다. 하지만 청중은 논리를 **이해하지 않고, 느낀다.** 발표의 본질은 설명이 아니라 **설득**, 그리고 설득의 본질은 **논리가** 아니라 **감정**이다.

그래서 발표를 준비할 때 가장 먼저 던져야 할 질문은 이것이다.

"무엇을 설명할까?"가 아니라 **"청중이 어떤 감정을 느끼게 할까?"**

이 질문으로 시작하는 순간, 발표는 단순한 보고가 아니라 **하나의 드라마가** 된다.

                  이기는 제안을 위한 설득의 알고리즘

2. EDIS 발표 구조 = 감정의 드라마 5막 구성

좋은 발표는 영화나 드라마처럼 **감정의 곡선**을 따라간다.

EDIS는 이 곡선을 설계해 주는 **감정 중심 발표 시나리오 구조**다.

1) Shock — 긴장과 집중의 시작

발표의 첫 장면은 청중의 시선을 붙잡는 **도입의 순간**이다.

"우리는 지금, 10년 전보다 더 혼란스러운 시스템 속에 살고 있습니다."

이 한 문장이 감정의 문을 연다.

2) Empathy — 공감과 동화의 구간

이제 청중이 발표자의 이야기를 '나의 이야기'로 느끼게 해야 한다.

"여러분도 이런 경험, 있으시죠?"

공감이 생기는 순간, 청중은 발표 속으로 들어온다.

3) Tuning Point — 희망의 전환점

이 단계에서는 문제의 본질을 밝히고, 감정이 희망으로 바뀌는 **전환의 포인트**를 만든다.

"이 문제의 해답은 기술이 아니라 신뢰입니다."

4) Resolution — 안정과 확신의 단계

감정이 잔잔하게 정리되며, 해법이 만들어낸 **변화와 의미**를 전달한다.

"이제, 시민의 하루가 다시 예측 가능해집니다."

5) Echo — 여운과 기억의 마무리

마지막은 결론이 아니라 **감정의 잔향**이다.

"그리고 우리는, 그 신뢰 위에서 다시 출발합니다."

이 다섯 단계가 바로 **감정 중심 발표의 스토리보드**다. 논리를 줄이고 감정을 설계하라. 그 순간, 발표는 단순한 정보 전달이 아니라 **하나의 감정 체험**이 된다.

3. 발표의 시작(Shock): "청중의 뇌를 멈추게 하라."

발표의 첫 **30초**는 청중의 시선을 붙잡는 **Shock 구간**이다. 이때는 논리로 설명하지 말고, **감정으로 진입**해야 한다. 즉, 머리로 이해시키기보다 마음으로 끌어당겨야 한다.

Shock를 만드는 데에는 세 가지 방법이 있다.

1) 반전형 오프닝

"이 사업은 기술의 경쟁이 아닙니다. 감정의 경쟁입니다."

익숙한 전제를 뒤집는 한 문장이 긴장감을 만든다.

2) 질문형 오프닝

"여러분은 오늘 하루 동안, 몇 번이나 신뢰를 느끼셨나요?"

스스로 생각하게 만드는 질문이 감정의 문을 연다.

3) 장면형 오프닝

"새벽 3시, 시스템은 멈췄고, 모든 민원창구가 동시에 마비되었습니다."

눈앞에 장면이 그려지면, 청중은 이야기 속으로 들어온다.

발표의 첫 문장은 '사실'을 말하는 게 아니라, **느낌을 던지는 것**이다.

정보보다 감정이 먼저 들어오면, 청중은 논리보다 **마음으로 열린다.**

4. 공감의 단계(Empathy): "청중이 나와 함께 말하게 하라."

발표의 두 번째 구간은 Empathy, 즉 **감정의 동일화 단계**다. 이 단계의 목적은 정보를 전달하는 것이 아니라, **청중이 '나와 같은 편'이라고 느끼게 만드는 것**이다.

다음과 같은 문장들이 그 출발점이 된다.

"이건 우리 모두의 문제입니다."

"이 자리에 계신 분이라면, 다 느껴 보셨을 겁니다."

"제가 드릴 말씀은 숫자가 아니라, 사람의 이야기입니다."

Empathy 단계의 핵심은 **데이터가 아니라 일상**이다. 숫자를 줄이고, 사례를 늘려라. 논리는 머리에 닿지만, **공감은 마음에 남는다.** 그리고 마음이 움직이는 순간, 청중은 이미 당신의 편이 된다.

5. 전환의 순간(Tuning Point): "해법은 감정이 절정일 때 던져라."

발표가 중반에 이르면, 청중의 감정은 최고조에 이른다. 그때 그들의 머릿속에는 자연스럽게 이런 질문이 떠오른다.

"그래서, 당신의 해법은 무엇입니까?"

이 바로 그 순간이 Tuning Point, 즉 발표의 **정서적 전환점**이다.

이때 던지는 한 문장이 발표의 분위기를 완전히 바꾼다.

"이 문제의 해답은 기술이 아니라 신뢰입니다."

“우리가 만든 것은 시스템이 아니라, 기다림이 없는 하루입니다.”

이 한 문장이 들어가는 순간, 발표는 단순한 설명이 아니라 **설득**이 된다.

Tuning Point의 문장은 논리보다 **리듬**이 중요하다. 천천히, 짧게, 그리고 확신 있게 말하라. 그 리듬 속에서 청중은 ‘이게 바로 해법이다’라고 느낀다.

6. 의미의 정착(Resolution): “논리를 감정으로 닫아라.”

Tuning Point에서 해법을 제시했다면, 이제는 그 해법이 만들어낸 **감정의 변화**를 정리해야 한다.

많은 발표가 이 지점에서 실수한다. 해법을 다시 논리로 설명하기 시작하면, 막 올라왔던 감정의 온도가 식어버린다.

그래서 Resolution에서는 **결과**가 아니라 **감정의 회복**을 말해야 한다.

“이제 사람들은 다시 예측 가능한 하루를 살게 됩니다.”

“불안은 사라지고, 신뢰가 자라납니다.”

“기술은 완성되었지만, 우리는 아직 사람을 잊지 않았습니다.”

이 구간은 단순한 결론이 아니다. 발표의 마지막 감정이 **고요히 머무는 자리**,

즉 **감정의 정착지**다. 그 여운이 남을 때, 청중은 ‘이 이야기는 끝났다’가 아니라 ‘이 이야기는 내 안에 남았다’고 느낀다.

7. 여운의 설계(Echo): “청중의 마음속에서 발표를 계속 시켜라.”

발표가 끝난 뒤에도 메시지가 청중의 마음속에서 계속 울려야 한다.

그 울림을 만드는 것이 바로 **Echo**, 발표의 마지막 설계다.

이 단계에서 던지는 한 문장은 이렇게 들려야 한다.

     이기는 제안을 위한 설득의 알고리즘

"이 발표는 오늘 끝나지만, 우리가 함께 만들어갈 변화는 이제 시작입니다."

이 문장은 논리의 마침표가 아니라, 감정의 여운을 남기는 쉼표다.

Echo의 핵심은 고요한 **정적**이다.

마지막 말을 던진 뒤, 3초 동안 아무 말도 하지 말고 그 정적을 그대로 두어라.

그 짧은 침묵이 감정의 잔향을 만들고, 그 잔향이 청중의 기억 속에서 당신의 발표를 계속 이어간다.

8. 사례: EDIS로 재구성한 실제 발표 구조

주제: 스마트 행정 플랫폼 제안 발표

Shock:

"하루 4만 건의 민원이 접수됩니다. 그러나 그중 20%는 단순 반복입니다."

Empathy:

"시민들은 불만을 말하지만, 사실은 '무시당하고 있다'고 느낍니다."

Tuning Point:

"그래서 우리는 시스템이 아니라, '신뢰를 자동화하는 구조'를 설계했습니다."

Resolution:

"이제 공무원은 더 이상 문제를 쫓지 않습니다. 시민과 함께 미래를 설계합니다."

Echo:

"이제, 행정의 효율이 아니라 신뢰의 시대가 시작됩니다."

결과: 기술 점수는 비슷했지만, 심사위원 평가에서 '감동이 있었다', '의미가 명확했다'는 평가로 1위를 차지했다.

9. 발표를 드라마로 만들면, 설득은 자연스럽게 따라온다

좋은 발표자는 말을 잘하는 사람이 아니다. 그는 감정을 설계하는 연출자다.

Shock로 시선을 붙잡고, Empathy로 마음을 연결하며, Tuning Point에서 희망의 방향을 보여주고, Resolution으로 감정을 정리한 뒤, Echo로 여운을 남긴다.

이 다섯 단계가 모여 하나의 감정 드라마를 만든다. 설득은 연기가 아니다. 그건 감정의 구조다. 발표를 이렇게 구조화하면, 감동은 저절로 따라온다. 그 순간 청중은 단순히 정보를 이해한 사람이 아니라, 당신의 이야기에 함께 걸어가는 동행자가 된다.

[2] 영상기획: 쇼츠 · 롱폼 시나리오에 적용하기

"좋은 영상은 편집이 아니라, 감정의 리듬으로 만들어진다." 사람은 영상을 볼 때 '정보'를 따라가지 않는다. 그들은 '감정의 흐름'을 따라간다. 유튜브, 브랜드 홍보영상, 공공 캠페인 등 모든 영상의 성패는 결국 세 가지로 결정된다.

- 얼마나 빨리 시선을 붙잡는가?

　이기는 제안을 위한 설득의 알고리즘

- 얼마나 오래 감정을 유지시키는가?
- 그리고 마지막에 얼마나 강한 여운을 남기는가?

이 세 가지를 모두 설계할 수 있는 구조가 바로 **EDIS(Emotional Driven Impact Structure)**다.

1. 영상은 스토리가 아니라 '감정의 체험'이다

많은 영상이 실패하는 이유는 스토리는 있지만, 감정의 리듬이 없기 때문이다. 아무리 장면이 많아도 감정이 오르내리지 않으면, 시청자는 금세 관심을 잃는다.

영상에서의 설득은 설명이 아니라 감정의 이동이다. 그래서 EDIS의 다섯 단계는 단순한 순서가 아니라, 감정이 흘러가는 곡선 그 자체다.

시간에 따른 EDIS 감정 시나리오 그래프는 다음과 같다.

- Shock(0~10초): 시선을 단번에 붙잡는 충격의 장면
- Empathy(10~40초): 감정이 이입되는 구간, 주인공과 공감
- Tuning Point(40~60초/중반): 감정의 전환점, 인식이 바뀌는 순간
- Resolution(60~90초/후반): 감정이 안정되고 의미가 완성되는 구간
- Echo(마지막 5~10초): 여운이 머무는 마무리, 기억의 봉인

EDIS는 영상의 '줄거리'를 만드는 구조가 아니라,

감정을 따라 움직이는 리듬의 설계도다. 즉, 좋은 영상은 잘 만든 이야기보다 잘 흐르는 감정에서 시작된다.

2. 쇼츠(Shorts)에 적용하는 EDIS 5단 구조

"쇼츠는 감정의 롤러코스터다. 10초마다 감정이 달라져야 한다."

1) Shock — 첫 3초의 '감정적 낙차'를 만들어라

- 쇼츠의 첫 3초는 '정보'가 아니라 '감정의 자극'으로 시작해야 한다.
- 시청자의 뇌를 멈추게 하는 첫 문장, 혹은 첫 장면이 중요하다.

◆ 예시

- "상사의 NO를 YES로 바꾸는 단 한 문장."
- "로마의 검투사는 왜 미소 지으며 죽었을까?"
- "백제의 마지막 병사, 그가 웃었던 이유는?"

◆ 핵심

- 시각적 낙차 + 감정적 질문의 조합으로 시작하라.
- 텍스트보다 장면, 장면보다 감정이 먼저여야 한다.

2) Empathy — '나도 저럴 것 같다'는 감정 연결

- 공감은 데이터로 만들 수 없다.
- 현실적인 경험, 일상적 실패, 인간적인 결핍이 공감의 재료다.

◆ 예시

- "우리는 늘 기다림 속에서 불안을 느낀다."
- "그때, 아무도 내 말을 들어주지 않았다."

 이기는 제안을 위한 설득의 알고리즘

- "그의 눈빛은 말없이 이렇게 말하고 있었다 ― '이게 옳은 걸까?'"

◆ 핵심

- 공감의 포인트는 '이야기'가 아니라 '감정'이다.
- 쇼츠에서는 공감을 '문장 하나 + 표정 하나'로 압축하라.

3) Tuning Point ― "그러나"로 감정을 전환하라

- 쇼츠의 중반(20~40초)은 감정의 절정 구간이다.
- 이때 던지는 한 문장이 시청자의 집중을 다시 끌어올린다.

◆ 예시

- "하지만, 그는 포기하지 않았다."
- "그 순간, 사람들은 적이 아니라 운명을 봤다."
- "진짜 설득은, 말이 아니라 감정이었다."

◆ 핵심

- Tuning Point는 "행동의 변화"가 아니라 "감정의 변화"를 보여 주는 지점이다.
- 시각적 전환(컷 전환, 음악 변화, 표정 변화)을 동반하라.

4) Resolution ― 감정이 의미로 정리되는 구간

- 해답을 설명하지 말고, 감정으로 느끼게 해야 한다.
- 짧은 문장 + 슬로우 컷 + 잔잔한 음악으로 정리한다.

◆ 예시

- "그의 침묵이 모든 걸 말해주었다."

- "그날 이후, 모두가 바뀌었다."

- "이제, 그는 더 이상 두렵지 않았다."

◆ 핵심

- Resolution은 '이야기의 결론'이 아니라 '감정의 정착점'이다.

- 메시지를 말로 다 하지 말고, 이미지로 마무리하라.

5) Echo — 5초의 침묵으로 끝내라

- 마지막 장면은 말이 아니라 정적이다.

- 로고, 색, 음악, 자막을 최소화하라.

◆ 예시

- "그리고, 그는 미소 지었다."

- **(음악 정지, 어두운 배경, 한 문장만 남김)**

- "이제, 진짜 이야기가 시작된다."

◆ 핵심

- 여운은 설명이 아니라 감정의 잔향이다.

- 마지막 3초의 여백이 시청자의 기억을 지배한다.

 이기는 제안을 위한 설득의 알고리즘

3. 롱폼(Long-form)에 적용하는 EDIS 시나리오 설계법

"롱폼은 감정의 구조로 써야 끝까지 본다."

3~7분짜리 롱폼 영상에서

시청자가 마지막까지 집중하게 만드는 힘은 논리의 짜임새가 아니다. 그건 감정의 리듬이다. 그래서 롱폼은 EDIS를 그대로 적용하되, '정보 중심'이 아니라 '리듬 중심의 5장 구조'로 구성해야 한다. EDIS기반의 롱폼 감정 시나리오(6~7분 기준)는 다음의 흐름을 따르면 된다.

1) Shock(0:00~0:45)

영상이 시작되자마자 시선을 붙잡는 장면이나 질문을 던진다.

예를 들어,

"한 나라의 영웅은 왜 고향에서 잊혔을까?"

이 한 문장이 긴장과 궁금증을 만들어낸다.

2) Empathy(0:45~2:00)

배경을 설명하면서 인물의 인간적인 결핍이나 고뇌를 보여준다.

"그는 늘 패배자였다. 그러나 누구보다 조용히 준비했다."

이 구간에서 시청자는 이야기 속 인물과 감정적으로 연결된다.

3) Tuning Point(2:00~4:00)

감정이 반전되는 구간이다. 위기 속에서 전환점이 나타난다.

"그날 새벽, 그는 혼자 싸우기로 결심했다."

감정의 에너지가 가장 강하게 전환되는 순간이다.

4) Resolution(4:00~5:30)

변화의 결과가 드러나며, 감정이 안정되고 의미가 정리된다.

"그의 싸움은 승리로 끝났지만, 진짜 변화는 사람들의 마음에서 시작됐다."

감정이 '안정'의 상태로 도달하는 지점이다.

5) Echo(5:30~7:00)

영상의 마지막은 설명이 아니라 여운이다.

이미지와 음악, 그리고 한 문장으로 마무리하라.

"이제, 그가 남긴 것은 승리가 아니라 용기다."

그리고 3초의 정적.

그 침묵이 감정의 잔향이 되어 기억 속에 남는다.

좋은 롱폼 영상은 스토리의 길이가 아니라, 감정의 곡선이 얼마나 부드럽게 이어지느냐로 결정된다. EDIS는 그 곡선을 설계하는 가장 정교한 리듬 지도다.

[예시 1. 역사 다큐형 롱폼]

주제: "황산벌 — 5,000 결사대의 함성"

- Shock: "그날, 5,000명이 죽으러 갔다."

- Empathy: "그들은 백제의 마지막 숨결이었다."

- Tuning Point: "계백은 포기하지 않았다. 싸움이 아니라, 나라의 존엄을 지키려 했다."

- Resolution: "그는 쓰러졌지만, 백제의 이름은 사라지지 않았다."

- Echo: "그들이 남긴 건 패배가 아니라, '끝까지 싸운 인간의 의지'였다."

        이기는 제안을 위한 설득의 알고리즘

이 영상은 '역사 이야기'가 아니라 '감정의 기록'이 된다.

[예시 2. 비즈니스 스토리형 롱폼]

주제: "상사의 NO를 YES로 바꾸는 제안의 기술"

- Shock: "상사는 논리를 듣지 않는다."
- Empathy: "우리는 늘 아이디어가 묵살되는 경험을 한다."
- Tuning Point: "하지만, 설득은 논리가 아니라 순서다."
- Resolution: "당신의 말이 '그의 이익'을 먼저 이야기할 때, NO는 YES 로 바뀐다."
- Echo: "설득은 상대를 이기는 기술이 아니라, 마음을 움직이는 기술 이다."

이 영상은 정보 전달이 아니라, 감정적 깨달음의 여정으로 남는다.

4. 쇼츠와 롱폼의 감정 리듬 차이

쇼츠(Shorts) 와 롱폼(Long-form) 영상은 길이만 다른 게 아니라, 감정 의 리듬 자체가 다르다.

1) 시간의 구조

쇼츠는 30초에서 1분 반 사이에 끝난다. 짧은 시간 안에 감정이 빠르게 오르내려야 한다. 반면 롱폼은 3~7분으로 길다. 감정의 흐름이 느리게 고 조되고, 여운이 길게 이어진다.

2) 감정 리듬의 밀도

쇼츠는 10초마다 감정이 바뀌어야 한다. 지루할 틈이 없을 만큼 리듬이 빠르다. 롱폼은 1분 단위로 감정의 곡선이 그려진다. 서사와 함께 감정이 천천히 깊어진다.

3) Shock의 비중

쇼츠는 시작이 전부다. 전체의 20~30%를 Shock에 써서 단번에 시선을 붙잡아야 한다. 반면 롱폼은 10~15% 정도만 써도 충분하다. 시청자가 이야기 속으로 천천히 들어올 시간을 주기 때문이다.

4) Echo의 길이

쇼츠의 여운(Echo)은 10초 내외, 짧고 강렬해야 한다. 한 문장, 한 표정이면 된다. 롱폼은 30초에서 1분까지 여운을 남길 수 있다. 음악과 영상미로 감정을 길게 머물게 하는 것이 중요하다.

5) 언어의 톤

쇼츠는 질문형·직설형으로 짧고 강하게 말해야 한다. "우리는 왜 그날을 잊었을까?" 롱폼은 서사적·서정적으로, 감정의 결을 따라 천천히 전한다.

"그날의 침묵은 오히려 더 많은 이야기를 남겼다."

6) 영상의 구성

쇼츠는 텍스트와 표정, 리액션이 중심이다. 짧은 컷 안에서 감정이 즉

  이기는 제안을 위한 설득의 알고리즘

시 느껴져야 한다. 롱폼은 내러티브와 이미지의 흐름으로 감정을 쌓아 올린다. 감정의 변화가 시간 속에서 '이야기처럼' 전개된다.

7) 목표 감정

쇼츠는 즉각적인 공감이 목표다. 보자마자 "맞아, 이거야!" 하는 반응을 만든다. 롱폼은 천천히 쌓이는 감동이 목적이다. 보는 동안 마음이 움직이고, 끝나면 오래 남는다.

즉, 쇼츠는 감정을 '폭발시키는 영상', 롱폼은 감정을 '침전시키는 영상'이다. 둘 다 설득의 구조는 같지만, 리듬의 속도와 온도가 다르다.

5. EDIS 영상 시나리오 실무 적용 워크플로우

좋은 영상은 감정이 어떻게 움직이는지 설계된 구조에서 만들어진다.

아래의 다섯 단계만 따라가면, EDIS 방식으로 감정의 리듬을 영상 안에 심을 수 있다.

1) 핵심 감정 정의하기

가장 먼저 묻자.

"이 영상이 끝났을 때, 시청자가 어떤 감정을 느끼길 바라는가?"

Shock로 시작하기 전에 도착 감정, 즉 마지막에 남길 감정을 먼저 정해야 한다. '감동', '안도', '용기', '여운' 중 무엇이든 좋다. 이 목표 감정이 영상 전체의 방향을 정한다.

2) 감정 곡선 그리기

이제 시간 축(초 단위)을 기준으로 감정의 흐름을 시각적으로 그려본다.

처음은 높고, 중간은 잔잔하고, 마지막에 다시 올라가는 식으로 말이다. 이렇게 감정의 '고저'를 설계해 두면, 촬영이나 편집 단계에서 리듬을 잃지 않는다.

3) 핵심 문장(EDIS Line) 만들기

Shock, Empathy, Tuning, Resolution, Echo.

각 단계마다 한 문장씩 감정의 중심 문장을 정하라.

이 문장은 나중에 영상의 자막, 내레이션, 혹은 나레이션 전환점으로 쓸 수 있다.

예: "기다림이 멈춘 순간, 신뢰가 시작된다."

4) 음악과 리듬 매핑하기

감정의 흐름은 음악이 만든다.

- Empathy 구간은 부드럽고 잔잔하게,
- Tuning Point에서는 반전이 느껴지는 리듬으로,
- Echo에서는 음악을 줄이고 여백을 남겨라.

음악의 변화가 곧 감정의 변화다.

   이기는 제안을 위한 설득의 알고리즘

5) 마지막 정적 확보(Echo Zone)

영상의 마지막 3~5초는 반드시 '침묵의 공간'으로 남겨라.

로고나 자막, 음악도 잠시 멈추고, 감정만 남기라. 그 짧은 정적이 시청자의 마음속에 여운을 새긴다.

결국, EDIS 영상은 정보를 편집하는 기술이 아니라 감정을 설계하는 리듬 작업이다.

이 다섯 단계를 따라가면, 짧은 쇼츠든 긴 롱폼이든 끝까지 '느껴지는 영상'을 만들 수 있다.

6. 영상은 감정을 편집하는 예술이다

EDIS는 단순한 영상 대본이 아니다. 그건 감정의 지도를 그리는 설계도다. 좋은 영상은 장면이 많아서 기억에 남는 게 아니다. 감정의 흐름이 정확하게 이어질 때, 시청자의 마음에 오래 남는다.

Shock가 시선을 붙잡고,

Empathy가 마음을 열고,

Tuning Point가 희망을 만들며,

Resolution이 의미를 정리하고,

마지막 Echo가 그 감정을 완성한다.

결국, 영상은 눈으로 보는 것이 아니라 마음으로 느끼는 이야기다. 감정의 리듬을 설계할 수 있다면, 당신의 영상은 한 번만 봐도 사람의 기억 속에 남는다. 요약하자면, 영상 편집의 본질은 감정을 다듬는 일이다. 감정이 제대로 흐르면, 기술은 그저 그 리듬을 따라갈 뿐이다.

[3] 제안서기획: 평가위원의 마음을 움직이는 감정 설계법

"이기는 제안서는 논리가 아니라 감정의 구조로 만들어진다."

제안서의 목적은 정보를 전달하는 것이 아니다. 제안서의 진짜 목적은 '평가위원의 감정을 움직여 판단을 유도하는 것'이다. 그런데 대부분의 제안서는 '사실'을 나열한다. 그래서 정확하지만, 감동이 없다.

평가위원은 사람이기 때문에 논리보다 '느낌이 좋은 제안서', '신뢰가 가는 제안서'를 선택한다. 즉, 제안의 본질은 감정의 설계다. EDIS는 그 감정 설계를 위한 5단계 프레임이다.

1. 제안서의 본질은 '설득'이 아니라 '감정의 설득'이다

많은 제안서는 이렇게 시작한다. "본 제안서는 고객의 요구사항을 충실히 반영하였으며…" 이 문장은 아무 감정이 없다. 읽는 순간, 평가위원의 시선은 이미 다른 페이지로 넘어간다. 하지만 이렇게 시작하면 어떨까?

"이 제안은 고객이 '불편을 느끼는 순간'을 해결하기 위한 우리의 약속입니다."

같은 내용이지만, 논리의 문장에서 감정의 문장으로 바뀌었다. 그 한 줄의 차이가 평가위원의 '읽는 태도'를 바꾼다. 제안서는 정보 문서가 아니라 감정적 신뢰의 건축물이다.

2. EDIS 5단계로 재구성한 제안서 구조

제안서는 단순히 문제와 해결책을 나열하는 문서가 아니다. 그건 감정의 흐름을 따라가는 설득의 스토리다. EDIS 5단계로 제안서를 구성하면,

논리와 감정이 함께 움직인다.

1) Shock — 문제 인식의 긴장 만들기

제안의 시작은 '문제의 크기'를 설명하는 것이 아니라
긴장감을 만드는 것이다.
"현재 시스템의 오류는 단순한 장애가 아니라, 시민의 신뢰를 무너뜨리는 문제입니다."
이 한 문장이 읽는 사람의 시선을 멈추게 한다.

2) Empathy — 고객 감정의 동일화

다음은 고객이 느끼는 감정을 대신 말해주는 단계다. 단순히 데이터를 보여주는 것이 아니라, 그 안에 숨어 있는 사람의 감정을 꺼내야 한다.
"사용자는 단순히 불편한 게 아니라, '무시당하고 있다'고 느낍니다."
이 문장은 문제를 기술에서 감정으로 옮겨준다.

3) Tuning Point — 희망을 제시하는 전환점

이제 감정을 전환할 때다. 논리로 푸는 게 아니라, 새로운 시선과 희망의 리듬으로 제시한다.
"우리는 문제를 기술이 아니라 경험으로 해결합니다."
이 순간, 제안서는 설명이 아니라 설득으로 변한다.

4) Resolution — 기대감과 안정감을 주는 구간

해법을 제시했다면, 이제 그 결과를 감정으로 정리해야 한다. 단순한 효과 수치 대신 변화의 감정을 보여줘라.

"이 제안이 완성되면, 고객은 예측 가능한 하루를 되찾습니다."

결과가 아니라 회복된 마음의 상태를 말해야 한다.

5) Echo — 여운과 비전으로 마무리

마지막은 논리적 결론이 아니라 감정의 여운이다. 제안이 끝난 후에도 그 감정이 남아야 한다.

"이 프로젝트는 시스템의 혁신이 아니라, 신뢰의 복원입니다."

EDIS는 제안서를 단순한 문서가 아닌 감정 곡선이 있는 설득의 지도로 바꿔준다.

Shock으로 시작해 Echo로 끝나는 흐름 속에서, 고객은 정보를 읽는 것이 아니라 공감의 여정을 경험하게 된다.

3. Shock 단계: 첫 페이지에서 "이건 다르다"는 긴장을 만들어라

Shock는 제안서의 첫 페이지, 즉 도입부(Executive Summary)에 해당한다. 이 부분은 단순히 내용을 소개하는 곳이 아니라, "이 제안은 남들과 다르다."는 인상을 심는 자리다.

대부분의 제안서는 비슷한 형식으로 시작한다.

"본 사업은 ○○의 효율성을 높이기 위해…"

이런 문장은 읽는 순간, 이미 다른 제안서 속에 묻힌다. Shock는 바로 그 지점을 깨는 장치다.

실무에서는 이렇게 적용해 보기 바란다.

　　　　　　　　이기는 제안을 위한 설득의 알고리즘

1) 표준 문구를 버려라.

"본 사업의 목적은…"으로 시작하지 말고,

감정을 건드리는 한 문장으로 시작하라.

2) 문제의 핵심을 감정의 언어로 써라.

기술의 문제가 아니라 사람이 느끼는 불편으로 표현하라.

3) 시각적 대비를 만들어라.

첫 장은 복잡한 표 대신, 어두운 배경 + 짧은 문장 + 넉넉한 여백으로 구성하라.

눈이 아닌 마음이 멈추게 하는 디자인이다. 이를 적용한 예시 문장은 다음과 같다.

"이 사업의 진짜 문제는 기술의 복잡함이 아니라, 현장에서 느껴지는 불신입니다."

이 문장은 단순한 '현황 보고'가 아니라 감정의 사건이다. 그 한 문장만으로 독자는 "이 제안은 뭔가 다르다."는 긴장을 느낀다. 즉, Shock 페이지는 정보가 아니라 인상으로 시작해야 한다. 그 한 문장이 제안의 첫인상을 결정한다.

4. Empathy 단계: 고객의 Pain Point를 '감정화'하라

대부분의 제안서는 고객의 문제를 이렇게 기술한다.

"업무 처리 속도가 느리고, 민원 응답이 지연되고 있음."

이건 데이터다. 하지만 평가위원은 이미 그 사실을 알고 있다. 그들이 듣고 싶은 건, "왜 그것이 고통스러운가?"다.

다음은 감정화된 Pain Point 예시다.

- "시민은 느린 시스템보다, 무시당한 시간에 분노합니다."
- "사용자는 불편보다, '통제 불가능한 느낌'에 지칩니다."
- "현장의 혼란은 효율의 문제가 아니라, 신뢰의 문제입니다."

Empathy의 핵심은 '데이터'에서 '감정 단어'로의 전환이다. 그래서 Pain Point에는 반드시 '감정 명사'를 포함시키는 것이 좋다.

예: 불신, 불안, 피로, 무력감, 혼란, 상실감.

5. Tuning Point 단계: "그래서 이게 해법이다"를 감정의 언어로 말하라

이 구간은 제안서의 정서적 중심이다. 평가위원이 가장 집중해서 보는 부분이자, 제안서 전체의 리듬을 바꾸는 결정적인 한 문장이 들어가는 자리다. 많은 제안서가 이 부분에서 기술이나 수치로만 해법을 설명한다. 하지만 사람을 설득하는 건 논리의 완벽함이 아니라 감정의 확신이다. 이때 필요한 건 설명이 아니라 느낌이 남는 문장이다.

"우리는 기술을 도입하는 것이 아니라, 신뢰를 설계합니다."

"우리의 솔루션은 시스템이 아니라, '기다림이 없는 경험'입니다."

"이 제안의 핵심은 변화가 아니라, 회복입니다."

이런 문장 하나가 제안서 전체를 "기억에 남는 이야기"로 바꾼다. 이 문장이 곧 공감의 정점을 조율하는 순간, 즉 Tuning Point다. 따라서 실무에서 기억할 포인트는 다음과 같다.

　　　　　　　　　이기는 제안을 위한 설득의 알고리즘

- "개선", "효율화"처럼 추상적인 단어로는 감정이 움직이지 않는다.
- 대신 신뢰, 안심, 자존심, 만족 같은 감정의 단어로 바꿔 써라.
- 이 문장은 논리의 결론이 아니라 감정의 응답이다.

즉, Tuning Point는 "무엇을 바꾸는가?"보다 "사람이 무엇을 다시 느끼게 되는가?"를 말하는 단계다. 그 한 문장이 제안서의 분위기를 완전히 바꾼다.

6. Resolution 단계: 감정의 안정과 가치의 회복을 시각화 하라

Tuning Point에서 해법의 방향을 던졌다면, 이제는 그 해법이 사람의 감정을 어떻게 바꾸는가를 보여줘야 한다. 이 구간은 제안서의 마지막 감정 정리 단계다.

"이제 사용자는 더 이상 기다리지 않습니다.

시스템이 먼저 응답하고, 사람은 다시 신뢰합니다."

이런 문장은 단순히 '개선 효과'를 말하는 것이 아니라 감정이 회복되는 장면을 그려준다. 읽는 사람은 머리로 이해하기보다, 마음으로 느낀다.

이것을 시각적으로 이렇게 표현하라.

- 숫자 그래프 대신 "Before → After" 이미지를 사용하라.
- 현장의 변화, 고객의 표정, 직원의 표정 등 감정을 보여주는 장면이 훨씬 강력하다.
- 설명문보다는 한 장면, 한 표정이 메시지를 대신하게 하라.

Resolution 단계의 핵심은 논리의 완결이 아니라 감정의 안정이다. 사람이 "이제 괜찮다."라고 느끼는 순간, 그 제안은 이미 설득에 성공한 것이다.

7. Echo 단계: 제안서의 마지막 문장은 감정의 서명이다

많은 제안서가 이렇게 끝난다.

"이상으로 제안을 마치겠습니다."

하지만 이 문장은 아무 감정도 남기지 않는다. 읽는 사람의 머리엔 정보가 남지만, 마음에는 아무 흔적이 없다. 반대로, 이렇게 끝나면 다르다.

"이 제안은 기술이 아니라, 신뢰의 회복입니다."

"우리가 만드는 것은 시스템이 아니라, 일상의 평온입니다."

"이 프로젝트는 효율의 경쟁이 아니라, 신뢰의 약속입니다."

이 한 문장은 제안서의 마지막 서명이다. 당신의 제안이 어떤 철학 위에 서 있는지를 감정으로 남긴다. 기억해야 할 Echo의 원칙은 다음과 같다.

- 마지막 문장은 정보가 아니라 감정으로 써라.
- 제안서 전체의 핵심 철학을 한 문장으로 요약하라.
- 디자인적으로는 여백을 남기고, 시선을 머물게 하라.

Echo는 제안의 마침표가 아니라 여운의 시작점이기 때문이다.

그 한 문장이 끝난 뒤에도, 평가자의 마음속에서는 이야기가 계속된다.

　　　　　　　　　　　이기는 제안을 위한 설득의 알고리즘

8. 실전 사례

사례 1. 공공정보시스템 제안서

Before(논리형):

"본 시스템은 민원 처리 효율성을 향상시키고, 데이터 통합 관리 기반을 마련한다."

After(EDIS 감정형):

"이 시스템은 효율을 높이는 것이 아니라, 시민의 불안을 줄이는 것입니다."

→ 기술 중심 문장에서 감정 중심 제안서로 전환되었다.

이 한 문장 때문에, 이 제안서는 최고 점수를 받았다.

사례 2. 스마트 시티 제안서

Shock: "도시는 스마트 해졌지만, 사람은 여전히 불안합니다."

Empathy: "우리는 데이터를 모으지만, 신뢰는 쌓지 못했습니다."

Tuning Point: "이제 우리는 기술이 아니라 '관계'를 설계합니다."

Resolution: "데이터는 사람을 이해하기 시작합니다."

Echo: "스마트 시티의 진짜 목표는 '따뜻한 도시'입니다."

→ 평가위원 코멘트: "기술보다 철학이 느껴졌다. 설득력이 있었다."

9. 평가위원은 문서를 읽지 않는다. '감정'을 읽는다.

제안서 경쟁은 데이터의 싸움이 아니라, 감정의 싸움이다. 누가 더 정확한 자료를 냈는가 보다, 누가 평가위원의 마음을 먼저 움직였는가가 승부를 결정한다. 논리는 대부분 비슷하다. 그러나 감정으로 설계된 제안서는 달라 보인다. 읽히지 않아도 느껴진다. 좋은 제안서는 이렇게 흐른다.

Shock로 시선을 끌고,

Empathy로 공감을 만들고,

Tuning Point로 희망을 던지고,

Resolution으로 안정감을 주고,

Echo로 여운을 남긴다.

마지막 한 문장은 이렇게 기억되어야 한다.

"이 제안서의 마지막 문장은, 계약서의 첫 문장이 됩니다."

그 한 문장이 바로 **이기는 제안서의 시작**이다.

한 사람의 마음을 움직이는 일,

그것은 언제나 어렵고도 아름다운 일이다.

나는 지난 30여 년 동안 수많은 제안의 현장에서 사람의 감정을 지켜보았다.

기획서를 쓰는 사람, 제안서를 쓰는 사람, 발표를 준비하는 사람, 평가하는 사람, 그리고 그 사이에서 설득하려 애쓰는 사람들.

그들은 각자의 이유로 말했고, 각자의 목적을 가졌지만 결국 표정과 말투 속에는 한 가지 공통된 마음이 있었다.

"우리의 주장을 이해시키고 싶다."

그 마음은 언제나 진심이었지만, 종종 벽에 부딪혔다.

왜냐하면 이해는 머리에 닿지만, 느낌은 가슴에 닿기 때문이다.

우리가 설득에 실패하는 이유는 논리가 부족해서가 아니라, 감정의 순서를 놓치기 때문이다.

감정이 닫힌 상태에서 던진 논리는, 아무리 옳아도 공중에서 흩어진다.

나는 오랜 시간 그 과정을 지켜보며 한 가지 진실을 배웠다.

사람은 정보를 믿지 않는다.

사람은 느낌을 믿는다.

감정이 열리면 마음이 움직이고,

마음이 움직이면 논리는 뒤따른다.

그리고 바로 그 흐름을 설계하기 위해 만들어진 언어가

EDIS 감정설계 프레임워크(EDIS: Emotional Design Framework)다.

이 프레임워크는 내가 경험한 모든 설득의 순간을 감정의 구조로 다시 정리한 지도이자 나침반이다.

이제 당신이 누군가의 마음속으로 들어가는 길을 그 지도 위에서 찾을 수 있기를 바란다.

나는 이 책을 덮는 순간, 당신의 머릿속에 '공식'이 아니라 한 사람의 얼굴이 떠오르길 바란다.

당신이 설득하고 싶은 그 사람,

당신의 이야기를 흘려듣던 상사,

한때는 마음을 닫았던 고객,

혹은 오해 속에 멀어진 누군가의 모습.

이제 그 사람의 머리를 향하던 당신의 말이 그의 마음으로 닿을 수 있기를 바란다.

EDIS는 복잡한 전략이 아니다.
그것은 사람을 향한 배려의 순서다.

듣기 → 공감 → 전환 → 확신 → 여운

이 단순한 감정의 여정이 사람을 움직이고, 관계를 바꾸며, 결과를 만든다.

이제 세상은 정보의 시대를 지나 감정의 시대로 들어서고 있다.
데이터와 기술이 아무리 정교 해졌어도 결국 결정을 내리는 것은 사람이며, 그 사람을 움직이는 것은 감정이다.
그래서 나는 이 책의 마지막 페이지에서 다시 한 번 이렇게 말하고 싶다.
"기획은 정보의 나열이 아니라, **감정의 설계**다."
"설득은 논리의 싸움이 아니라, **공감의 예술**이다."

이 책을 통해 당신이 누군가의 마음을 움직이는 순간,
EDIS는 더 이상 나의 프레임워크가 아니다.
그것은 당신의 언어가 되고,
당신의 감정이 되고,
당신의 이야기가 된다.
당신의 한 문장이,
당신의 한 표정이,
누군가의 하루를 바꿀 수 있다면—

그것이 바로,

'사람은 이해가 아니라 느낌으로 움직인다'는

이 책이 세상에 전하고자 한 단 하나의 진실이다.

2026년 3월

EDIS 감정설계 프레임워크 창안자

『이기는 제안을 위한 설득의 알고리즘』 저자 최용수

1. 김경일.『어쩌다 어른의 심리학』. 진성북스, 2021.

2. 정철.『카피책』. 허밍버드, 2018.

3. 김호.『나는 말하듯이 쓴다』. 북스톤, 2020.

4. 홍성태.『모든 기획에는 공식이 있다』. 위즈덤하우스, 2021.

5. Cialdini, Robert B. *Influence: The Psychology of Persuasion*. Harper Business, 2006.

6. Kahneman, Daniel. *Thinking, Fast and Slow*. Farrar, Straus and Giroux, 2011.

7. Ariely, Dan. *Predictably Irrational*. HarperCollins, 2008.

8. Thaler, Richard H., and Cass R. Sunstein. *Nudge*. Yale University Press, 2008.

9. Heath, Chip, and Dan Heath. *Made to Stick*. Random House, 2007.

10. Berger, Jonah. *Contagious: Why Things Catch On*. Simon & Schuster, 2013.

11. Voss, Chris. *Never Split the Difference*. Harper Business, 2016.

이기는 제안을 위한

설득의 알고리즘

ⓒ 최용수, 2026

초판 1쇄 발행 2026년 4월 30일

지은이   최용수
펴낸이   이기봉
편집   좋은땅 편집팀
펴낸곳   도서출판 좋은땅
주소   서울특별시 마포구 양화로12길 26 지월드빌딩 (서교동 395-7)
전화   02)374-8616~7
팩스   02)374-8614
이메일   gworldbook@naver.com
홈페이지   www.g-world.co.kr

ISBN   979-11-388-5912-7 (03320)

- 가격은 뒤표지에 있습니다.
- 이 책은 저작권법에 의하여 보호를 받는 저작물이므로 무단 전재와 복제를 금합니다.
- 파본은 구입하신 서점에서 교환해 드립니다.